CUENTOS POPULARES DE ESPAÑA

LITERATURA

ESPASA CALPE

AURELIO M. ESPINOSA

CUENTOS POPULARES DE ESPAÑA

Edición
Luis Díaz Viana

COLECCIÓN AUSTRAL

ESPASA CALPE

Primera edición: 15-I-1992
Segunda edición: 1-III-1993

© *Aurelio M. Espinosa García, 1946*

© *Espasa-Calpe, S. A., 1946*

Maqueta de cubierta: Enric Satué

Depósito legal: M. 5.385—1993

ISBN 84—239—7255—0

Este libro ha contado para su edición
con una ayuda del Ministerio de Cultura

Impreso en España
Printed in Spain

Talleres gráficos de la Editorial Espasa-Calpe, S. A.
Carretera de Irún, km. 12,200. 28049 Madrid

ÍNDICE

INTRODUCCIÓN de Luis Díaz Viana	11
Aurelio M. Espinosa, filólogo y folclorista	11
Los estudios de folclore en la obra de Espinosa ..	15
Espinosa y su recopilación de cuentos populares en España	21
BIBLIOGRAFÍA	27
NUESTRA EDICIÓN	31

CUENTOS POPULARES DE ESPAÑA

A MANERA DE PRÓLOGO   39

(Cuentos = mis *Cuentos populares españoles*; *ECPC* = Aurelio M. Espinosa, hijo, *Cuentos populares castellanos*, manuscrito inédito.)

I. CUENTOS HUMANOS VARIOS	45
1. El hombre de pez (*Cuentos* 35)	45
2. Las tres preguntas (ECPC)	47
3. Juan de las Cabras (*Cuentos* 192)	49
4. Rosa Verde (*Cuentos* 37)	52
5. La mata de albahaca (*Cuentos* 2)	55
6. Pedro el de Malas *(Cuentos* 163)	59

7.	Juanito Malastrampas (*Cuentos* 174).......	66
8.	Don Juan Chiruguete (*Cuentos* 194)........	69
9.	Juan Tonto y María la Lista (*Cuentos* 181) .	74
10.	La mujer que no comía con su marido (*Cuentos* 44)	77
11.	La fiesta de San Nicodemos (*Cuentos* 42) ..	80
12.	Los cuatro estudiantes (*Cuentos* 197)	83
13.	El estudiante hambriento (*Cuentos* 61)	86
14.	El Agnus Dei (*Cuentos* 57)	88
15.	Los cinco sordos (*Cuentos* 50)	90
16.	La viejecilla y sus tres perritos (*Cuentos* 51) .	91

II. CUENTOS EJEMPLARES Y RELIGIOSOS 93

17.	Los tres consejos (*Cuentos* 64)	93
18.	Los consejos de un padre (*Cuentos* 68)	96
19.	El zapatero pobre (*Cuentos* 90)	99
20.	La esposa desobediente (*Cuentos* 92)	102
21.	La cabeza de la muerta (*Cuentos* 82)	105
22.	El Santo Cristo viejo (*Cuentos* 86)	108
23.	Juan Soldao (*Cuentos* 168)	111
24.	La muerte madrina (ECPC)	115
25.	El alma del cura (*Cuentos* 70)	117
26.	El ángel y el ermitaño (*Cuentos* 81)	119
27.	La misa de San José (*Cuentos* 74)	121
28.	El rico avariento (*Cuentos* 88)	122
29.	El incrédulo y la calavera (*Cuentos* 79)	123
30.	Santa Catalina (*Cuentos* 73)	125
31.	El molinero ladrón (*Cuentos* 56)...........	126
32.	Los prestamistas no tienen alma (ECPC) ...	127
33.	Santa Teresa, confesora (*Cuentos* 76)	128
34.	Las doce palabras retorneadas (*Cuentos* 14) .	129

III. CUENTOS DE ENCANTAMIENTO 133

35.	La niña sin brazos (*Cuentos* 99)	133
36.	El diablo maestro (*Cuentos* 104)	139

37. Siete Rayos de Sol (*Cuentos* 122)	144
38. Estrellita de Oro (*Cuentos* 112)	154
39. La negra y la paloma (*Cuentos* 120)	159
40. El Castillo de Oropé (*Cuentos* 128).........	163
41. El Castillo de Irás y no Volverás (*Cuentos* 139)	169
42. El pájaro que canta el bien y el mal (ECPC).	175
43. El Príncipe Español (*Cuentos* 140)	185
44. Las tres maravillas del mundo (*Cuentos* 143)	190
45. La gaita que hacía a todos bailar (*Cuentos* 153)............................	197
46. El tonto lagañoso (*Cuentos* 149)	202
47. La ahijada de San Pedro (*Cuentos* 146)	206
48. Las tres bolitas de oro (*Cuentos* 152)	209
49. La bruja en forma de galga (ECPC).........	213
50. La asadura del muerto (*Cuentos* 160)	214

IV. CUENTOS DE ANIMALES 217

51. El lobo desollado vivo (*Cuentos* 202)	217
52. La zorra y el lobo (*Cuentos* 205)	220
53. El lobo cree que la Luna es queso (*Cuentos* 206)	221
54. La zorra y la cigüeña (*Cuentos* 218)	222
55. La pega y sus peguitos (*Cuentos* 258)	223
56. Gorda, Flaca y Sostra (*Cuentos* 213)	225
57. Vicente, Vicente, deja la soga y vente (*Cuentos* 208)	226
58. El grillo y el mono (*Cuentos* 247)	227
59. El Tragaldabas (*Cuentos* 251)	228
60. El medio pollico (*Cuentos* 253)	231
61. El gallo viejo y sus amigos (*Cuentos* 255)..	234
62. Las bodas del Tío Perico (*Cuentos* 275)....	240
63. La mariposita (*Cuentos* 274)	244
64. El erizo y la liebre (*Cuentos* 227)	247
65. El galgo y la zorra (*Cuentos* 224)	249
66. El sapo y la sapa (*Cuentos* 236)	249
67. El sapo (*Cuentos* 238)	250

INTRODUCCIÓN

Aurelio M. Espinosa, filólogo y folclorista

Nació el 12 de septiembre de 1880 en El Carnero, una pequeña aldea del Valle de San Luis, al sur de Colorado. Sus padres, Celso Espinosa y Rafaela Antonia Martínez, se habían trasladado a allí en 1878, si bien las familias de ambos procedían de Nuevo México.

El asentamiento de los españoles en este territorio estuvo, ya en los primeros tiempos, escasamente defendido desde el punto de vista militar, de modo que a menudo los colonos tenían que ayudar a los soldados en sus tareas de defensa para repeler, juntos, los ataques de apaches, comanches y otras tribus de la zona. Los indios pueblo, moradores habituales de ese espacio, que habían sido más o menos evangelizados por los misioneros franciscanos, se comportaban, por lo general, de forma amistosa con la población hispana. Hubo, sin embargo, momentos en que protagonizaron sangrientas revueltas.

En 1848, cuando los hispanohablantes de Nuevo México alcanzaban el número de 60.000, el territorio fue anexionado a los Estados Unidos de América. Hacia 1885, la población que hablaba el español entre el sur de Colorado y el norte de Nuevo México era de unos 100.000, mientras que la de anglohablantes no pasaba de 40.000. A partir de esa década el influjo de Norteamérica irá creciendo paulatinamente. Ser anglo o hispano, español o mexicano, no resultaba irrelevante para los habitantes de Nuevo México en aquel tiempo. Como la mayoría de ellos, los Espinosa heredarían esa preocupación —tan norteamericana, de otra parte— por el origen de los ancestros y más concretamente por la procedencia española, que es lo mismo que decir europea, de los mismos. Así, escribe José Manuel Espinosa, hijo de Aurelio y autor de la semblanza biográfica más completa que conocemos sobre el folclorista, que su familia «descendía de antepasados españoles que habían venido desde España hasta el Virreinato de Nueva España (México) y emigrado de allí a Nuevo México en los siglos XVI, XVII y XVIII, de manera que se encontraban entre los primeros colonos del norte de ese territorio»[1].

El propio Aurelio intentó reconstruir la historia de su familia remontándose al más antiguo de sus ancestros, que según sus averiguaciones habría sido el capitán Marcelo Espinosa, vecino de Madrid. Éste llegó a Nuevo México acompañando a su fundador y primer gobernador, Juan de Oñate, en 1598. También, siempre según Aurelio, la rama de su madre descendía, directamente, de los primeros españoles que se asentaron en Alburquerque.

Lo cierto es que sus antecesores inmediatos, Celso y Rafaela, vivían como mejor podían en aquel azaroso mundo de la frontera. Tuvieron ocho varones y seis hembras. Aurelio asistió, primeramente, a la escuela de su padre, que era maestro. Allí los niños aprendían a leer y escribir en español y en inglés. No sucedería esto en todos los centros de enseñanza una vez los norteamericanos intensificaran su influencia en Nuevo México. Una de las canciones que, con los años, recogería Aurelio M. Espinosa en la zona decía, precisamente, así:

> Ora hablaré por los maestros
> que aquí nos quieren poner.

---

[1] José Manuel Espinosa, ed., *The Folklore of Spain in the American Southwest. Traditional Spanish Folk Literature in Northern New Mexico and Southern Colorado*, por Aurelio M. Espinosa (Norman and London, University of Oklahoma Press, 1985), pág. 3.

> Sin saber el castellano
> quieren enseñar inglés.
> Los libros de Nueva York
> ya nos hablan al revés.

Aurelio, como tantos otros muchachos de aquellos lugares, ayudaría a sus mayores —por ejemplo, a su tío Ramón Martínez— en el pastoreo y en otras tareas, especialmente durante los meses de verano. También, como ellos, disfrutaría de sus ratos de ocio pescando y cazando en las montañas. Celso Espinosa, para quien sin duda la educación era lo más importante y lo mejor que podía donar a sus hijos, se trasladó con su familia a Del Norte, a fin de que los muchachos pudieran continuar adecuadamente sus estudios. Allí, Aurelio fue un aplicado alumno en Del Norte High School, trasladándose luego a Boulder para ingresar en la Universidad de Colorado. Espinosa se graduaría en ésta en 1902, dentro de la sección de Filosofía, comenzado su carrera profesional como profesor de lenguas modernas en la universidad de Nuevo México en Alburquerque, durante el mismo año.

En 1905, Aurelio M. Espinosa se casa con Margarita García, también descendiente —según los biógrafos— de «una de las más viejas familias españolas del área de Santa Fe». A lo largo de esa época —de 1902 a 1910—, en que Espinosa imparte sus clases en la Universidad de Nuevo México, ya empieza a interesarse por el lenguaje y el folclore de la zona comprendida entre el norte de Nuevo México y el sur de Colorado. En realidad se trataba de un material que le resultaba muy familiar, pues desde niño le había interesado escuchar las leyendas, cuentos, romances y canciones que sabían sus mayores. Aurelio conectaría esta preocupación suya por conocer la cultura local con campos más generales del saber, como la dialectología y la literatura española. En una y otra materia se irá especializando cuando curse los estudios de doctorado en la Universidad de Chicago dentro de las ramas de Lengua y Literatura Románicas y de Filología Comparativa Indoeuropea. La tesis doctoral que Espinosa elaborará como resultado de esa etapa va a llevar el título de «Studies in New Mexican Spanish» y será publicada, en tres partes, dentro de la *Revue de Dialectologie Romane,* entre 1909 y 1914. A consecuencia del interés provocado por este trabajo en medios filológicos, el profesor John Ernst Matske, de la Universidad de Stanford, brinda a Espinosa la oportunidad de dar clase en ese centro enseñando lenguas románicas. A partir de 1910 Stanford se va a convertir en una especie de «cuartel general» para Aurelio M. Espinosa, que desarrollará desde esta Universidad una enorme actividad, tanto docente como de investigación; publicará de manera infatigable y proyectará sus viajes de recopilación de folclore por diversas áreas de España y de América. Espinosa desempeñará, además, el cargo de Director del Departamento al que pertenecía desde 1932 hasta su jubilación en 1947.

A pesar de sus muchas obligaciones docentes y administrativas, Espinosa encontrará tiempo para dedicar sus mayores esfuerzos a la recolección y estudio del folclore hispano, afición —si no pasión— que transmitirá a sus hijos, Aurelio y J. Manuel.

Gran promotor de la enseñanza del español en los Estados Unidos, Aurelio M. Espinosa llegará a editar veintidós libros de texto sobre gramática, pronunciación, conversación, etc. Fue, también, editor asociado del *Journal of American Folklore* y presidente de la *American Folklore Society* entre 1924 y 1925.

Espinosa mereció ser galardonado con varios honores a lo largo de su carrera profesional: miembro de la Sociedad Mexicana de Geografía y Estadística, correspondiente de la Sociedad Chilena de Historia y Geografía, miembro de la Real Academia Española de la Lengua, caballero de la Orden de Isabel la Católica, miembro correspondiente de la Hispanic Society of America, comendador de la Orden de Alfonso X el Sabio, y miembro del Instituto de Cultura Hispánica. Además, fue nombrado Doctor honorífico por la Universidad de San Franciso y por la de Nuevo México.

Cuando, el día 4 de septiembre de 1958, tiene lugar el

fallecimiento de Aurelio M. Espinosa, sus compañeros del Departamento de Español y Portugués de la Universidad de Stanford elaborarán un escrito en su memoria recordando las muchas cualidades de Espinosa como profesor, como investigador y como persona:

«Los centenares de alumnos y alumnas —se decía allí— que recibieron las enseñanzas del profesor Espinosa, muchos de los cuales desempeñan ahora cargos de importancia en el mundo académico, le recordarán siempre por su altura académica, sus vivas e interesantes exposiciones y su capacidad para entender los problemas de los estudiantes.»

Los estudios de folclore en la obra de Espinosa

Entre 1902 y 1915 Espinosa comienza a dedicarse a la recogida sistemática de materiales de la tradición oral con destino a sus estudios filológicos y folclóricos. Sus primeras búsquedas tendrán lugar en el territorio del norte de Nuevo México y el sur de Colorado, que había sido escenario natural de su vida y solar de sus antepasados.

Espinosa había cursado sus estudios de doctorado con el profesor, de origen alemán, Karl Pietsch, quien sería, además, el director de su tesis en la Universidad de Chicago. Pietsche pertenecía a ese grupo de sabios germanos que introducirían en las universidades norteamericanas el rigor y el método de la filología comparativa de finales del siglo XIX.

Hacia 1910, Espinosa había llevado a cabo, ya, algunos estudios comparativos sobre sus recopilaciones de literatura popular realizadas en Nuevo México, y se hallaba totalmente persuadido, tras el cotejo con las colecciones europeas que conocía, de la procedencia española de la mayor parte de los materiales recogidos por él.

Una de las premisas fundamentales de sus trabajos —tanto filológicos como literarios— fue el demostrar que los hispanohablantes de su tierra, en virtud del aislamiento en que se habían encontrado durante siglos, desarrollaron su lengua y su cultura directamente a partir de la que llevaron a aquellas áreas los españoles del siglo XVI. Según su parecer, los rasgos más distintivos del dialecto de Nuevo México habrían de buscarse en la Península, y por ello Espinosa creyó necesario identificar los orígenes de los primeros colonizadores de la zona. De acuerdo con sus pesquisas, éstos procedían, principalmente, de Castilla, Andalucía y Extremadura. En la opinión de Espinosa, las fuentes del español de Nuevo México —y también de su folclore— deberían buscarse en la Castilla del Siglo de Oro.

La valía de sus trabajos filológicos fue reconocida por especialistas españoles, como Amado Alonso, quien escribió en el prólogo de la edición de los *Studies* que «la obra de Espinosa presenta sistemáticamente el estudio más rico con el que contamos sobre formas dialectales; ningún otro dialecto, ni antes ni después de él, ha sido tan minuciosamente catalogado en sus variantes fonéticas y morfológicas».

Espinosa se interesó, además, en sus trabajos de dialectología, por la influencia del inglés en el español de Nuevo México, un campo —este de la mutua influencia entre lenguas— que cada vez iría adquiriendo más importancia dentro del ámbito de la filología y la lingüística en los Estados Unidos.

En la caracterización de las formas dialectales, Espinosa recurrió, frecuentemente, a ejemplos extraídos de sus materiales folclóricos. Fue también por ello que, poco a poco, Espinosa amplió el número de áreas encuestadas incluyendo zonas de California, Texas, México e, incluso, España.

En Nuevo México y en los demás lugares Espinosa recogió diversos géneros del folclore, como cuentos, leyendas, coplas, romances y corridos, si bien no prestó excesiva atención a este tipo de balada, reciente en su época, empeñado como estaba en mostrar la fidelidad de las formas recopiladas a la vieja tradición española. En ese sentido rastreó, también, la huella de lo español en el lenguaje y folclore de los indios pueblo, confirmando tal influencia en algunas formas de su vocabulario, en himnos y baladas de carácter religioso, en danzas y canciones infantiles... Basándose, precisamente, en los descubrimientos de Espinosa y la realidad que él mismo había podido constatar, el antropólogo Franz Boas llegaría a la conclusión de que «un conjunto importante del material folclórico recogido entre los indios americanos puede ser localizado a partir de fuentes españolas» [2].

Dentro del debate entre indigenistas y europeístas, que ha marcado no sólo los estudios sino también gran parte de las creaciones culturales de América —y sobre América— en este siglo, Espinosa tomó claramente partido por la segunda tendencia. En ello incidió, sin duda, el tipo de cultura que, desde niño, conoció en Nuevo México y, quizá, como ha señalado Stanley L. Robe, ciertos factores locales que condicionaban la identidad de los nuevomexicanos; así, los de la época de Espinosa preferían ser llamados «spanish» y no otra cosa, por lo que Robe interpreta que el grupo de los Espinosa ha sido demasiado inflexible en su «españolidad». Para Robe se produce «una constante identificación de Nuevo México con España en la comparación y análisis de los cuentos e, incluso, en la manera de titularlos». En opinión de este folclorista norteamericano «da la impresión —leyendo a Espinosa— de que los colonos nuevomejicanos hubieron sido trasvasados directamente de España a su nueva casa en América, sin pasar por México» [3]. El mismo autor apunta que la narrativa oral recogida por Espinosa y sus estudiantes está indicándonos cuáles eran las preferencias de los narradores y audiencias en lo que al cuento se refiere, si bien los condicionamientos de los propios recopiladores pudieran haber influido en la proporción de géneros representados [4]. En este caso, como en el de la balada,

---

[2] Franz Boas, «Romance Folklore among American Indians», *Romanic Review*, núm. 16 (1925), págs. 199-207.

[3] Stanley L. Robe, ed., *Hispanic Folktales from New Mexico. Narratives from the R. D. Jameson Collection, Folklore and Mithology Studies,* núm. 30 (Berkeley –Los Ángeles–, Londres, University of California Press, 1977), págs. 7-9.

[4] S. L. Robe, ed., *Hispanic Legends from New Mexico. Narratives from the R. D. Jameson Collection, Folklore and Mithology Studies,* núm. 31 (Berkeley –Los Ángeles–, Londres, University of California Press, 1980), pág. 4.

probablemente Espinosa no prestó la misma atención a las leyendas de origen reciente que a los cuentos tradicionales, ya que lo que él perseguía era encontrar semejanzas entre el folclore nuevomexicano y el español.

De acuerdo con Alan Dundes, el trabajo del folclorista ha de fundamentarse sobre la identificación —o búsqueda de las similitudes— y la interpretación —o delimitación de las diferencias—[5]. Probablemente las investigaciones de Espinosa se inclinaran en ocasiones más hacia lo primero que hacia lo segundo, en razón de sus propias circunstancias personales. Él era un nuevomexicano que, sintiéndose diferente de lo norteamericano y de lo mexicano, sin duda anotaba con entusiasmo cada una de las semejanzas que iba descubriendo entre su folclore y el de España. Por otro lado no inventaba nada, la identificación que él, al principio de sus recopilaciones, había sólo intuido existía realmente. Otra cuestión es por qué se complacía en enfatizar este aspecto frente a otros. El hacerlo, movió a Espinosa a interesarse más por lo que el folclore tenía de arcaizante que por el folclore en cuanto a proceso continuo de creación.

En los Estados Unidos, como sugiere Robe, la palabra *spanish* —que aún conservaba ciertos ecos de rancia caballerosidad y aventura romántica— empezó a ser utilizada por aquellos que, viviendo en la frontera, no querían que les identificaran como mexicanos. Curiosamente, el término acabó relacionándose, después de un tiempo, con la idea estereotipada de hispano-mexicano que se había pretendido eludir. A partir de ese momento *spanish* ya no sirvió para designar al «español de España», pues este vocablo se vio contagiado de las mismas connotaciones peyorativas que, para el anglohablante, adquirió con anterioridad el término «mexican». Ahora, el «español de España» tendría que ser denominado como *spaniard*.

Al margen de todas estas estrategias socio-lingüísticas que tanto nos dicen sobre el peso de los estereotipos, lo

---

[5] Alan Dundes, «The Study of Folklore in Literature and Culture», *Journal of American Folklore*, núm. 78 (1965), págs. 130-132.

cierto es que, como Robe también reconoce, Nuevo México, en virtud de su secular aislamiento y de las frecuentes luchas acaecidas en su territorio, fue adquiriendo rasgos culturales muy distintivos. Para Espinosa, la cultura nuevomexicana —con la preocupación por la identidad característica de toda zona fronteriza— mostraba más aspectos arcaizantes y mayor apego a la tradición española que otras zonas americanas de habla española.

Como otros folcloristas norteamericanos, Espinosa identificó, desde el inicio de sus investigaciones, folclore con *folk literature* o literatura popular. Así, escribe en 1910: «Estoy en el momento presente especialmente interesado en las facetas literarias y lingüísticas del folclore español». Con igual franqueza manifestaba su confianza en el método comparativo, y —más concretamente— en la metodología histórico-geográfica desarrollada por la escuela finlandesa de folclore: «El método comparativo de estudiar folclore, que es, al mismo tiempo, histórico, me parece el único mediante el cual se pueden conseguir buenos resultados. Proseguir este método para progresar en todas las ramas de nuestro estudio es una larga, laboriosa tarea»[6].

No muy lejos de los planteamientos de Espinosa se encontraba Ramón Menéndez Pidal, que en su estudio del romancero oral utilizará métodos semejantes. Cuando, a partir de 1906, el filólogo español inicia un gran proyecto de recopilación de la balada hispana, muchos coleccionistas particulares, como Espinosa, colaborarán con él de buen grado, aportando sus propios materiales a tan gigantesca empresa. A diferencia de Menéndez Pidal, Espinosa quiso ser siempre el recopilador directo del folclore que luego estudiaría, sirviéndose sólo, muy excepcionalmente, de las recolecciones de amigos o familiares para contrastar las versiones de aquéllos con las suyas.

Espinosa conoció a Menéndez Pidal en 1909, durante una

---

[6] Aurelio M. Espinosa, «New Mexican Spanish Folklore: Part I, Myths; Part II, Supertitions and Beleafs», *Journal of American Folklore*, núm. 23 (1910), pág. 395.

visita de éste a los Estados Unidos, comenzando entonces entre ambos lo que luego sería una larga y duradera amistad. En el viaje que, como después veremos, Espinosa realiza a España para recopilar, sobre todo, cuentos de tradición oral, la constante colaboración de Menéndez Pidal resultará de gran importancia.

Como filólogo y como folclorista, Espinosa se relacionó con otros muchos ilustres colegas de Europa y América, manteniendo con ellos continua correspondencia y activo intercambio de trabajos e información. Además, Espinosa fue amigo muy apreciado de antropólogos como Franz Boas, de folcloristas como Elsie Clews Parsons, y de historiadores como Herbert E. Bolton.

Según ya se apuntó anteriormente, Espinosa efectuó su trabajo de campo en tres áreas principales, aunque también llevara a cabo sondeos en alguna otra. De 1902 a 1911 realizó sus recopilaciones más intensivas en Nuevo México y sur de Colorado, si bien seguirá haciendo incursiones, entre 1912 y 1932, o visitas esporádicas en los años treinta, cuarenta y cincuenta. De 1911 a 1919 recogió sus materiales de California y en 1920 emprendió viaje a España.

En su trabajo de campo Espinosa anotaba a mano lo que el informante le transmitía, registrando las peculiaridades lingüísticas que afectaban a la pronunciación, vocabulario y gramática. Sólo en algunas ocasiones realizaba transcripción fonética de la recopilación. Cuando Espinosa inicia sus encuestas, la población de hispanohablantes en Nuevo México era de unos 175.000 y la del sur de Colorado de unos 50.000. De los 150.000 que vivían en el área explorada por Espinosa —y según sus propias estimaciones— aproximadamente 80.000 no hablaban inglés, aunque entendieran algunas palabras en ese idioma.

Fueron informantes de Espinosa gentes de muy diverso tipo: granjeros, rancheros, pastores, criados... Recitaron, contaron y cantaron para él personas de toda edad y nivel social. Entre ellos, los abuelos, padres, parientes y amigos del propio investigador. No siempre consignaba éste la edad y nombre de cada informante, pero sí el lugar donde la recopilación se había producido. Solía anotar el mayor número posible de datos sobre la encuesta cuando recogía materiales poéticos de cierta antigüedad, como romances tradicionales. En su trabajo de campo Espinosa descubrió que éstos habían sido muy cantados en Nuevo México hasta finales del siglo XIX, pero que su utilización había empezado a decaer a partir de esa época. En el momento en que Espinosa desarrolló sus recolecciones no abundaban los informantes capaces de recordarlos y, tal como Espinosa pudo constatar, aquellos que lo hacían eran también —por lo general— fuente inagotable de otros géneros folclóricos.

A pesar del enfoque historicista con que Espinosa se aproximaba al folclore, supo vislumbrar la dinámica creatividad de lo folclórico en muchos de los géneros que recopiló, y así, al hablar de las coplas escribe: «La era creativa de las coplas no ha terminado. Todavía se están creando a cada instante y probablemente seguirá siendo así mientras se hable español en Nuevo México»[7].

Espinosa y su recopilación de cuentos populares en España

Espinosa llegó a Madrid a comienzos de julio de 1920 y visitó, en primer lugar, a su amigo Menéndez Pidal en la casa que la familia aún conserva en el pueblo de San Rafael. Don Ramón le proporcionó un mapa del folclore de España que habría de servirle de guía en sus recopilaciones y también se prestó a ayudarle con una serie de recomendaciones y consejos.

El folclorista había viajado a España con el fin de recopilar materiales narrativos que pudiera contrastar con sus colecciones de cuentos recogidos en América. Espinosa estimaba que era absolutamente necesario, dada la escasez de versiones españolas, obtener ejemplos que hicieran posible el estudio comparativo de la tradición oral de los pueblos

---

[7] Cf. en J. M. Espinosa, op.cit., págs. 37-38.

iberoamericanos. La expedición fue costeada con fondos de la *American Folklore Society,* gracias al apoyo que, desde ésta, brindaron a Espinosa Franz Boas y Elsie Clews Parsons.

El propio Espinosa reconoce que visitó en primer lugar aquellas zonas señaladas como preferentes en el mapa lingüístico-folclórico que para él había preparado Menéndez Pidal. Comenzó explorando la tradición en el norte, a partir de la provincia de Santander. Allí le acogieron amistosamente Miguel Artigas y José María de Cossío, en cuya Casona de Tudanca Espinosa recogió los primeros cuentos de su colección.

Durante cinco meses Espinosa prosiguió sus encuestas folclóricas por Palencia, Burgos, Valladolid, Soria, León, Zamora, Segovia, Ávila, Cuenca, Granada, Sevilla, Córdoba, Ciudad Real, Toledo, Madrid y Zaragoza. A diferencia de otros folcloristas que aún piensan que sólo puede —o debe— encontrarse folclore en el medio rural, Espinosa llevó a cabo sus recopilaciones tanto en los pueblos como en las ciudades. Él mismo copió «a puño y letra» —según cuenta en el prólogo de la primera edición— todos los cuentos populares españoles que, más tarde, habría de publicar.

El conjunto de narraciones que recopiló era, inicialmente, de 302, pero de ellas y de la pequeña colección recogida por Eduardo Martínez Torner que Menéndez Pidal cedería a Espinosa, éste editó solamente 280 ya que, como más adelante veremos, juzgó que las otras versiones resultaban incompletas.

Parece que al final de su recopilación Espinosa hubiera cambiado algunos de los planteamientos primeros; el miedo a no hallar materiales en algunas áreas había sido sustituido por un enorme entusiasmo y, así, concluiría diciendo: «Los cuentos populares se encuentran en España en todas partes. Lo único que importa es conocer el material tradicional y escoger los buenos. Hay regiones más prolíficas que otras, es verdad, pero no hay región de España donde no se puedan recoger materiales folclóricos en abundancia. Los cuentos y los romances abundan dondequiera. España es un país viejo, sanamente viejo, y la tradición está todavía en pleno vigor»[8].

Parece que Espinosa realizó sus encuestas preguntando de casa en casa y casi siempre acompañado por algún viejo amigo del lugar que le servía de introductor en sus visitas. Su hijo J. Manuel cuenta que «recogiendo cuentos y baladas entre la gente más pobre, Espinosa ofrecía una pequeña compensación económica, pero nunca le pidieron dinero y raramente se lo aceptaron»[9].

El investigador empezó a ver totalmente superadas sus previsiones cuando llegó a la provincia de Soria. Recogiendo materiales en Blacos, Garray o Calatañazor se sorprendió de la abundancia e interés de las versiones. Desde ese momento la sorpresa y el entusiasmo no hicieron sino crecer. Espinosa escribiría: «Es una lástima que siendo tan abundantes los materiales que se pueden recoger no se hayan recogido en España colecciones grandes de cuentos y leyendas populares»[10].

Espinosa considerará, en el prólogo de la primera edición de los cuentos, que su colección es representativa de toda España pero que, dada la riqueza folclórica del país, debería ser ampliada, lo más rápidamente posible, con el resultado de nuevas recopilaciones. Ya en el prólogo de la segunda edición a sus cuentos se referirá, precisamente, a la colección recogida por su hijo Aurelio en las provincias castellanas durante el año 1936, también con el apoyo económico de la *American Folklore Society*: «Esta extraordinaria colección castellana —escribe allí— es la más importante y la más abundante en el número de versiones de que consta que yo conozco de toda Europa»[11].

La utilidad de su propia recopilación era, para Espinosa, múltiple: servía, desde luego, para estudios lingüísticos, para mostrar la riqueza de un camino que apenas había

---

[8] A. M. Espinosa, *Cuentos populares españoles, recogidos de la tradición oral de España* (Madrid, CSIC, 1946), vol. I, pág. XXXII.
[9] J. M. Espinosa, op. cit. pág. 41.
[10] A. M. Espinosa, op. cit. pág. XXXIII.
[11] *Ibíd.*, Nota a la segunda edición, pág. 39.

empezado a ser recorrido —el de las recolecciones de narrativa oral en la Península— y para fortalecer las teorías del folclorista respecto al origen español del folclore de Nuevo México y de otras áreas americanas.

El valor intrínseco de la recopilación de Espinosa se vería después enriquecido por los minuciosos estudios que él mismo efectuó sobre cada uno de los temas de su colección. Una y otra cosa indicaban, indirectamente, el declive al que habían llegado, por aquel entonces, las recopilaciones y estudios de folclore en España. El propio Espinosa parece indicar, con elegante delicadeza, algo de esto cuando, en su primer prólogo ya mencionado, señala cómo tras unos veinte años de actividad las Sociedades españolas de Folclore desaparecieron por completo y el interés por esta disciplina decayó irremediablemente. Para él, sólo los romances eran en España, por aquel tiempo, objeto de estudios serios.

En contraste con esta situación, la del estudio del folclore en los Estados Unidos resultaba francamente halagüeña. Dice Espinosa: «En los Estados Unidos el interés por el folclore español ha sido desarrollado principalmente por la *American Folklore Society* y el entusiasmo incansable del profesor Franz Boas. Gracias a su talento y a su amplia visión científica los estudios del folclore americano se han desarrollado de una manera maravillosa y los estudios comparativos del folclore de las regiones donde la tradición española ha dejado sus influencias han sido favorecidos por él por todos los medios posibles»[12].

Como folclorista norteamericano de su tiempo, Espinosa entendía el folclore como una disciplina auxiliar de la antropología, de la etnología, la historia, la psicología, la sociología, la religión y la literatura. Como ya se dijo, mientras otros folcloristas se inclinarían más hacia el estudio de las creencias, supersticiones y rituales, Espinosa se centraría en el análisis de la literatura popular. Ello encajaba bastante bien dentro de las líneas fundamentales de investigación que el folclore tomó en los Estados Unidos, si bien con el tiempo

---

[12] *Ibíd.*, pág. XXVIII.

incluso los estudios sobre literatura oral —o *verbal art*, según la denominación acuñada por el antropólogo William Bascom— habrían de acercarse cada vez más a la antropología. En este sentido, la aproximación de Espinosa al folclore puede resultarnos hoy demasiado impregnada de historicismo, pero hay que tener en cuenta que él procedía del campo de la literatura comparada, que tenía una formación filológica y que, como muchos folcloristas de aquella época, era un seguidor declarado del método histórico-geográfico que la escuela finlandesa había utilizado con brillantez.

Es preciso conocer todo esto para comprender las líneas introductorias de Espinosa en la primera edición de sus Cuentos: allí hace un rápido repaso de las teorías entonces vigentes sobre los cuentos y sus orígenes y coloca a su colección dentro de ese marco difusionista que le era tan querido. Recuerda el planteamiento de los Grimm y, más tarde, de Max Müller, que defendían el origen indogermánico de los relatos tradicionales recogidos por los primeros. Luego, cuando se descubrió que esas historias no eran exclusivas de la herencia aria, Teodoro Benfay elaboró una nueva teoría según la cual procederían de la India la mayoría de los cuentos populares modernos ahora extendidos por todas las partes del mundo.

Esta postura «orientalista» fue combatida por Andrew Lang que pretendía explicar las semejanzas entre los cuentos de distintos pueblos en base a la hipótesis de que «los primitivos», en cualquier latitud, piensan y obran de manera parecida. Espinosa, aunque con matices, compartía la tesis de Benfay y, así, creía que a través justamente de España se habían transmitido muchos cuentos y leyendas orientales a otros países europeos.

Esos relatos no pasaron a la tradición española sólo a partir de fuentes escritas, como podría ser el caso de la traducción del *Calila y Dimna* al castellano, ordenada por Alfonso X *el Sabio*, sino que —en la opinión de Espinosa— habrían sido introducidos en nuestra cultura oralmente por medio de los árabes y judíos que, durante siglos, vivieron en España. En esa línea, Espinosa se refiere incluso a tradiciones orales iberas y fenicias que hubieran podido pervivir en nuestro país, para concluir: «Los imperios, las lenguas, las civilizaciones desaparecen, pero la humanidad, sus costumbres, sus ideas, sus leyendas y sus cuentos persisten para siempre, si bien sufren modificaciones importantes de generación en generación»[13].

Para Espinosa, los problemas que se nos presentan en la investigación de los cuentos populares —y a los cuales él dedicaría muchos años de trabajo— son de diverso orden:

1. Su origen, ya sea éste —como él precisa— de procedencia única o múltiple.
2. Su razón de ser, las causas que los originaron y que hoy les mantienen vivos. Cabría hablar quizá, actualizando la idea de Espinosa, de su función.
3. El estudio de su evolución mediante el análisis comparativo de las distintas versiones y la reconstrucción, en lo posible, de su proceso de transmisión de pueblo a pueblo.

Espinosa va a ocuparse del estudio detallado de estos aspectos en todos y cada uno de los cuentos de su colección española. Sin embargo, él sabía perfectamente que su tarea era ardua y los resultados rara vez definitivos: «Uno de los problemas del folclorista es averiguar el origen más remoto de una tradición; pero seguramente la última y más antigua que se descubra no ha de ser siempre la forma primitiva de la leyenda. Ni siquiera el Buda inventaba todo lo que contaba en sus consejos, ya que él mismo nos cuenta que narraba tradiciones antiguas»[14].

LUIS DÍAZ VIANA.

Valladolid, 15 de agosto de 1991.

---

[13] *Ibíd.*, pág. XXVI.
[14] *Ibíd.*, pág. XXIV.

BIBLIOGRAFÍA

a) *Selección de obras de Aurelio M. Espinosa*

«Studies in New-Mexican Spanish», 3 partes, núms. 1, 3 y 6. *Revue de Dialectologie Romane* (1909-1914).

«New mexican Spanish Folklore», 10 partes, núms. 23, 24, 26, 27, 28, 29. *Journal of American Folklore (1910-1916)*.

The Spanish Language in New Mexico and Southern Colorado (Santa Fe, Historical Society of New Mexico, 1911).

«Cuentitos populares nuevo-mejicanos y su transcripción fonética», *Bulletin de Dialectologie Romane*, núm. 4 (1912), págs. 97-115.

«Comparative notes of New-Mexican and Mexican Spanish Folktales», *Journal of American Folklore*, núm. 27 (1914), págs. 211-231.

«*Speech Mixture in New Mexico*», en *The Pacific Ocean in History*, H. Morse Stephens y Herber E. Bolton, eds. (Nueva York, MacMillan, 1917), págs. 408-428.

«Romances de Puerto Rico», *Revue Hispanique*, núm. 42 (1918), págs. 309-364.

«A Folklore Expedition to Spain», *Journal of American Folklore*, núm. 34 (1921), págs. 127-142.

«Sobre la leyenda de los Infantes de Lara», *Romanic Review*, núm. 12 (1921), págs. 135-145.

«Viajes por España», 10 partes, núms. 4, 5, 7 y 9, *Hispania* (1921-1926).

«Palabras españolas e inglesas», *Hispania*, núm. 5 (1922), págs. 219-228.

«Los cuentos populares de España», *Boletín de la Biblioteca Menéndez Pelayo*, núm. 5 (1923), págs. 39-61.

«Folklore from Spain», *Modern Philology*, núm. 20 (1923), págs. 425-434.

Cuentos populares españoles, 3 vols. (Stanford, California, Stanford University Press, 1023-1926).

«Spanish Folklore in the United States», *Modern Language Bulletin*, núm. 10 (1925), págs. 24-25.

«Spanish Folklore in New Mexico», *New Mexico Historical Review*, núm. 1 (1926), págs. 135-155.

«La ciencia del folklore», *Archivos del folklore cubano*, núm. 3 (1928), págs. 1-16.

«El folklore en España», *Revista bimestre cubana*, núm. 25 (1930), págs. 449-462.

Estudios sobre el español de Nuevo México, vol. 1, Fonética, Amado Alonso y Ángel Rosenblat, eds. (Buenos Aires, Universidad de Buenos Aires, Biblioteca de Dialectología Hispanoamericana, Instituto de Filología, 1930).

El Romancero español (Madrid, Biblioteca española de Divulgación Científica, núm. 9, 1931).

«Romances españoles tradicionales que cantan y relatan los indios de los pueblos de Nuevo México», *Boletín de la Biblioteca Menéndez Pelayo*, núm. 14 (1932), págs. 98-109.

«La clasificación de los cuentos populares, un capítulo de metodología folklórica», *Boletín de la Academia Española*, núm. 21 (1934), págs. 175-208.

«New Mexican Spanish Coplas Populares», *Hispania*, número 18 (1935), págs. 135-150.

«Pueblo Indian Folkltales», *Journal of American Folklore*, núm. 49 (1936), págs. 69-133.

España en Nuevo Méjico-Lecturas Elementales sobre la Historia de Nuevo Méjico y su Tradición Española (Nueva York, Allyn and Bacon, 1937).

«Spanish Folktales from California», *Hispania*, núm. 23 (1940), págs. 121-144.

Estudios sobre el español de Nuevo México, vol. 2, Morfología, Ángel Rosenblat, ed. (Buenos Aires, Universidad de

Buenos Aires, Biblioteca de Dialectología Hispanoamericana, Instituto de Filología, 1946).
Cuentos Populares de España (Buenos Aires y México, Espasa-Calpe, 1946).
Cuentos populares españoles recogidos de la tradición oral de España, 3 vols. (Madrid, CSIC, 1946-1947).

b) *Obras en colaboración de Aurelio M. Espinosa o relacionadas con él*

BOAS, FRANZ: «Notes on Mexican Folklore», *Journal of American Folklore*, núm. 25 (1912), págs. 204-260.
BOAS, FRANZ: «Romance Folklore among American Indians», *Romanic Review*, núm. 16 (1925), págs. 199-207.
BOLTON, HERBERT E. : «Defensive Spanish Expansion and the Significance of the Borderlands», *Wider Horizons of American History* (Nueva York, D. Appleton-Century Company, 1939).
ESPINOSA, hijo, AURELIO M.: *Cuentos populares de Castilla* (Buenos Aires y México, Espasa-Calpe, 1946).
ESPINOSA, hijo, AURELIO M.: *Cuentos populares de Castilla y León*, vol. I (Madrid, CSIC, 1987).
ESPINOSA, JOSÉ MANUEL, ed.: *The Folklore of Spain in the American Southwest. Traditional Spanish Folk Literature in Northern New Mexico and Southern Colorado*, por Aurelio M. Espinosa (Norman and London, University of Oklahoma Press, 1985).
FOSTER, GEORGE M.: «The current Status of Mexican Indian Folklore Studies», *Journal of American Folklore*, núm. 61 (1948), págs. 368-382.
MASON, J. ALDEN, y AURELIO M. ESPINOSA: «Porto-Rican Folklore: Décimas, Christmas Carols, Nursery Rhymes and other Songs», *Journal of American Folklore*, núm. 31 (1918), págs. 289-450.
MENÉNDEZ PIDAL, RAMÓN: *El romancero español* (Nueva York, Hispanic Society of America, 1910).

Radin, Paul, y Aurelio M. Espinosa: *El Folklore de Oaxaca* (Nueva York, Escuela Internacional de Arqueología y Etnología Americana and the Hispanic Society of America, 1917).

Rael, Juan B.: *Cuentos españoles de Colorado y de Nuevo México* (Spanish Tales from Colorado and New Mexico), 2 vols. (Stanford, California, Stanford University Press, 1957).

Robe, Stanley L.: *Hispanic Folktales from New Mexico. Narratives from the R. D. Jameson Collection*, Folklore and Mithology Studies, núm. 30 (Berkeley / Los Ángeles / Londres, 1977).

Robe, Stanley L.: *Hispanic Legends from New Mexico. Narratives from the R. D. Jameson Collection*, Folklore and Mithology Studies, núm. 30 (Berkeley / Los Ángeles / Londres, 1980).

NUESTRA EDICIÓN

La primera edición que Espinosa realizó de su colección de cuentos recogidos en España, en 1920, fue la publicada por la Universidad de Stanford entre 1923 y 1926. Años después, el folclorista extraería de los 280 cuentos allí contenidos, los 67 que aquí aparecen. Esta edición, de carácter divulgativo, se llevó a cabo en 1946 y, desde entonces, Espasa-Calpe reeditó el libro en varias ocasiones dentro de su Colección Austral.

En el mismo año de 1946 comienza a imprimirse en Madrid, dentro de las publicaciones del Instituto de Filología «Antonio de Nebrija» del CSIC, la colección completa de cuentos de Espinosa —que la Universidad de Stanford había editado en tres volúmenes— más los estudios que el autor había prometido ya en aquella primera edición. El CSIC publicaría en un solo volumen el contenido de la colección, propiamente dicha, y las notas comparativas en otros dos tomos.

Escribía Ángel González Palencia en el prólogo, muy dentro del estilo de la época: «España se honra con la publicación de esta obra, fruto de la diligente actividad de un hombre de nuestra raza, que ha hablado con los viejecitos de nuestras aldeas de toda España y ha recogido con amor un material precioso, al que nosotros no dábamos importancia, para después manipular con entendimiento y ciencia no comunes estos materiales, hasta componer un estudio comparativo de nuestro folclore tradicional, que permitirá conocer más a fondo los contactos de nuestra novelística con todos los pueblos del mundo»[1].

---

[1] *Ibíd.*, A manera de prólogo, pág. VIII.

En nuestra edición hemos seguido el texto publicado por Austral en 1946, acudiendo —en caso de duda— a los volúmenes publicados por el CSIC. Sólo han sido corregidas las partes en que aparecían erratas, respetándose en lo demás los criterios de transcripción de Espinosa aunque en algunos casos acarreen imprecisiones, incoherencias e, incluso, cierta dificultad en la comprensión. Explica el autor en su introducción a la colección completa de cuentos que empleó para transcribirlos «el alfabeto ordinario español sin añadir un solo signo fonético» [2], añadiendo que los signos ordinarios del alfabeto no indican los mismos sonidos para todos los cuentos; estamos, pues, ante una pronunciación figurada ya que las diferencias dialectales se han representado no mediante una transcripción fonética rigurosa, sino a través del vocabulario, de la expresión, del orden de las palabras...

Espinosa incluyó las versiones asturianas de la colección de Martínez Torner tal como éste las había anotado, mientras que transcribiría las suyas, como hemos visto, según un criterio más filológico, pero, al fin y al cabo, bastante elástico y muy interpretativo.

En la edición de Austral de 1946 apreciamos cierta censura en la supresión, con puntos suspensivos, de algunas palabras que, entonces, serían juzgadas malsonantes. Así, c. por culo, si bien «culico» parecía ya estar permitido. Ese criterio no fue aplicado a la edición del CSIC del mismo año, quizá porque tenía un carácter más científico y menos divulgativo.

Dejamos las versiones de los cuentos tal y como Espinosa lo hizo al efectuar su selección, sin datos de ningún tipo sobre informantes o lugar. Remitimos a quien desee conocer los pueblos y ciudades en donde fueron recogidos a la edición del CSIC.

En cuanto a la clasificación aquí empleada cabe decir que es, básicamente, la que utilizó Espinosa en las ediciones completas de su colección de cuentos, si bien el apartado que en ellas aparece con el título de *Cuentos Morales*, en la edición de Austral se denomina *Cuentos ejemplares y reli-*

---

[2] *Ibíd.*, pág. XXXIV.

giosos. Como el apartado de *Cuentos de adivinanzas* no figura en ésta, temas como el de «La mata de albahaca» o «Las tres preguntas» han pasado a engrosar el grupo de los *Cuentos humanos varios.*

En el índice de la selección de Austral, Espinosa indicó el número que cada uno de los cuentos llevaba en la edición de Stanford y cuáles eran los que procedían de la colección de cuentos castellanos de su hijo Aurelio; éstos —no más de cinco— figuran bajo las siglas ECPC. La recopilación de *Cuentos populares de Castilla y León* llevada a cabo por Aurelio M. Espinosa, hijo, sería recogida, finalmente, en otra publicación del CSIC, la «Biblioteca de Dialectología y Tradiciones populares», ya en 1987. Con anterioridad, una versión abreviada de la misma había sido editada en 1946 dentro de la Colección Austral, con el número 645.

Nada dice Espinosa padre de los criterios que siguió para seleccionar, entre los 280 cuentos de su edición de Stanford y las más de 500 versiones recopiladas por su hijo, los materiales de este librito que ahora reeditamos. Podemos deducir, conociendo los planteamientos de Espinosa por otros escritos suyos, que la excelencia estética —o lo que él juzgaba como tal— jugó un papel muy importante, pues habla en más de una ocasión de «buenas» y de «malas» versiones; también debió pesar en su elección que las muestras resultaran completas de acuerdo con los elementos del cuento tipo al que, supuestamente, pertenecerían. De hecho, y como ya se comentó, Espinosa retiró 42 versiones de las 302 recogidas en España porque eran «imperfectas y malas» respecto a otras de la misma colección[3].

Es de suponer que Espinosa buscara, igualmente, cierta representatividad geográfica en estas 67 versiones seleccionadas para la Colección Austral que, entre otros libros modélicos en la divulgación de la literatura popular, incluye la magnífica *Flor nueva de romances viejos,* de su amigo Ramón Menéndez Pidal —publicada con el número 202 en la nueva serie de la Colección Austral.

LUIS DÍAZ VIANA.

---
[3] *Ibíd.,* pág. XXIII.

CUENTOS POPULARES
DE ESPAÑA

A mi querido amigo don José María de Cossío, el hidalgo montañés que en la inolvidable Casona de Tudanca me presentó a «Pito Salces», el de Peñas Arriba, *quien me contó los primeros cuentos de mis* Cuentos populares españoles, *dedico este libro con añoranza, cariño y gratitud.*

A MANERA DE PRÓLOGO

La obrita que ahora publicamos con el título de CUENTOS POPULARES DE ESPAÑA *está sacada por la mayor parte de mi obra* Cuentos populares españoles, *publicada por la Universidad de Stanford en 1923-26. La obra consiste en tres tomos y contiene doscientos ochenta cuentos populares recogidos de la tradición oral de España en el año 1920, y es la más grande colección de cuentos populares de España hasta ahora recogida y publicada. El tomo IV de la publicación, ya terminado, está todavía por publicar. Este tomo es un estudio completo de los cuentos de los tres tomos ya publicados, comparando nuestras versiones con todas las versiones hispánicas conocidas y tratando de establecer los tipos fundamentales según los últimos métodos de la ciencia del folclore.*

Sesenta y dos de los cuentos que ahora publicamos están sacados de mi publicación arriba mencionada, con permiso oficial de la Universidad de Stanford, según va indicado en el índice de los cuentos. Los cinco restantes, números 2, 24, 32, 42 y 49, están sacados de otra colección monumental de cuentos populares de la tradición oral de España, una colección de más de quinientas versiones recogidas en Castilla por mi hijo Aurelio en el año 1936, y que todavía no se ha publicado. Llevará el título de Cuentos populares castellanos.

Cuando los hermanos Grimm publicaron su primer tomo de cuentos populares de la tradición oral de Alemania, en el año 1812, sus famosos Kinder und Hausmärchen, *y aún por muchos años después, los eruditos de Alemania creían que los cuentos que ellos habían publicado y otros semejantes se encontraban solamente en la tradición oral de Alemania. Algunos eruditos alemanes llegaron a creer que Alemania sola, entre todas las naciones de Europa y Occidente en general, había conservado los cuentos populares, y que estos eran los fragmentos que quedaban de las antiguas tradiciones indogermánicas o indoeuropeas. La mayor parte de los cuentos populares de Alemania, creían ellos, eran los fragmentos de los mitos y tradiciones antiguas de los primitivos indoeuropeos.*

Estas teorías fueron perdiendo valor cuando empezaron a recogerse y publicarse colecciones populares de otras partes de Europa, particularmente de Francia, Italia, Grecia e Inglaterra. La mayor parte de los cuentos de los hermanos Grimm se hallaban en versiones semejantes en otras partes de Europa.

Por otra parte, no todos los cuentos de los hermanos Grimm eran desconocidos fuera de Europa. Algunos de ellos, si bien en formas algo diferentes, se hallaban en versiones conocidas en la Edad Media y hasta en la antigüedad clásica y oriental. La teoría pangermanista de la herencia indoeuropea como patrimonio único de la tradición germánica, desapareció casi por completo cuando se multiplicaron las colecciones de cuentos populares de muchas partes de Europa, y cuando los orientalistas, los primeros folcloristas modernos, empezaron a hacer estudios comparativos de los cuentos europeos. En su magistral estudio del Panchatantra del año 1859, Teodoro Benfey demostró que una gran parte de los cuentos de Europa venían de fuentes antiguas orientales de India y de Persia. Es desde luego un error creer, como creyeron algunos orientalistas del siglo XIX, que todos los cuentos europeos son de origen oriental, pero sí es cierto que un caudal inmenso de cuentos tradicionales y populares que se han encontrado en la tradición oral de Europa han venido de India y Persia por caminos conocidos y desconocidos. Los estudios magistrales de los últimos cuarenta años, realizados por Bilte y Polívka y de algunos otros folcloristas alemanes, escandinavos y finlandeses lo han probado con exquisita erudición y sana crítica.

En general, podemos ahora clasificar los cuentos tradicionales de Europa y de todos los países de la cultura europea, en cuanto a sus orígenes, de la manera siguiente:

I. Cuentos que han venido de Oriente en tipos ya bien establecidos y que han sufrido cambios muy insignificantes en su transmisión y difusión a los países de Occidente.

Ejemplos notables son nuestros cuentos 1, 2 y 34, sobre los cuales haremos algunas observaciones.

1. El hombre de pez, *Cuentos 35. Es el famoso cuento del «muñeco de brea», que por muchos años se creía de origen africano. Es uno de los cuentos más importantes para la interpretación de la psicología de los pueblos por donde ha pasado. El origen oriental del cuento quedó establecido en mi estudio publicado en la revista «Journal of American Folklore», XLIII (1930), 129-209. En mi estudio del cuento en el Tomo IV de mis* Cuentos populares españoles *se han estudiado más de trescientas versiones de África, América, Europa, India y otras partes del mundo. Hay dos versiones antiguas de India, viejas de dos mil y mil ochocientos años, respectivamente. Las mejores versiones españolas peninsulares, semejantes a la que aquí publicamos, están directamente relacionadas con la versión índica de Jataka 55, y no son de origen africano. Las versiones hispánicas que estudio son sesenta y cinco, once de ellas peninsulares, nueve españolas y dos portuguesas.*

2. Las tres preguntas, *ECPC. Es el famoso cuento estudiado por el distinguido folclorista estonio Walter Anderson, en su obra* Kaiser und Abt, Dorpat, Estonia, 1927. *El cuento es popularísimo en todas partes del mundo. Según*

Anderson, el cuento es de origen oriental, siendo la más antigua versión un apólogo oriental del siglo X. La versión española más bien conocida es la literaria de Timoneda Patrañuelo, *14.*

34. Las doce palabras retorneadas, Cuentos 14. *En un artículo mío publicado en la* REVISTA DE FILOLOGÍA ESPAÑOLA, *XVII (1930), 390-413, he defendido la teoría del origen oriental del cuento y he estudiado su transmisión y desarrollo en las versiones orientales y occidentales. Empezando en la antigua India como un cuento de carácter doctrinal, ha llegado hasta el día de hoy como fragmento de doctrinas religiosas, pasando por formas zoroástricas, budistas, musulmanas, judaicas y cristianas, respectivamente, en su transmisión de Oriente a Occidente. Las versiones españolas e italianas son las únicas que en Europa conservan todavía el cuento inicial de la serie doctrinal, en una forma muy semejante a la de las antiguas versiones orientales.*

II. Cuentos que han sido desarrollados en Europa de elementos o motivos orientales. Los tipos de estos cuentos han sido establecidos de una manera definitiva en Occidente.

Ejemplo notable es nuestro cuento 17, sobre el cual haré las observaciones siguientes:

17. Los tres consejos, Cuentos 64. *Este cuento es particularmente popular en los países románicos. Es un cuento occidental, formado de elementos o motivos orientales (en algunos casos cuentecillos completos independientes sobre un consejo solo), que trata de los tres consejos que un buen hombre recibe como pago de sus servicios de muchos años, y que, siguiéndolos, sale con bien de muchas dificultades y vuelve por fin a su casa feliz y rico. De unas sesenta y cuatro versiones del cuento que yo he podido reunir y estudiar, cuarenta y dos, o dos terceras partes de ellas, son hispánicas. Las formas occidentales del tipo se hallan ya*

muy bien desarrolladas en la Edad Media y en el siglo XVI, empezando con la famosa versión de la Gesta Romanorum *56. Algunas versiones desarrollan solamente algunos episodios especiales de la tradición oriental, los elementos que entraron más tarde en la formación de los tipos occidentales. Ejemplos de éstos son las siguientes versiones, popularísimas en la Edad Media y más tarde:* Disciplina Clericalis *18;* Vicente Espinel, Marcos de Obregón, *III, 6-7 (Edición de «La Lectura»);* Conde de Lucanor, *36; y Margarita de Navarra,* Heptameron *32. La versión más antigua y más larga del cuento, muy diferente de las versiones románicas modernas, es la del* Ruodlieb, *poema latino del siglo X, publicado y estudiado por el erudito alemán Seiler. Seiler no conoce muy bien la tradición moderna de los países románicos y ha estudiado por la mayor parte las versiones celtas. Hay en realidad dos tipos muy bien caracterizados, el tipo románico, al cual pertenece nuestra versión, y el tipo celta estudiado por Seiler. Se diferencian los dos tipos fundamentales principalmente en el segundo consejo y su desarrollo; en el tipo románico, no preguntar lo que a uno no le importa; en el tipo celta, no hospedarse donde se halle un hombre viejo casado con una mujer joven.*

III. Cuentos que han sido formados en Occidente, completa o casi completamente.

Ejemplos de estos cuentos son la leyenda de Don Juan, Blancanieves, *el famoso cuento de la* Cenicienta, *y numerosos cuentos doctrinales cristianos.*

Uno de los ejemplos más notables de un cuento de formación occidental es nuestro cuento número 38.

38. Estrellita de Oro, *Cuentos 112. No tiene este cuento elementos o motivos notables de origen oriental. Lo han estudiado Marian Roalfe Cox en su magistral estudio* Cinderella, *Londres, 1893, Emmanuel Cosquin, en la obra antes citada sobre los cuentos orientales y la tradición de Occidente, y Bolte y Polívka, en sus* Anmerkungen *I, 165-*

188. El motivo de la zapatilla perdida, sin embargo, se encuentra en cuentos egipcios y orientales. Cosquin aboga por los orígenes orientales de nuestro cuento y lo clasificaría seguramente en nuestro Grupo III. La más antigua versión que conocemos del cuento ya definitivamente en su forma europea característica, es la italiana del Pentamerone, *de Basile, del año 1636,* La Gatta Generentola. *La versión más bien conocida, la de Perrault, o sea, la* Cendrillon, *es de medio siglo más tarde, 1697.*

Las versiones hispánicas se caracterizan por el extraordinario desarrollo de las tareas, particularmente el lavar del menudo o intestinos del animal muerto. Conozco cuarenta y ocho versiones hispánicas.

Nuestra publicación actual, sesenta y ocho cuentos populares, puede servir de ejemplo de los preciosos cuentos que se hallan en el día de hoy en la tradición oral de España y de la América Española.

AURELIO M. ESPINOSA.

Universidad de Stanford, California.

I. CUENTOS HUMANOS VARIOS

1. EL HOMBRE DE PEZ

Éstos eran unos señores que eran muy ricos y que no tenían hijos. Y la mujer decía:

—¡Ay, si Dios nos diera un hijo tan grande y tan fuerte como Sansón pa que nos comiera la hacienda!

Y tanto estuvo diciendo eso, que por fin Dios les dio un hijo tan grande como Sansón. Y lo bautizaron y le pusieron el nombre de Sansón.

Y fue creciendo el niño, y cuando llegó a ser hombre se comía en un día tres cerdos, una fanega de garbanzos y una fanega de pan. Ya en poco tiempo se comió toda la hacienda y los padres quedaron muy pobres. Y dijeron entonces los padres:

—Ahora le vamos a hacer un azadón para que vaya a trabajar y gane pa que coma. Y le hicieron el azadón y fueron tres hombres por él, pero no pudieron llevarlo. Y fue entonces Sansón y, según llegó, lo cogió con facilidá y dijo:

—Esto se hace así. Ustedes no valen pa nada.

Y como lo cogió como quien coge una guinda, todos se quedaron muy sorprendidos.

Y ya se echó el azadón al hombro y se fue camino alante. Y llegaba a servir en las casas y trabajaba mucho, pero como se comía todo lo que había en la casa en un día, todos le despedían al segundo día, y ya nadien le quería recibir. Y como todos le temblaban de miedo, todos se quitaban el sombrero cuando le veían pasar.

Y ya viendo que nadien le quería recibir, se fue al palacio del rey y anduvo cavando todos los jardines y todo con su azadón hasta que destrozó casi todo.

Y nadien se atrevía a decirle nada. Y ya llamó el rey a sus caballeros y les dijo:

—¡Ay, señores, lo que nos pasa con este hombre! ¿Cómo vamos a librarnos de él?

Y ya acordaron enviar a muchos caballeros armaos y a caballo al campo a pelear todos juntos con él pa ver si le mataban. Y salieron los caballeros con sus mejores armas al campo a esperar a Sansón. Y Sansón llegó y cogió un caballo del rabo y empezó, «¡Pin, pin, plan, plan!», y a todos los mató dándoles con el caballo.

Y volvió al palacio, y le dijo al rey:

—Bueno, pues ya los he matao a todos.

Y entonces acordaron hacer un hombre de pez pa cogerle. Hicieron el hombre de pez y lo pusieron allí cerca del palacio. Y pasó por allí Sansón y como el hombre de pez no le hizo la venia al pasar, volvió Sansón y le dijo:

—¿Me haces la venia? Mira que te doy. ¿Me haces la venia? Mira que te doy.

Y como el hombre de pez no le hizo la venia, le dio Sansón un puñetazo y se le quedó pegada la mano derecha. Y entonces le sigue diciendo:

—¿Me haces la venia? Mira que te doy. ¿Me haces la venia? Mira que te doy.

Y le dio con la mano izquierda y se le quedó pegada. Y entonces le dijo:

—¿Me sueltas las manos? Mira que te doy con el pie. ¿Me sueltas las manos? Mira que te doy con el pie.

Y le dio una patada y se le quedó pegao el pie. Y entonces, ya muy enfadado, le dice:

—¿Me sueltas las dos manos y el pie? Mira que te doy con el otro pie. ¿Me sueltas las dos manos y el pie? Mira que te doy con el otro pie.

Y le dio una patada con el otro pie y se le quedó también pegao. Y ya le dice:

—¿Me sueltas las dos manos y los dos pies? Mira que te

doy un tripazo. ¿Me sueltas las dos manos y los dos pies? Mira que te doy un tripazo.

Y le dio un tripazo y se le quedó pegada la tripa. Y ya como estaba bien pegao, allí lo cogieron y lo mataron.

2. LAS TRES PREGUNTAS

En el pueblo de Hérmedes había un cura que decía:

—Misa por la mañana y rosario por la tarde, y el cura de Hérmedes sin cuidado.

Cuando el pueblo vio que el cura no pensaba nada más que en su misa y su rosario, dio parte de esto al señor obispo.

Éste llamó al cura a palacio. Después de saludarle, le preguntó el cura al obispo:

—¿A qué soy yo llamado aquí?

Y el obispo le respondió:

—Pues le acusa a ustez el pueblo, de que ustez no piensa en nada más que en su misa y rosario. Y ahora le voy a dar yo a ustez en qué pensar. Si en término de tres días no resuelve ustez el problema que le voy a plantear, le quito la licencia para que no vuelva ustez a ejercer.

—Ustez dirá —dijo el cura.

Y dijo entonces el obispo:

—Pues tiene ustez que adivinar: primero, cuánto pesa la tierra del mundo; segundo, cuánto vale mi persona; y tercero, qué pensamiento tengo yo.

Al oír esto, el cura se retiró a su casa muy angustiado a ver de qué medio podía responder a las preguntas del obispo.

Ya pasaban dos días de los tres que el obispo le había puesto, y estaba el cura triste y cabizbajo porque no encontraba las respuestas. Por la noche fue el pastor a encerrar las ovejas del señor cura, y viendo que estaba tan triste, le preguntó:

—¿Qué le pasa a ustez, señor cura? Parece que le encuentro algo preocupao.

—¿Qué adelanto con decírtelo a ti, si tú no me puedes sacar de apuros? —le contestó el señor cura.

—Pues dígame ustez lo que pasa —dijo el pastor—. A ver si le puedo ayudar.

—¡Que tú no entiendes de esto! ¿Qué adelanto con decírtelo?

Y como insistiera el pastor en que se lo dijera, por fin el cura se lo dijo.

—Pues es el caso que el señor obispo me ha dicho que le tengo que adivinar tres cosas en término de tres días, y ya van dos con hoy.

—Bueno, bueno; pero dígame ustez qué cosas son las que tiene que adivinar —le dijo el pastor.

Y el señor cura le dijo entonces:

—Pues me ha dicho que tengo que adivinar: cuánto pesa la tierra del mundo; cuánto vale su persona y qué pensamiento tiene él.

—¡Hombre! —dice el pastor—, ¿y por eso se asusta ustez? Mañana se va ustez a arrear las ovejas y yo me pongo su ropa y yo iré a ver al obispo.

—Pero, hombre, ¿qué sabes tú de eso? —dijo el cura—. ¿Dónde te vas a meter tú?

—Bueno, ¡pues usted déjeme a mí! —contestó el pastor—. ¡Déjeme a mí!

Consintió el cura, y al otro día se vistió el pastor de cura y se marchó a palacio a estar con el obispo. Entró en el palacio y le dijo al obispo:

—Ya está aquí el cura de Hérmedes para responder a las preguntas que ustez me hizo.

—Bueno —dijo el obispo—; a ver la primera. ¿Cuánto pesa la tierra del mundo?

Y el pastor contestó:

—Su ilustrísima, si me quita ustez los cantos...

—Bien, hombre, bien —dijo el obispo—. Está muy bien. Vamos ahora a la segunda. ¿Cuánto vale mi persona?

—Pues treinta duros dieron por Jesucristo —dijo el pastor—; con que ustez, que es algo menos, le quedaremos en veintinueve.

—Bien, hombre, está bien —dijo el obispo—. Vamos ahora a la tercera pregunta. ¿Qué pensamiento es el que yo tengo ahora?

—Pues el pensamiento que tiene ustez es —dijo el pastor— que cree ustez que está hablando con el cura de Hérmedes y está hablando con su pastor.

—Hombre, está muy bien —dijo el obispo—. Ya se puede ustez retirar.

3. JUAN DE LAS CABRAS

Juan de las Cabras era pastor de cabras. Cuidaba de las cabras de su padre y todos los días las llevaba a pacer al mismo prao. Y el padre le dijo un día:

—Pero, hijo, no lleves las cabras al mismo sitio todos los días. Ya ese lugar está bien pelao y ya no hay nada yerba. Ora llévalas a otro sitio por ai.

Y ya otro día cogió Juan y llevó las cabras a pacer a un prao que estaba cerca de la huerta de ande vivían unos frailes. Y ai entraron las cabras a pacer y Juan se quedó dormido a la sombra de un árbol, y cuando despertó ya no vio cabras ni nada. Y sospechó que se habían metido en la huerta de los frailes y fue a preguntarles si ai estaban sus cabras. Pero como los frailes ya las habían encerrao, le contestaron que no, que ai no estaban las cabras. Y los frailes lo que querían era pillárselas todas.

Conque vuelve Juan a su casa sin cabras y le dice a su padre:

—Bueno, ¿y ande están las cabras?

Y Juan le responde:

—Pues por ai andaban paciendo junto a la huerta de los frailes, y yo me dormí y cuando me desperté ya no estaban las cabras, pero creo que los frailes las tienen. Y el padre le dijo:

—Y ahora, ¿qué vamos a hacer?

—No se apure, padre —le contestó Juan—, que yo sé cómo arreglármelas.

Y fue Juan y se vistió de fraile pobre, casi de mendigo, y se fue pal convento ande vivían los frailes y llegó y salió uno de los frailes y le preguntó qué quería y él le dijo que nada, que le había cogido la noche en su viaje pa una ermita y que les rogaba le permitirían pasar por ai la noche. Y fue el fraile y les dijo a los otros que ai estaba un pobre fraile que pedía posada por la noche. Y tuvieron lástima de él y le dijeron que entraría.

Y entró y le dieron de comer. Y por la noche, como no había cuarto con cama donde durmiera, dijo él que no hacía falta cama, que él dormiría en el suelo en cualquier rincón y que se iría por la mañana temprano. Y los frailes, como le vían tan sucio y tan haraposo, no le convidaban a dormir con ellos. Y el padre dijo que se vendría con él a su cuarto y con él dormiría. Y fue con el padre y se acostaron.

Y a media noche, cuando ya estaban todos dormidos, se levantó Juan y sacó un palo que traía y le arrimó al padre una paliza tan fuerte que casi le mató. Y cuando le daban los palos, le decía:

—Yo soy Juan de las Cabras, que vengo por la primera paga.

Y el pobre padre le rogó de por Dios que le dejaría, y Juan le cobró tres mil reales y le dejó, y se fue a casa con su dinero. Y fue ande su padre y le contó lo que le había pasao y le dijo que después iba a cobrar más. Y el padre le dijo:

—Muy güeno, muy güeno. Ora sí has hecho bien.

Y fue Juan otro día y se vistió de médico y fue ande los frailes, y ellos, cuando le vieron, le dijeron que el padre estaba malo de una paliza que le habían dao y que entrara a ver si le curaba. Y entró Juan y esaminó al padre, y dijo que le dieran papel pa escribir una receta. Y escribió algo y se lo dio a uno de los frailes pa que fuera al pueblo a traer la melecina. Y cuando ya se había ido, Juan dijo:

—¡Hombre, qué demonios! ¡Si se me había olvidao lo principal!

Y escribió algo en un papelito y envió a otro fraile al pueblo con otro recao. Y a pocos momentos, dice otra vez:

—¡Hombre, qué cosas tengo hoy! ¡Si se me ha olvidao otra cosa que nos hace falta!

Y escribió otra vez en un papelito y envió a otro fraile al pueblo. Y así estuvo escribiendo papelitos y enviando frailes al pueblo hasta que no quedó ni uno en el convento y se quedó él solo con el padre. Y entonces saca su palo otra vez y me le arrea otra tanda de panadera que antes. Y el pobre padre le pedía misericordia y le decía que le dejara. Y Juan, cuando le daba la paliza, le decía:

—Yo soy Juan de las Cabras, que vengo por la segunda paga.

Y le cobró al padre otra vez tres mil reales, y cogió y se fue ande el padre a contarle lo que le había pasao.

Y le padre le dijo:

—Muy güeno, muy güeno. Ora sí has hecho bien.

—Eso no es todo —le dijo Juan—. Ora verá usté como cobro más por las cabras que nos robaron.

Y fue otro día y encontró a un vago por el camino y le dice:

—Oye, tú, ¿eres tú muy ligero? ¿Puedes correr mucho, pero mucho, que no te pueda alcanzar nadie?

—Sí, sí, yo puedo correr mucho. Cuando yo salgo corriendo, nadien me alcanza.

—Güeno, pues vente conmigo que yo te pago el jornal.

Y le llevó al convento de los frailes y le dijo:

—Mira, tú te escondes detrás de esa puerta y yo me escondo detrás de la otra que está detrás del convento. Y cuando yo llegue, gritas tú, «¡Yo soy Juan de las Cabras, que vengo por la tercera paga! ¡Yo soy Juan de las Cabras, que vengo por la tercera paga!»

Y así lo hicieron. Y cuando ya Juan de las Cabras había llegao a la otra puerta, comenzó el vago a gritar:

—¡Yo soy Juan de las Cabras, que vengo por la tercera paga! ¡Yo soy Juan de las Cabras, que vengo por la tercera paga!

Y los frailes, cuando oyeron esos gritos, dijeron:

—¡Ai viene ese pícaro otra vez! ¡Pero esta vez no se nos escapa!

Y cogieron palos y salieron tras él. Y aquél echó a correr, que apenas le alcanzaban a ver el polvo. Y todos los frailes salieron del convento y echaron a correr con ganas de cogerle y darle una buena zurra.

Y luego que ya estaban todos lejos del convento, entró Juan y le arrimó al padre que esta en la cama otra paliza. Y el padre gritaba y le suplicaba que le dejara. Y Juan seguía dándole palos y diciéndole:

—¡Yo soy Juan de las Cabras, que vengo por la tercera paga! ¡Yo soy Juan de las Cabras, que vengo por la tercera paga!

Y cobró por tercera vez tres mil reales, y cogió su dinero y se fue pa su casa.

4. ROSA VERDE

Éstos eran un rey y una reina que tenían una sola hija llamada Rosa Verde, y le leyeron el sino y le dijeron que a los dieciocho años tenía que ser una mujer mundana. Y los padres discurrieron a ver qué harían pa quitarle esa idea. Y discurrieron hacer un castillo en el monte y llevarla con un ama que tenía una niña pequeña.

Bueno, conque hicieron el castillo y llevaron allí a la hija, que estaba todavía niña, y a la ama con su niña. Y allí les llevaron víveres y ropa y de todo pa dieciocho años.

Mientras la niña fue pequeña, nada le llamaba la atención, pero al tener dieciocho años, decía:

—Pero, ¿que no habrá más mundo que esto, metidos aquí en este castillo?

Y un día fue y se asomó a los balcones del castillo y divisó una chocita y vio que de ella salían cuatro ladrones. Y empezó a contar y vio que eran cuatro y dijo:

—Mañana voy a ver qué es aquello.

Y otro día se salió del castillo y se dirigió a la choza, y a la puerta encontró al hijo del capitán. Y sin decir nada, entró y le tiró al niño toda la comida que preparaba para los ladrones y le desbarató toda la cama y se marchó para su castillo.

Y al llegar al castillo, le dijo a la niña del ama:

—He ido a aquella choza que ves allá y me he encontrado con el niño que preparaba la comida y se la he tirado toda y le he desbaratao la cama. Mañana bien tempranito vamos otra vez. Como le digas algo a tu madre, te mato.

Y por la mañana temprano se marcharon los dos. Y ese día se había quedao allí uno de los ladrones pa esperar a la joven que había venido el día antes a tirarle la comida al niño y a desbaratarle la cama. Y luego que llegaron, el ladrón en seguida las recibió muy contento y quería gozar de ellas. Y Rosa Verde le dijo:

—Bueno, pero primero a poner la mesa y a comer.

Y mientras el ladrón ponía la mesa, ellas salieron por un boquete que había en la choza y se marcharon pal castillo. Y llegaron los ladrones a la choza y le preguntaron al que se había quedao por la joven. Y él les contó cómo ella le había engañao y se había marchao. Y el capitán le dijo:

—¡Ay, qué tonto! Ya verás como mañana me quedo yo y a mí no se me escapa.

Y otro día se quedó el capitán de los ladrones pa ver si venía la joven. Y llegó ella otra vez del castillo. Y el capitán la recibió muy contento y quería gozar de ella. Pero ella le dijo:

—Bueno, pero primero quiero llevarte al castillo. Irás conmigo al castillo onde vivo.

Y el capitán se fue con ella. Y se marcharon pal castillo, y al llegar, la joven le dijo:

—Por este lienzo que hay subo yo y luego subes tú.

Y subió ella primero. Y luego empezó él a subir y a la mediación del lienzo, cortó ella y le dejó caer y se dio un buen golpazo. Y así estropeao y adolorido se fue pa su choza jurando venganza. Y cuando llegó estaba tan estropeao que se metió en la cama.

Y cuando la joven oyó decir que estaba malo en la cama, se vistió de médico y fue a curarle. Y llegó y le dijeron que entrara. Y entró a ver al enfermo y le dio una buena paliza. Y al marcharse, le dijo:

—Yo soy Rosa Verde, pa que se acuerde.

Y a los cuantos días, dijo la joven:

—Bueno, ya ahora el capitán de los ladrones debe tener barba.

Y se vistió de barbero y pasó por la choza. Y el niño del capitán la llamó pa que afeitara al capitán. Y entró ella y le hizo muchas heridas en la cara y le dejó muy estropeao. Y se marchó otra vez y al marcharse, le dijo:

—Yo soy Rosa Verde, pa que se acuerde.

Bueno, pues ya vinieron sus padres por ella y se la llevaron al palacio. Y de contentos que estaban todos, el rey le dijo que escogiera lo más imposible que quisiera, lo que se le antojara, que él se lo concedería. Y ella entonces le dijo que les perdonara a los ladrones. Y el rey su padre le dijo que todo menos eso.

Y a los pocos días fue el capitán de los ladrones a pedir la mano de la princesa, porque ya sabía que ella era la que tanto mal le había hecho y quería casarse con ella pa matarla. Y los padres se la dieron en matrimonio. Y ella comprendía las intenciones del capitán, y el día de la boda mandó hacer una muñeca de dulce de la misma figura que ella. Y se casaron.

Y por la noche ella fue primero a acostarse y metió en la cama la muñeca de dulce con una cuerdecita pa que dijera sí y no con la cabeza. Y ella se metió debajo de la cama.

Bueno, pues que poco después vino el novio a acostarse pa matar a la novia y vengarse. Y llegó y se acercó a la cama y le dijo a la muñeca:

—¿Te acuerdas, Rosa Verde, cuando le hiciste aquel destrozo a mi niño en la choza?

Y ella con la cabeza decía que sí.

Y entonces le dijo:

—¿Te acuerdas, Rosa Verde, del día que me llevaste al castillo y me cortaste el lienzo y casi me mataste?

Y otra vez respondió ella con la cabeza que sí.

Y luego dijo:

—¿Te acuerdas, Rosa Verde, de cuando fuiste de médico a la choza y me diste una paliza en la cama?

Y con la cabeza ella decía que sí.

Y entonces dijo:

—¿Te acuerdas, Rosa Verde, de cuando fuiste de barbero a la choza y me hiciste heridas en la cara?

Y ella otra vez decía que sí con la cabeza.

Y entonces le dijo:

—Bueno, pues ahora te voy a matar y pagarás por todo el mal que me has hecho.

Y sacó un puñal y le tiró al lao del corazón. Y la muñeca se partió y le cayó al ladrón en la boca un pedazo de dulce, y dijo:

—¡Ay, Rosa Verde de mi vida, que muerte tan dulce ha tenido! Si yo hubiera sabido que ibas a tener una muerte tan dulce no te mato. Perdóname.

Y entonces salió ella de debajo de la cama y se abrazaron.

Y vivieron toda la vida muy felices y comieron muchas perdices. Y a mí no me dieron porque no quisieron.

5. LA MATA DE ALBAHACA

Ésta era una mujer que tenía tres hijas. Y tenían en el jardín una mata de albahaca y cada día salía una de las hermanas a regarla.

Un día salió a regar la mata de albahaca la hija mayor. Y cuando estaba regándola, pasó por allí el hijo del rey y le dijo:

> —Señorita que riega la albahaca,
> ¿cuántas hojas tiene la mata?

Y como no pudo responder se fue el hijo del rey para su palacio.

Y al día siguiente pasó otra vez el hijo del rey por la casa y salió la hermana segunda a regar la albahaca, y él la hizo la misma pregunta:

>   —Señorita que riega la albahaca,
>   ¿cuántas hojas tiene la mata?

Tampoco supo responder y el hijo del rey se fue para su palacio.

Y el tercer día, cuando volvió el hijo del rey a pasar por la casa, la hermana menor salió a regar la albahaca, y él la hizo la misma pregunta que a las otras:

>   —Señorita que riega la albahaca,
>   ¿cuántas hojas tiene la mata?

Y ella le respondió:

>   —Señorito aventurero,
>   ¿cuántas estrellas tiene el cielo?

Y como el hijo del rey no supo responder a esta pregunta, se fue para su palacio muy avergonzao.

Y entonces el hijo del rey, como estaba muy avergonzao de ver que no había podido responder a la pregunta de la hermana menor, se metió a encajero y salió vendiendo encajes por todas partes. Y llegó a la casa donde vivían las tres hermanas y salieron a ver qué vendía. Y la hermana menor escogió por fin una puntilla y le dijo al encajero:

—¿Cuánto quiere usted por esta puntilla?

Y él le dijo:

—Por esa puntilla un beso.

Y ella le dio el beso y se quedó con la puntilla.

Y otro día volvió el hijo del rey como antes a la casa de las tres hermanas y salió la hermana mayor a regar la albahaca. Y él la preguntó otra vez:

>   —Señorita que riega la albahaca,
>   ¿cuántas hojas tiene la mata?

Y ella no supo responder y él se fue para su palacio.

Y al día siguiente volvió y salió la hermana segunda a regar la albahaca, y el hijo del rey la preguntó como antes:

> —Señorita que riega la albahaca,
> ¿cuántas hojas tiene la mata?

Y ella no supo responder, como la vez primera.
Y vino otro día el hijo del rey por la casa y salió la hermana menor a regar la albahaca, y la preguntó como antes:

> —Señorita que riega la albahaca,
> ¿cuántas hojas tiene la mata?

Y ella le respondió como la vez primera:

> —Señorito aventurero,
> ¿cuántas estrellas tiene el cielo?

Y a eso le preguntó él:

> —Y el beso del encajero,
> ¿estuvo malo o estuvo bueno?

Y como ella no supo responder se metió en la casa avergonzada.
Pero pocos días después se puso malo el hijo del rey y no había médico que lo pudiera curar. Y fue la hermana menor y se vistió de médico. Fue al palacio del rey de médico superior, mucho superior, y le dijo al rey:
—Yo vengo, señor rey, a curar a su hijo.
Y la dejaron entrar y consultó con los otros médicos y dijo:
—Pa que sane el príncipe hay que meterle un nabo en el culo.
Conque bueno, que le metieron el nabo en el culo y el hijo se puso bueno.
Y cuando ya estaba bueno, salió el hijo del rey otra vez a paseo y pasó por la casa de las tres hermanas otra vez. Y salió como de costumbre la hermana mayor a regar la albahaca y él la preguntó de nuevo:

—Señorita que riega la albahaca,
¿cuántas hojas tiene la mata?

Y ella, como antes, no supo responder.
Y otro día salió la hermana segunda a regar la albahaca, y la hizo el hijo del rey la pregunta de siempre:

—Señorita que riega la albahaca,
¿cuántas hojas tiene la mata?

Y tampoco supo responder.
Y el tercer día, cuando pasó el hijo del rey por la casa, salió la hermana menor a regar la albahaca y él la preguntó como lo había hecho antes:

—Señorita que riega la albahaca,
¿cuántas hojas tiene la mata?

Y ella le respondió como antes:

—Señorito aventurero,
¿cuántas estrellas tiene el cielo?

Y entonces el hijo del rey creyó que iba salirse con la suya como antes y la preguntó:

—Y el beso del encajero,
¿estuvo malo o estuvo bueno?

Pero se engañó el hijo del rey, porque apenas había él preguntado eso de antes, cuando ella le preguntó:

—Y el nabo por el culo,
¿estaba blando o estaba duro?

Y entonces el hijo del rey comprendió que ella había sido la que le había metido el nabo por el culo. Y como estaba muy enamorao de ella y ella también estaba enamorada de él, en seguida se casaron.

6. PEDRO EL DE MALAS

Éste era un padre que tenía dos hijos, Pedro y Juan. Y a Pedro, le decían Pedro el de Malas. Y estaban muy malamente, muy pobres, y en vista de la pobreza que tenían, el hijo mayor, Juan, le dijo a su padre que quería marcharse a buscar fortuna. Y el padre consintió, y antes de que se marchara le dio estos consejos:

—No te fíes de canto reboludo, ni de perro faldero, ni de hombre rubio.

Se marchó Juan, y en el camino ande iba llegó a un arroyo que pa pasarlo tenía un canto reboludo de pasadera. Y sin acordarse de los consejos de su padre, pisó el canto pa pasar el arroyo y se cayó y se dio un golpe. Y ya más alante, se encontró con un perro faldero y se le acercó y le mordió.

Y ya llegó Juan a la casa de un hombre que era rubio. Y sin acordarse de lo que le había dicho su padre, le preguntó si le hacía falta un criao en la casa. Y aquél le dijo que sí, y se quedó Juan a servir, haciendo un contrato que el que primero quedara enfadao tenía que sacarle tres correas desde el cogote al culo. Y la paga tenía que ser cuando cantara el cuquillo.

Primero le mandó el amo a Juan que trujera un carro de leña, y que no lo metiera ni por la puerta principal ni por la falsa. Y fue y volvió con el carro de leña. Pero como no había más que dos puertas, no pudo entrar y comenzó a gritar:

—¡Pero, señor amo! ¿Por onde voy a entrar? ¡Pero, señor amo! ¿Por onde voy a entrar?

Y ya salió el amo y le dijo:

—Pero hombre, ¿que se enfada usté?

Y Juan le contesta:

—Claro que me enfado. ¿A ver quién no se enfada si no hay por onde entrar?

Y el amo le dice entonces:

—Güeno, pues entonces, las tres correas.

Y va y le saca tres correas desde el cogote al culo y el pobre de Juan se muere.

Y en vista de que Juan no vuelve, dice Pedro a su padre:

—Padre, mi hermano Juan no vuelve y quiero yo irle a buscar.

Y el padre le dice que está güeno, le da los mismos consejos que al mayor, y se marcha Pedro camino alante.

Y llega Pedro al mismo arroyo ande estaba el canto reboludo, y cuando lo ve se acuerda del consejo de su padre y dice:

—Aquí no hay más remedio que quitarme las albarcas.

Y se quitó las albarcas y pasó sin tocar el canto. Y allá al pasar, le salió un perro faldero y cogió una porra y lo mató. Y llegó también a la casa del hombre rubio. Y preguntó si hacía falta un criao y le dijeron que sí. Y entró a servir, haciendo el mismo contrato que su hermano. Pero cuando vio que el hombre era rubio, dijo:

—Hay que tener cuidao con este hombre, que me dijo mi padre que no me fiara de hombre rubio.

Y lo mismo que al otro, lo envió el amo primero por un carro de leña y le dijo que no entrara ni por la puerta principal ni por la falsa. Y va Pedro por el carro de leña y vuelve. Y como ve que no hay sino dos puertas, va y coge un pico y llega a la paré y abre una puerta, y así mete el carro. Y el amo, cuando ve el destrozo, empieza a gruñir. Y le dice Pedro:

—¿Se enfada usted, señor amo?

Y aquél contesta:

—No me enfado, pero no me da gusto.

Y al otro día envió el amo a Pedro por un carro de garabatos [1]. Y como tardaba mucho en sacar una cepa, se echó a

---

[1] Garabatos, vocablo que procede, para algunos, del asturiano y santanderino *gárabu*, aquí parece haber sido utilizado con la acepción menos común, pero que esta palabra también tiene, de «pedazo de leña menuda». *Garabato,* como es bien sabido, suele significar «gancho de hierro retorcido» o cualquier objeto con esa forma.

dormir. Y a medio día fue el amo a llevarle la comida y le encontró dormido. Y le dice el amo:

—Pero Pedro, ¿cómo no trabajas?, ¿qué estás haciendo?

Y Pedro le contesta:

—Pero, señor amo, ¿cómo quiere usté que un costal vacío se ponga de pie? ¿Qué se enfada usté, señor amo?

Y el amo contesta:

—No me enfado, pero no me gusta.

Y ya se fue el amo y dejó a Pedro en el campo pa que trabajara. Y por la tarde, cuando volvió el amo, halló a Pedro otra vez tumbao en la tierra y le dijo:

—Pero hombre, ¿cómo no trabajas?

Y Pedro le dijo:

—Pero, señor amo, ¿cómo quiere usté que un saco lleno se ponga de pie a trabajar? Si trabajo me reviento.

Y ya empezó el amo a regañar y le dijo Pedro:

—¿Qué se enfada usté, señor amo?

Y contesta el amo:

—No me enfado, pero no me gusta.

Y con eso ya se marcharon a casa. Y llega el amo y discurre con su mujer y le dice:

—Éste me va a sacar las tres correas. Ahora lo que vamos a hacer es tenerlo dos días sin comer pa ver si se va y nos libramos de él.

Y ya por día y medio no le daban nada de comer. Y vino Pedro entonces y se acostó una noche en el poyo de la cocina pa ver lo que hacían aquéllos. Y se hizo el dormido, y ya vio que sacaba la mujer una torta de masa pa comer. Y cuando ya estaba cocida, se levantó Pedro y cogió las tenazas y empezó a darle a la torta hasta que la hizo cachos. Y el amo y la mujer le gritaron:

—¿Qué haces ai, hombre?

Y contesta Pedro:

—Que hace mucho frío, y como ya me estaba helando, me he levantao a atizar la lumbre.

Y ya el amo ordenó de dar de comer pa todos y luego se acostaron.

Y otro día, dijo el amo a Pedro:

—Hoy vas a vender una piara de yeguas a la feria.

Y se fue Pedro con la piara de yeguas pa la feria, y ca yegua llevaba un cencerro. Y vendió todas las yeguas, ecerto una, que era blanca. Pero los cencerros no los vendió. Y cogió los cencerros y se vino a casa con ellos en la yegua blanca. Y por el camino se le formó una nube grande y metió mano a la navaja y mató a la yegua pa meterse en ella y no mojarse. Y había güitres y bajaban a comer de la yegua. Y Pedro los fue cogiendo y les puso a ca uno un cencerro. Y cogió uno blanco por fin, y fue ande su amo y entró corriendo y le dijo:

—¡Señor amo, milagro del cielo! ¡Las yeguas se han vuelto güitres! Mírelas usté ande van con los cencerros volando. Y mire usté la yegua blanca en que he ido a la feria.

Y el amo vía los güitres volando con los cencerros, y como siempre sospechaba que Pedro andaba en alguna trampa, empezó a regañar. Y Pedro le dijo:

—¿Se enfada usté, señor amo?

Pero el amo, como no quería que le sacaran las tres correas, contestó:

—No me enfado, pero no me gusta.

Y ya le envió el amo con una piara de cerdos a un monte ande había un gigante que no dejaba penetrar a nadie. Y fue y vendió todos los cerdos, ecerto una cerda. Y les cortó los rabos a todos y se quedó con ellos. Y entonces fue y metió todos los rabos y la cerda que no vendió en el lodo. Y vuelve a la casa y le dice al amo:

—¡Ay, señor, que los cerdos se han caído todos en la laguna!

Y fueron corriendo ande había metido Pedro los rabos en el lodo. Y le dijo Pedro al amo:

—Agarre usté pa ver si podemos sacar los cerdos.

Y agarraba aquél los rabos y tiraba, pero sólo sacaba los rabos. Y Pedro le decía:

—Ya ve usted, señor amo, que no pueden salir. Y ya empezó Pedro a tirar del rabo y le dijo:

—Venga usted aquí, señor amo, que me parece que esta cerda la vamos a sacar.

Y se agarraron los dos y tiraron y tiraron, hasta que la sacaron. Y como en los demás casos no sacaban más que rabos, el amo decía:

—¡Ay, Pedro, me has arruinao! He perdido todos los cerdos.

Y Pedro le dijo:

—¿Se enfada usted, señor amo?

Y el amo contestó:

—No me enfado, pero no me gusta.

Y al día siguiente volvió el amo a mandar a Pedro ande vivía el gigante pa que el gigante le matara. Y esta vez le mandó con una piara de ovejas. Y como esta vez no halló Pedro a quien vendérselas, siguió caminando con las ovejas hasta que llegó ande estaba el gigante. Y sale el gigante y grita:

—¡A carne humana me güele aquí! ¡Me las vas a dar o te como a ti!

Y ya le dijo Pedro:

—No me comas a mí, que aquí traigo muchas ovejas y puedes comerte las que quieras.

Y el gigante le dice entonces:

—Vamos a ver si me ganas a tres cosas, y si pierdes, mueres. Vamos a ver quién muere.

—Güeno —le dijo Pedro.

—Primero —dijo el gigante— vamos a ver quién puede comer más. Ve y mata aquel toro y trae la carne.

Y va Pedro y junta to los toros y llega con ellos. Y le dice el gigante:

—¿Qué haces?

Y contesta Pedro:

—Voy a matarlos todos pa comenzar a comer.

—Con uno basta —le dice el gigante.

Y Pedro le contesta:

—Pues pa matar uno solo, mátalo tú. Yo con uno sólo no tengo ni pa empezar.

Entonces va el gigante y mata el toro y lo desuella, y le da la piel a Pedro y le dice:

—Tráela llena de agua.

Y como Pedro ve que no puede ni con la piel vacía, menos llena de agua; se va a la fuente y se pone a clavar estaquillas. Y llega el gigante y le dice:

—¿Qué haces, hombre?

Y contesta Pedro:

—Nada, que estoy poniendo aquí unas estaquillas para llevarme toda la fuente de agua, que con la piel llena de agua no hay agua ni pa empezar a beber.

Y le dice el gigante:

—No, hombre, que con esta bota de agua basta.

Y Pedro entonces le dice:

—Pues pa un cuero de agua, llévala tú.

Entonces dice el gigante:

—Ahora vas al monte a por leña.

Y llega Pedro y pega cuatro hachazos y no cae ni una rama. Y entonces va y coge un ovillo de estambre y se lía a todo el monte. Y va el gigante y le dice:

—Pero, ¿qué haces?

—Voy a sacar todo el monte pa llevarlo.

—Con una encina basta —le dice el gigante.

Y Pedro le dice:

—Para una encina, llévala tú.

Güeno, pues total que ya el gigante había cocido el toro y había traído la comida y todo, y se pusieron a comer. Y Pedro se puso su zurrón al lao y hacía que comía y echaba toda la comida en el zurrón. Y terminaron y dijo el gigante:

—Vamos a ver quién ha comido más.

—¡Que yo he comido más!

—¡Que yo! [2].

---

[2] A partir de la frase «¡Que yo!...» Espinosa suprimió un fragmento de esta versión toledana que ofrece completa en la edición del CSIC de 1946. El cuento prosigue allí, en la página 412 del volumen I:

«Y ya dijo entonces el gigante.

–Vamos a cagar y asín vemos quién ha comido más.

Y Pedro empezó a cagar en el zurrón y lo trajo lleno de la comida y de la mierda, y le dijo al gigante:

–El que pierde se la come.

Y como Pedro trajo el zurrón lleno el gigante perdió y dijo:

–Ya me llevas ganada una. Ahora vamos a ver quién coge un canto y lo tira más largo.»

El gigante perdió y le dijo a Pedro:

—Ya me llevas ganada una. Ahora vamos a ver quien coge un canto y lo tira más largo.

Conque entonces va Pedro y coge una tórtola y la lleva en la mano. Y el gigante cogió una canto y lo tiró. Y cuando él tiró el canto, soltó Pedro la tórtola. Y cuando el canto del gigante cayó, la tórtola tavía iba volando. Y decía Pedro:

—¡Allá va tavía mi canto!

Y el gigante dijo entonces:

—Ya me llevas ganadas dos. Ahora vamos a ver quién deshace una piedra.

Y va el gigante y coge una piedra y la aprieta y la hace pedazos en la mano. Y Pedro ya había cogido un cacho de cuajá y se la mete en la boca y se la come. Y el gigante le dice:

—Ya me has ganao las tres. Ya ahora eres mi amigo.

Y Pedro dijo para sí:

—Ese tío gigante yo lo voy a arreglar.

Y traía Pedro dos cartuchos de pólvora. Y se los dio al gigante y le dijo:

—Mira que con éstos, si te los pones en los ojos, puedes ver todo lo más divino del mundo.

Y se los puso el gigante y fue Pedro y echó luz y se le saltaron los ojos al gigante. Y el gigante le dijo a Pedro:

—Pues ahora que me has hecho eso, no pasas la puerta de mi cueva.

Y pa que pasaran las ovejas las tocaba una a una el gigante y decía:

—Pasa, ovejita blanca. Pasa, ovejita blanca.

Y entonces va Pedro y mata una oveja y se vistió con la piel y pasó. Y el gigante, creyendo que era una oveja, lo tocó y le dijo:

—Pasa, ovejita blanca. Pasa, ovejita blanca.

Y Pedro le dijo:

—No, que es Pedro el de Malas.

Y viéndose ya fuera de la cueva, coge un puñal y le mata.

Se va entonces Pedro a casa del amo y le dice:

—¡Ay, señor amo, que unos bichos se comieron las ovejas!

Y ya el amo le dice:

—Pero, ¿qué has hecho con las ovejas, hombre? Me vas a arruinar.

—¿Se enfada usté, señor amo?— le dice Pedro.

—No me enfado, pero no me gusta —le dice el amo.

Y ya discurrieron los amos pa ver cómo iban a librarse de Pedro.

—Éste nos va a arruinar —le dice el amo a su mujer—. Ahora no hay más remedio que te pongas tú en la ventana mañana y cantes como el cuquillo, pa que se llegue la hora de la paga y que se vaya.

Güeno, pues se pone la mujer a la ventana otro día muy de mañana y canta:

—¡Cucú, cucú! ¡Cucú, cucú!

Y Pedro se levanta y dice:

—Yo voy a ver si es cuco o cuca. Y saca su escopeta y va y le pega un tiro a la mujer y la mata. Y sale el amo muy enfadado y grita:

—Pero, hombre, ¿qué has hecho? ¡Ya me has matao a mi mujer!

Y Pedro le dice:

—¿Se enfada usté, señor amo?

—Claro que me enfado —contesta el amo—. ¿No me he de enfadar cuando has matao a mi mujer?

Y llega entonces Pedro y le saca las tres correas desde el cogote al culo. Y se murió el pobre. Y Pedro entonces mandó llamar a su padre y quedaron ellos de dueños de la casa.

7. JUANITO MALASTRAMPAS

Juanito era un muchacho muy pícaro que a todos les jugaba trampas, y por eso la gente le decía Juanito Malastrampas. A todo el mundo le debía, a uno tres mil reales, a otro cuatro mil, a otro cinco mil, y así a todos.

Le apremiaban tanto las personas a quienes debía dinero que un día discurrió hacerse el muerto para no pagar y para que no le llevaran al presidio. Pues se hizo el muerto. Le llevaron al campo santo y le metieron primero en la iglesia. Allí dejaron el cuerpo una noche, y a las doce de la noche entraron unos ladrones a robar. Robaron todo lo que pudieron. Había un sastre a quien Juanito Malastrampas debía un real. Este sastre, cuando supo que Juanito se había muerto, se fue para la iglesia y en el camino decía:

—Tú no me has pagao el real y por eso te voy a quitar la mortaja.

Pero al entrar en la iglesia, vio a los ladrones y se metió debajo de las andas.

Cuando los ladrones creyeron que ya habían robao bastante para todo, se pusieron a repartir las alhajas y todo. Si eran trece ladrones hicieron catorce montones. Entonces uno de los ladrones dijo:

—¿Para quién es este montón que sobra?

Y el cabecilla respondió:

—Ese montón es para el que le dé una puñalada al difunto.

Se acercó uno a darle la puñalada al difunto, y al levantar la mano con el puñal, Juanito Malastrampas dio un salto de la caja y gritó:

—¡Salgan todos los difuntos!

Y el pobre sastre que estaba escondido debajo de las andas, más muerto que vivo, respondió:

—¡Aquí estamos todos juntos!

Los ladrones se atemorizaron y salieron huyendo de la iglesia, y Juanito y el sastre se repartieron todo lo que los ladrones habían robao. Pero el sastre todavía le decía a Juanito:

—¡Dame mi real! ¡Dame mi real!

Y los ladrones, que habían aparecido a la puerta de la iglesia, cuando oyeron la gritería por un real, dijeron:

—¡Caramba, que mejor es irnos! Aquí nos hacen pedazos por un real.

Y se fueron.

Juanito se fue para su casa con sus riquezas robadas. Y un día compró dos conejos. Llegó un hombre y Juanito le dijo que esos conejos iban a buscar un hombre dondequiera que se encontrara. Y soltó uno de los conejos y le dijo que se fuera para la casa de un hombre a buscarlo. Y era la casa donde había comprao el conejo, y por eso el conejo se fue derecho.

Entonces el hombre, cuando vio eso, le dijo a Juanito:

—Hombre, véndame usté ese otro conejo. ¿Cuánto quiere por él?

—Dos mil reales.

Le dio a Juanito los dos mil reales y se fue con su conejo. Otro día envió al conejo a buscar un ladrón que le había robao, pero el conejo no volvió.

Se fue en seguida a casa de Juanito para matarle. Juanito le vio venir y tendió a su mujer todo lo larga que era en el suelo, y le dijo que se hiciera la muerta. Entonces colgó sobre ella las tripas de un carnero que todavía chorreaban sangre.

Llegó el hombre y preguntó por Juanito. Salió Juanito y a vista del hombre cortó con un cuchillo las tripas del carnero, salió la sangre y así creyó el otro que había Juanito matao a su mujer. Iba el hombre a salir huyendo de la casa, pero Juanito le dijo:

—Aguarde usté un momento, que voy a revivir a mi mujer.

Cogió una flauta y se puso a tocar. Conforme iba tocando, la mujer comenzaba a menear la cabeza, y al último toquido de la flauta se puso de pie. El otro estaba maravillado y le dijo a Juanito:

—¿Cuánto quiere usté por esa flauta?

—Cuatro mil reales.

Y Juanito se la vendió.

Se fue aquél con su flauta para su casa y le dijo a su mujer que en vez de reales traía ahora una flauta que resucitaba a los muertos. En seguida cogió un cuchillo y destripó a su mujer, la cual cayó al suelo muerta. Entonces cogió su flauta y empezó a tocar. Pero la mujer no resucitaba. Tocó y tocó, pero la mujer no resucitó.

Cuando vio el nuevo engaño de Juanito Malastrampas, se decidió ir a buscarle con unos amigos suyos para que no se les pudiera escapar. Fueron y le cogieron, y le metieron en un saco para echarle al mar. Al pasar por una taberna, le dejaron allí fuera en el saco y entraron a beber unas copas. En eso pasó por allí un pastor que pasteaba su rebaño. Y Juanito Malastrampas estaba gimiendo:

—¡Ay! ¡Ay! ¡Ay!

—¿Qué hay, hermano? —le preguntó el pastor.

—Que me quieren casar con la hija del rey y yo no quiero.

—Pues yo sí me caso. Yo me meteré en el saco.

Entonces el pastor desató el saco, salió Juanito Malastrampas y se metió el pastor. Juanito entonces ató bien el saco y se fue con las ovejas como dueño de ellas.

Volvieron los otros, cargaron con el saco y lo echaron en el mar y se ahogó el pobre pastor.

Y al otro día pasó Juanito Malastrampas por el pueblo con su rebaño de ovejas, y los que creían que le habían echao al mar estaban muy maravillados.

—Hombre —le decían—, ¿qué no le tiramos en el mar? ¿Cómo es que ahora anda por aquí con tantas cabras y tantas ovejas?

Y él respondió:

—¡Nada, señores! Si en el mar las he cogido.

Y como iba a la orilla del mar y el rebaño se reflejaba en el agua, les dijo:

—Miren ustedes. Si está lleno el fondo del mar de cabras, ovejas y carneros.

Y entonces todos ellos se tiraron para salir con rebaños, pero todavía no han salido.

8. DON JUAN CHIRUGUETE MATA OCHO Y ESPANTA SIETE

En Soria había un zapatero que el mayor remiendo que echaba era de dos cuartos, de manera que todo los que ganaba eran diez cuartos, o sea ocho perras al día.

Un día estaba mucho cansao y todo lleno de betún, y ande

tenía el betún cayeron mil moscas. Y dio el zapatero un fuerte manotazo y mató ocho moscas y espantó siete. Y en seguida cogió un papel y escribió este rótulo: «Don Juan Chiruguete Mata Ocho y Espanta Siete y el Golpe no muy Seguro.» Y dijo entonces:

—Pues aura sí que me hago la vida.

Y cogió el rótulo y se lo puso enfrente del sombrero y salió camino alante.

Y ya por la tarde llegó al palacio de un rey, y al verle con el rótulo que decía «Don Juan Chiruguete Mata Ocho y Espanta Siete y el Golpe no muy Seguro», todas las gentes se almiraban y decían:

—¡Diablo! ¡A éste sí que hay que temerle! Y el golpe no muy seguro. ¡Diablo!

Y todos se amontonaron a mirarlo y a leer el rótulo.

Y ya supo el rey del rótulo que traía y le mandó llamar. Y fue el pobre zapatero al palacio y le dijeron que subiera a hablar con Su Real Majestá. Y él subía las escaleras del palacio con el letrero en su sombrero y decía pa que todos le oyeran:

—Yo soy Don Juan Chiruguete Mata Ocho y Espanta Siete y el Golpe no muy Seguro.

Y todos en el palacio muy almiraos.

Conque llega a la presencia del rey y le pregunta el rey:

—¿Es cierto que usté mata ocho y espanta siete de un golpe no muy seguro?

—Su Real Majestá, es cierto.

—¿Y se atrevería usté a matar un gigante que tiene cerca un palacio y que nos hace guerra desde hace unos años?

—Su Real Majestá, yo me atrevo a matarlo.

Y ya el rey le dijo que había cerca del reino un gigante terrible que acababa con toda la vecindá y no le podían matar. Y le dijo que si él le mataba se casaba con su hija, la princesa. Y el zapatero dijo que sí, que él se atrevía a matar al gigante. Y entonces le preguntó el rey que si qué le hacía falta, y el zapatero dijo:

—Por aura, comer bien.

Y le dieron de comer y después de comer, le dijo el rey:

—Y aura, ¿qué le hace falta?
—Diez reales.

Y le dieron diez reales. Y entonces le dijo el rey:

—¿Qué le hace falta aura?
—Na más, que aura me voy a matar al gigante.

Entonces le dijo el rey:

—Pero, Don Juan Chiruguete, ¿cómo va usté a matar al gigante sin armas?

Y Don Juan le contestó, un poco enfadado:

—¡Basta que yo lo diga!

Y ya el rey le dijo:

—Bueno, Don Juan; que tenga usté suerte y que no le mate el gigante.

Y ya se despidió Don Juan Chiruguete del rey y de todos y se fue pal pueblo. Y con el real se compró una peseta de cordel, y con lo demás un pájaro, un güevo y un morral. Y se fue ande vivía el gigante. Y cuando le vido venir, el gigante le gritó:

—¡Hombre valiente cree que es éste! Si a este lugar nadie se ha atrevido a llegar.

Y cuando ya se acercó, le vido el letrero y se echó a reír y dijo:

—¿Conque mata usté ocho y espanta siete de un golpe?, ¿eh? ¡Vaya una gracia la de usté!

Y Don Juan Chiruguete le dijo:

—Yo soy Don Juan Chiruguete Mata Ocho y Espanta Siete y el Golpe no muy Seguro.

Y el gigante tavía se reía y le dijo:

—Ganas tiene usté de bromas, amiguito, que a usté me lo trago yo de un bocao.

Y Don Juan Chiruguete le dijo entonces:

—Si tan valiente cree usté que es, yo le desafío a lo que usted quiera.

Acetó el gigante y le dijo Don Juan:

—¿A qué vamos primero?
—Al que tire una piedra más lejos.
—Güeno —le dijo Don Juan Chiruguete.

Y ya se fueron a ver quien tiraba más lejos la piedra. Y

tiró el gigante primero. Y cuando el gigante estaba mirando su piedra pa ver ande caía, soltó Don Juan el pájaro que había comprao y que traía escondido. Y el gigante le dijo:

—¿Ve usté ande cayó mi piedra?

—Sí, sí, lo veo —le dijo Don Juan—. Y fíjese usté ande va tavía la que yo tiré.

Y vido el gigante el pájaro que volaba tavía mucho lejos y dijo:

—¡Diablo, que usté me ha ganao!

Y entonces le dijo Don Juan:

—Si no está usted convencido, vamos a otra apuesta.

Y el gigante le dijo:

—Güeno, pues aura vamos a ver quien saca más agua de una piedra.

—Güeno, güeno —le dijo Don Juan.

Y fueron a ver quien sacaba más agua de una piedra. Y cogió el gigante una piedra y la hizo pedazos apretándola. Y Don Juan Chiruguete ya estaba apretando el güevo, y como salía más agua del güevo, dijo el gigante almirao:

—¡Diablo, que me ha ganao otra vez!

Y Don Juan Chiruguete le dijo al gigante:

—Si tavía no está usté convencido de que a todo le gano, vamos a otra cosa.

Y el gigante le dijo:

—Pues aura vamos al que coma más gachas.

Y fueron al que comiera más gachas. El gigante hizo un caldero de gachas y se pusieron a comer. Y el gigante comía una barbaridá. Pero Don Juan se hacía el que comía y echaba las gachas en el morral que se había atao al cuello. Y ya el gigante se hartó y dijo:

—Güeno, Don Juan, yo ya no como más. Y usté, ¿qué tal está de gachas?

—Cállese, hombre, que yo apenas voy escomenzando a comer.

Y con las dos manos se hacía que comía gachas, y echar y echar en el morral. Y ya el gigante le dijo por fin:

—¡Ya, ya, hombre del diablo! Ya me ha ganao otra vez. Aura vamos a la última. Vamos aura a correr, que a eso sí no me gana usté.

Y fueron a ver quién corría más. Y le dijo Don Juan al gigante:

—Pero, mire usté, que en mi tierra el más grande siempre le da al más pequeño hasta que le pierde de vista de ventaja.

Y el gigante respondió que estaba güeno, que le daría esa ventaja, que de todos modos le iba a ganar la carrera. Y salieron a una llanura mucho más larga y mucho más grande y salió Don Juan primero. Y cuando ya le perdió de vista, el gigante partió también. Y por mucho que corría, no le alcanzaba. Y ya Don Juan vido venir al gigante y escomenzó a tirar gachas por todo el camino de su morral. Y se alcontró el gigante a unos arrieros que venían por el camino y les gritó:

—¿No me han visto venir corriendo por aquí a un hombre?

Y ellos le respondieron:

—Sí, sí, por ai iba corriendo y iba echando gachas y demonios por todo el camino, y corría como mil demonios.

Y salió el gigante corriendo con más fuerzas. Y ya llegó ande se veían las gachas que Don Juan iba tirando por el camino y se detuvo a verlas un momento y dijo:

—Aquél se ha estripao por quitarse el peso y correr más.

Y cogió un infanje y se abrió la panza pa echar fuera las gachas que se había comido. Y con eso se mató y cayó en tierra, que cogía la mitá del camino de largo.

Y ya Don Juan perdió de vista al gigante otra vez y dijo:

—El gigante se ha vuelto de miedo.

Y vuelve y lo ve y dice:

—Pero, y ¿quién habrá tirao ese pino en el camino?

Y ya se acerca y ve que es el gigante muerto. Y se marcha en seguida ande el rey y llega y le dice:

—Preparar un carro y dos mulas pa que vayan por él, que ya está muerto.

Y el rey le pregunta:

—Pero, ¿es cierto?

Y Don Juan, muy enfadao, le responde:

—¡Con una palabra que yo diga basta! Le hallaran ustedes muerto, que yo le he abierto la panza de una puñalá.

Y entonces es cuando fueron por el gigante y se lo

trajeron a su Real Majestá. Y cuando salió el rey a ver al gigante muerto, salieron todos los de la corte, y Don Juan Chiruguete salió con su letrero en el sombrero. Y bajando las escaleras del palacio con el rey, decía pa que todos le oyeran:

—Yo soy Don Juan Chiruguete Mata Ocho y Espanta Siete y el Golpe no muy Seguro.

Y todos estaban muy almiraos de ver que Don Juan Chiruguete había matao al gigante.

Y dijo entonces el rey que Don Juan Chiruguete se iba a casar con la princesa. Y se casaron Don Juan Chiruguete y la hija del rey. Y las fiestas fueron muy lucidas.

Y yo estuve allí y de una patada me enviaron aquí.

9. JUAN TONTO Y MARÍA LA LISTA

Juan Tonto y María la Lista estaban casaos. Él era el hombre más tonto del pueblo y su mujer era la más lista. Vivían en el pueblo de Cuevas y todos los días tenía que ir el marido a Peñafiel a las tiendas.

Y un día salió Juan pa Peñafiel y le dijo a su mujer:

—Bueno, mujer, dime qué quieres que te traiga.

Y ella le dijo:

—Quiero que me traigas un cochinito.

Y se fue Juan pa Peñafiel. Compró el cochinito y se vino con él pa su pueblo. Y al salir de Peñafiel le dio un azote en el culo y le dijo:

—Anda, anda: vete ande la María, que ella te tendrá el duerno [3] ai detrás de la puerta.

---

[3] *Duerno y duerna* es, según Joan Corominas, palabra hermana de la portuguesa dorna, que significa «cuba para pisar la uva» y tiene origen incierto. Duerno fue término utilizado como medida de longitud que, luego, debió de extender su uso a medida de capacidad, hasta que, finalmente, designaría a la vasija empleada para tales mediciones. Para algunos podría venir del celta, con el sentido de «puño, mano» o «puñado». En esta versión recogida por Espinosa en Valdearcos (Valladolid) parece significar la medida más que el recipiente que la contiene.

Y se fue él solo pa su casa. Y al llegar a su casa, le dijo a su mujer:

—¿Ha venido el cochinito?

—¿Qué cochinito? —le dijo ella.

—Pues, hija, si he comprao un cochinito muy gordito, y le he dao un azote en el culo y le he dicho que se vendría ande la María. Y le dije que ya le tendría el duerno detrás de la puerta.

Y la mujer le dijo:

—¡Tonto, más que tonto! ¿Cómo iba a venir solo el cochinito? ¡Tonto, más que tonto! Tenías que haberle atao al rabo de la burra, tonto.

Güeno, pues que otro día le envió la mujer a Peñafiel y le dijo que compraría una caldera. Y se fue Juan pal pueblo y llegó y la compró. Y la ató al rabo de la burra y así se fue pa su casa. Y al llegar a Cuevas, salió su mujer y vio que traía la caldera toa rota atada al rabo de la burra y le dijo:

—Pero, tonto, ¿no ves que traes la caldera toa rota?

—Pues, mujer, ¿no me has dicho que tenía que haberla atao al rabo de la burra?

—El cochinito dije que tenías que haber atao al rabo de la burra, no la caldera, tonto. Eres tonto, más que tonto. La caldera tenías que haberla traído puesta a la cabeza.

Y otro día salió pa Peñafiel y le dijo su mujer que le compraría un pez pa arreglar la caldera.

Y fue Juan y compró el pez y se lo puso a la cabeza y salió pa su casa. Y en el camino hacía mucho calor y se derritió todo el pez y llegó too lleno de chorreteras hasta la panza de la burra. Y cuando se fue a apear, estaba pegao a la burra. Y María al verle, le dijo:

—Pero, tonto, ¿qué has hecho? Eres tonto, más que tonto. Tenías que haberlo traído envuelto en un trapete mojao con agua y de cuando en cuando mojarle con agua en las fuentes.

—Pues hija, ¿no me has dicho que lo traería puesto a la cabeza?

—La caldera, que no el pez, tonto.

Y otro día le dijo María que fuera al pueblo a comprar sal. Y le dio un talego pa que echaría la sal. Se subió Juan en la burra y se fue. Y allá compró la sal y la echó en el talego. Y lo envolvió en un trapete que se halló en el camino y así lo venía mojando en todas las fuentes del camino. Y cuando llegó a Cuevas ya la sal se había salido toda con el agua. Y cuando la mujer fue a sacar la sal, no había nada y le dijo a Juan:

—Pero, hombre, ¿qué has hecho ahora? Si no hay nada sal.

Y él la dijo:

—Pues, hija, si yo la traía bien envuelta en ese trapete y en todas las fuentes la he venido mojando.

—Tonto, más que tonto. Por eso no ha llegado nada. Todo se ha salido con el agua, tonto. No sé qué hacer contigo, tonto. Eres tonto, más que tonto.

—¿No me has dicho que vendría mojando el trapete en las fuentes?

—El pez, que no la sal, tonto. La sal tendrías que haberla traído en las alforjas.

Conque otro día envió María a Juan a comprar unos cacharros. Y fue Juan al pueblo y los compró y se vino pa su casa con los cacharros bien metiditos en las alforjas. Y cuando llegó, todos estaban rotos. Y cuando las mujer los sacó y vio que todos estaban rotos, dijo:

—¡Ay, Dios mío! ¡Lo de siempre! Con este tonto no se puede hacer nada.

Y él la dijo:

—Pues, hija, ¿no me has dicho que echaría los cacharros en las alforjas?

—La sal, que no los cacharros, tonto.

Y ai con ésa ya la mujer no quiso enviarle otra vez a las tiendas. Y le dejó en la casa pa que cuidara una pava que tenía echada con muchos huevos, y se fue ella a las tiendas.

Y luego que María se fue, cogió Juan a la pava y la mató y la guisó y se la comió. Y luego fue él y se metió en el nido a sacar los huevos. Y llegó su mujer de Peñafiel y como él no bajaba, le gritaba:

—Baja, hombre, a meter la burra.

Y Juan le gritó desde arriba.

—¡Estoy en clo! ¡Estoy en clo!

Y bajó ella de la burra y subió a ver que había, y le halló echao sobre los huevos, la mitá rotos. Y la mujer se desesperó y le dijo:

—¡Dios mío! ¡Dios mío! Todo lo haces mal, Juan Tonto. Eres más que tonto.

Y entonces otro día le envió la mujer por leña, y le dijo que subiría en la burra. Y fue Juan Tonto y se subió en la burra y ai se quedó en la cuadra, sin salir al monte. Y se estuvo todo el día. Y cuando vio la mujer que no volvía, fue a la cuadra y le vio subido en la burra y le dijo:

—Pero, hombre, ¿qué estás haciendo ai?

—¿No me has dicho que me subiría en la burra?

—Te he dicho que te subirías en la burra pa ir a por leña. No te he dicho que te estarías todo el día en la cuadra, tonto. Eres tonto, más que tonto. Todo lo haces mal, Juan Tonto.

Y otro día fue ella misma y le subió en la burra y le sacó de la cuadra y la puso en marcha pal monte. Y como la burra sabía el camino, llegó Juan al monte. Y allá se apeó de la burra y empezó a cortar leña por toas partes. Y llegaron los guardias y le dijeron que no cortara por ai, que cortara solamente en un lugar. Y Juan Tonto no les hacía caso y seguía cortando leña por toas partes. Y vinieron entonces los guardias y mataron a Juan Tonto.

Y cuando ya no volvió Juan a casa, la mujer fue a ver por qué no venía y le halló muerto en el bosque.

10. LA MUJER QUE NO COMÍA CON SU MARIDO

Pues señó, esta ve era un campesino y tenía su mujé y vivían felices. Y aparte tenían un compadre con quien tenían la vida. Y un día, estando en er campo comiendo sopa con su compadre, tuvon esta conversación. Dice er campesino:

—Tengo una pena mu grande porque mi mujé no come.

Y como estaba mu gorda, mu gorda, le dice el otro:

—Pues me estraña mucho que no coma cuando está tan gorda.

Y le dice er marío:

—Pues, na, mi mujé no come y no come porque siempre está mala.

Y el otro le contesta:

—¿Cómo que no come? Estando tan gorda seguramente que come.

—Pues elante de mí no come na —dice er campesino.

Y ya le dice er compadre:

—Pue misté lo que vamos a hacé. Pa vé si mujé come o no, vamos a hacé la prueba. Hace uté er que se va ar campo con la bestia y yo la llevo ar campo y uté se queda escondío en la casa pa vé si come su mujé.

Güeno, pué al otro día le dijo er campesino adió a su mujé y le cogió la bestia y se fue ar campo a trabajá. Pero ai encontró ar compadre y le dio la bestia y se fue y metió en la casa, sin que la mujé lo viera y se escondió onde podía vé too lo que ella hacía.

Y apena se había ido er marío, cuando empezó a llovizná. Y en seguida que ér se fue, se alevanta ella y dice:

—¡Ay, Dió mío! ¿Qué comeré hoy? Como está er día tan malo haré una miga con un pan de a libra.

Y a esto era la sei de la mañana. Güeno, pue hizo la miga y se la comió.

Güeno, pue entonces fue y se acostó a descansá. Y a las once se alevanta y dice:

—¡Ya estoy casi desmayá de hambre! ¿Qué comeré?

Y salió al corral onde habían puesto la gallina una docena de güevo y hizo una tortilla y se la comió. Y entró otra ve a acostarse a dormí. Y er marío too lo estaba viendo.

Güeno, pues ya a la tre se alevantó otra ve y dice:

—¡Ay, que ya estoy desmayá de hambre! ¿Qué comeré? Mataré ahora er gallo negro.

Y va a la cuadra y coge er gallo negro y lo mata y lo guisa con tomate. Y se lo comió y se fue a la sala a descansá en un sillón. Y ai estuvo hasta la sei, y entonces ya estaba otra ve desmayá. Y va y dice:

—Ya son la sei. ¿Qué comeré ahora?

Y va y pone un guisao e patata y se lo come. Y ya entonces empezó a oscurecé y dijo:

—Ya viene mi marío.

Y fue y se puso un pañuelo blanco en la frente y un mantón negro sobre los hombro y se hizo la enferma y se metió en la cama.

Y entonce el marío se salió sin que ella lo sintiera y encuentra a su compadre, que venía ya con la bestia der campo, y llega con la bestia a casa y dice:

—María, ¿qué tiene que no sale a ayudarme a recogé las alforjas?

Y ya se alevanta ella y sale con er candí y le dice:

—¡Ay, Juan de mi arma, si supiera lo mala que estoy! Todo er día he estao con doló e cabeza y gómito.

Y é le dice:

—No te moleste, María de mi arma, que no quiero que te ponga má mala. Entra y métete en la cama.

Y ya estuvo é recogiendo too y cuando entró, le dijo ella:

—¿Te ha mojao, Juan?

—¿No ve cómo vengo? Si no he llevao una güena manta, me hubiea mojao má.

Güeno, pues entonce ella le dice que entre en la cocina a cená. Y le dice é:

—Pero, María, ¿no te has metío en la cama? Si estás enferma métete en la cama.

Y le dice ella:

—Sí, pero ante vi a darte la cena.

Y pone un plato sobre la mesa y un cubierto y le llama a comé. Y le dice é:

—Anda, María; vamo a comé.

Y le contesta ella:

—Anda, échate tú, Juan, que yo tengo una fatiga y un asco que no pueo comé.

—Anda, mujé, que te vas a poné má mala. Esa hinchazón que tiene no es güena. Come.

—Que no, que no pueo.

Y coge la cuchara y hace por comé, pero no pué comé y dice:

—¡Ay, Juan de mi arma, que no pueo! ¡Qué fatiga! ¡Qué asco!

Y se retira la mujé e la mesa. Y le dice é entonces:

—Mira, María, que me tiene mu desgusto. Mañana vas a vé un médico.

Y come é solo. Y después de comé van a la sala y se sienta ella en una silla y dice que siente una fatiga mu grande, mu grande. Y va ella y le pregunta otra ve:

—Juan, ¿te ha mojao muncho?

Y entonces ya le dice é:

—Mira, María, caía una agua tan menuita como el pan de miga que te almorzaste, y si no me meto debajo der vuelo e la tortilla que te merendaste, me pongo má negro que er gallo que te cenaste.

11. LA FIESTA DE SAN NICODEMOS

Era el día de la fiesta de San Nicodemos en el convento de monjas de un pueblo. Y la hermana madre les mandó a las monjas que hicieran la limpieza con mucho cuidao porque era la fiesta de San Nicodemos y que todo tenía que estar mucho limpio, mucho limpio.

Y las monjitas limpiaron todo con mucho cuidao. Limpiaron los altares de la capilla, puertas y ventanas, paredes y todo. Y ya llegaron a la imagen del santo que estaba lleno de mojo [4] y porquería de moscas. Y empezaron a limpiarla. Pero no podían quitarle toda la porquería. Y ya dijo una de las monjitas:

—Tenemos que meterla en agua pa que se remoje y después se limpia.

Y así lo hicieron. Fueron y anduvieron haciendo otras limpiezas. A San Nicodemos lo llevaron y lo pusieron de cabeza en la pila de agua bendita pa que se remojara un rato.

---

[4] *Mojo,* forma sobre la que Espinosa no nos proporciona ningún comentario ni explicación en sus «Notas» parece ser dialectismo empleado por «moho» en esta versión de Torrijo de la Cañada (Zaragoza).

A poco volvieron por San Nicodemos pa limpiarlo, pero al levantarlo de la pila de agua bendita, se le deshizo la cabeza. Lo sacaron sin cabeza. La cabeza del santo se había quedao despedazada en el agua bendita. Y exclamaron las monjitas:

—¡Ay, Dios mío! ¡Que desgracia! ¿Qué vamos a hacer ahora?

Y a las voces y gritos de las monjitas llegó la madre y les preguntó qué pasaba. Y ellas le dijeron:

—¡Ay, madre, que verá usté lo que ha pasao! Que pusimos a San Nicodemos en la pila de agua bendita pa que se remojara un rato y limpiarle la porquería después, y al volver, hemos encontrado que la cabeza estaba deshecha en el agua. Y ahora San Nicodemos ya no tiene cabeza. ¡Ay, Dios mío! ¿Qué vamos a hacer?

Y ya la madre lo estuvo pensando y dijo:

—No hay que apurarnos. Se le hace otra cabeza a San Nicodemos. Lo llevaremos al carpintero que le haga una cabeza nueva y que se la ponga pa mañana.

Bueno, conque llevaron a San Nicodemos al carpintero del pueblo a que le pusiera una cabeza nueva. Y el carpintero dijo que estaba bien, que estaba muy ocupao, pero que ya era otro día la fiesta de San Nicodemos, no había más remedio que hacerle la cabeza en seguida. Y le dijo a la hermana que pa la tarde lo llevaría él mismo al convento ya bien compuesto, con una cabeza nueva y mucho bonita.

Conque las monjitas se fueron muy contentas pa su convento y se quedó el carpintero haciendo la cabeza del santo. Y la acabó y se la puso al santo y metió la imagen en un cajón grande y lo cerró. Y se fue entonces a comprar unas cosas que le hacían falta pa volver al llevar el santo a convento por la tarde.

Y la mujer del carpintero tenía un enreíllo con un hombre del pueblo. Y luego que vido salir al carpintero, se metió a ver a la carpintera. Y ai estaban los dos en un cuarto cuando oyeron que alguien entraba. Y era que a la mujer se le había olvidao cerrar la puerta y ya el carpintero volvía pa llevar a San Nicodemos al convento. Y dijo el hombre:

—Pues ése debe ser tu marido. ¿Qué hago pa que no me mate?

—Ven aquí —le dijo la carpintera—. Aquí en este cajón te escondes.

Y abrió el cajón y vido que estaba en él la estatua de San Nicodemos. Y la sacó mucho aprisa y metió al hombre y cerró el cajón como estaba. Y la estatua de San Nicodemos la metió en otro cuarto. Y entonces se fue ella para otra habitación a aguardar a su marido.

Pero el carpintero no entró a las otras habitaciones. Como ya era tarde se fue derecho ande había dejao a San Nicodemos y cargó con el cajón y dijo:

—Pobres monjitas; ya estarán con pena que no voy a llevarles a San Nicodemos. Pero ya llegaré en unos momentos.

Y aquél iba muy tieso dentro sin decir palabra.

—Y pesadito que está Nicodemos —decía el carpintero por el camino.

Y llegó al convento y salieron las monjitas a recibirle. Y como él tenía mucha prisa, les dijo:

—Aquí tienen ustedes a San Nicodemos muy bien arreglao. Ustedes perdonen que no lo haya traído antes. Ya está muy bien. Adiós.

Y las monjitas fueron en seguida a decirle a la hermana madre que ya había el carpintero venido con San Nicodemos. Y bajó la madre mucho contenta y dijo:

—Gracias a Dios que nos lo han arreglao, que no sé qué hubiéramos hecho sin San Nicodemos mañana que es el día de su fiesta.

Y fueron a ver al santo y quitaron la tapa del cajón. Y al ver allí al hombre tieso decían las monjitas:

—¡Ay, pero y qué bonito está! ¡Si está más bonito que antes! ¡Qué precioso va a estar San Nicodemos el día de su fiesta! ¡Ay, qué bonito!

Y ya les dijo la madre que lo llevaran al altar pa sacarlo. Y aquél, que estaba oyendo todo, no sabía qué hacer. Pero no se movía. Allí estaba tan tieso como antes.

Y cargaron las hermanas con el cajón pa llevarlo al altar.

—Mucho cuidao, hijas mías —les decía la madre—. Miren ustedes que ya mañana es la fiesta y todo tiene que estar muy bien.

Y ya cuando lo iban a sacar, se acercó una monjita a ver el santo y vido que tenía unos bigotes muy largos y dijo:

—Pero y ese corrico, ¿pa qué se lo puso el carpintero?

—Es verdá —dijo la madre—. Ese corrico no hacía falta. Pero ya lo arreglaremos.

Y le dijo a una de las monjitas:

—Vaya, hermana, a traer un cepillo y agua caliente. Ya verán como le quitamos ese corrico en un momento y ya está todo arreglao.

Y a poco volvió la monjita con el agua caliente y un cepillo. Y lo cogió la madre y lo metió en agua caliente y fue a cepillarle el corrico a San Nicodemos. Y a la primera cepillada, dio San Nicodemos un salto y se salió del cajón y echó a correr por la calle abajo. Y las monjitas todas salieron corriendo tras él, exclamando:

—¡Ay San Nicodemos! ¡Ay, San Nicodemos! ¡Que venga usté! ¡Que vuelva usté! ¡Ay, San Nicodemos, que así con ese corrico también le queremos!

12. LOS CUATRO ESTUDIANTES

Estos eran cuatro estudiantes que se hallaban una vez sin dinero pa comer. Y dijeron:

—Pues vamos a ver cómo sacamos cuartos pa comer.

Y entonces dijo uno de ellos:

—Pues miren ustedes, que yo pongo la carne.

—Muy bien, muy bien —dijeron los otros.

Y otro dijo entonces:

—Pues yo pongo el pan.

Y otro dijo:

—Pues yo pongo el vino.

Y el cuarto dijo:

—Pues yo pago la fonda pa que nos preparen todo.

Y va el de la carne a misa y sale de la iglesia muy guapo y va adonde está el pavero cuidando sus pavos y le dice:

—Oiga, usté, que dice el obispo que haga el favor de escogerle dos pavos de los mejores que tenga.

Y el pavero escogió de su manada los dos mejores pavos que había y se los entregó al muchacho. Y el estudiante le dijo:

—Ha dicho el señor obispo que después de misa se los pagará. El pavero dijo que estaba bien y se fue aquél con sus dos pavos pa donde estaban los otros.

Y entonces fue el del pan a una fonda y escogió una cesta y le pidió a la patrona un delantal blanco y fue a la panadería y le dijo al panadero que le pusiera allí una docena de bollos, una docena de galletas y unos cuantos churros. Y en la mano llevaba él un pezgote de pez. Y luego que el panadero le dio lo que pedía, cogió a correr con la cesta llena de bollos, galletas y churros. Y el panadero, cuando le vio correr, salió y le gritó:

—Oiga, usté, el de la cesta, espere un poco, que no me ha pagao.

Y al doblar una esquina, sacó el pezgote y se lo puso en el ojo derecho, y cuando el panadero le vio, le dijo:

—Hombre, usté perdone; no es usté. Márchese usté. El que se fue sin pagarme se ha escapao por aquí, pero no se ande se habrá ido.

Y se fue el estudiante pa la fonda donde esperaban los otros, y allí mandaron preparar todo. Y el otro pidió una botella de vino y comieron y bebieron a su gusto. Y después que comieron y se divirtieron bien, la pidieron la cuenta a la patrona y ella les dijo que eran sesenta reales. Y pronto dijo uno de los estudiantes:

—Voy a pagar yo.

Y otro dijo:

—No; no pagas tú. Yo voy a pagar.

—Que no —dijo el tercero—, que el que va a pagar soy yo.

—Que no y que no —dijo el cuarto—; voy a pagar yo.

Y así estuvieron riñendo por largo rato, hasta que dijo uno de ellos:

—Bueno, pues miren ustedes. Vamos a taparle los ojos al ama, y el que ella pille, ése paga.

Y dijo el ama que estaba bien y le taparon los ojos. Y al momento que le taparon los ojos, se salieron aquéllos a la calle y echaron a correr. Y la patrona andaba buscando a ver a quién pillaba y no encontraba a nadie. Y en ese momento subió su marido y le cogió y le dijo:

—Tú pagas.

Y le dijo él.

—Ya lo creo que tengo que pagar. Ya te la dieron. Te vieron cara de tonta y te la dieron.

Y pasó algún tiempo y el marido de la patrona todavía andaba buscando a los estudiantes. Y un día se encontró con uno de ellos y le dijo:

—Hombre, ¿te acuerdas que en tal tiempo comiste en mi casa con unos compañeros y no nos pagastes? Ahora tienes que pagar.

—Sí, sí —le dijo el estudiante—, pero ya no están mis compañeros.

—Pero eso no importa. De todos modos tienes que pagar.

Y como no quiso pagar, fue el hombre y le demandó a juicio. Y el estudiante le dijo al hombre:

—Pero, hombre, mira que yo no puedo ir porque no tengo capa. ¿Cómo me voy a presentar delante del juez así sin capa y sin nada?

Y el hombre le dijo:

—Hombre, por eso no hay cuidao, que yo te prestaré la mía. Vamos caminando. Y le prestó su capa al estudiante y se fueron adonde el juez.

Y llegaron a declarar y el juez le preguntó al amo de la fonda:

—Bueno, ¿qué pide usté?

—Pues, señor juez, que este muchacho comió en mi fonda ya hace unos meses con otros tres y no nos pagaron nada y no quieren pagar. Ahora dice que no paga porque los otros no están y qué sé yo.

Y entonces el juez le preguntó al estudiante:

—Y usté, ¿qué tiene que declarar?

—Que no, que no le debemos nada. Como si ahora dice ese señor que esta capa es suya, ¿va usté a creerle?

Y el otro dijo en seguida:

—Que sí; claro que es mía. Como que ahora mismo se la he prestao pa que viniera delante el juez. ¡Venga acá con ella!

—¡Vaya usté con Dios! —le dice el juez—. Dice usté que este muchacho le debe por la comida en la fonda y que no le quiere pagar, y ahora quiere usté hacerme creer que todavía le ha prestao la capa. No, señor; no, señor; ésa no pasa. ¡Vaya usté con Dios!

13. EL ESTUDIANTE HAMBRIENTO

Caminaba una ve un estudiante por un camino con un hambre que ya casi esmayaba. Y llegó a una casa onde estaba una viejecita barriendo er patio e su casa y va y le dice:

—Güeno día, tía. ¿Cómo está osté?

Y ella le dice:

—Pero ¿quién eres tú?

Y él contesta:

—Vaya, tía, ¿no s'acuerda osté e su sobrino, er de su hermana aquélla que dejó osté en tar lugá hace ya muchos años?

Y ella no s'acordaba de na e lo que le decía er chico, pero dijo:

—Seguramente er chico tiene razón por onde viene tratándome de tía.

Y le dijo ar chico:

—Sí, ya m'acuerdo, sobrino; entra, que ya vendrá tu tío en un momento.

Y entró er chico a la cocina y vio que la viejecita estaba guisando un pollo. Y esperó hasta que lo sacó de la cazuela y lo puso en la mesa. Y la viejecita entonces salió de la cocina a por leña. Y en ese medio tiempo cogió er chico er pollo y lo engolvió en una toalla y se lo metió entre su capa. Y cuando ella entró fue a echar leña en la lumbre, y dijo el estudiante:

—Tía, ya me voy.

Y ella le dijo entonce:

—No, sobrino, no te vaya tavía, que dentro e poco llegará tu tío que s'alegrará mucho e verte.

Y ai estuvon esperando un rato. Y ya le dijo ella:

—Sobrino, dime por qué pueblos has andao pa llegar aquí.

Y le dijo él:

—Pos misté, tía. He andao por caminates, he andao por portates, he andao por escalerates, he andao por cocinates, he andao por cazolates, y he andao por pollates.

Y con eso le quería decí que había andao por mucho camino, que había llegao a su puerta, que había subío las escaleras, que había entrao en la cocina, que había visto er pollo en la cazuela y que lo había pillao. Pero ella no entendía y cría que éso eran lo nombre de lo pueblo por lo cuale había pasao.

—¿Y too eso has tenío que andá pa llegá aquí? —le preguntó la viejecita.

—Sí, tía, too eso —contestó.

Y como ya tenía el estudiante mieo que la viejecita fuera a la cocina y no encontrara er pollo, se levanto e la silla y dijo:

—Ahora sí, tía, ya me voy.

Y ella le dijo:

—Que no, sobrino, no te vayas tavía, que ya vendrá tu tío y mucho s'alegrará de verte.

Pero é ya no quiso esperá má y se escapó y echó a corré camino alante. Y corriendo iba cuando se encontró con er marío e la viejecita y éste le preguntó:

—¿Ande va osté tan de prisa?

Y el otro le contesta:

—Vi a alcanzá a un compañero que va allí alante. ¡Quédese osté con Dios!

—¡Vaya osté con él! —le contestó er viejo.

Güeno, pues ya llegó er viejo y entró y le dijo a la vieja:

—Vamo a comé, que traigo mucho hambre.

Y fue la vieja y vio que er pollo que ella había dejado sobre la mesa ya no estaba. Y dijo:

—Pero ahora, ¿qué vi a jacé? Pero no hay má remedio que llevá la cazuela así como está.

Y la llevó y la puso en la mesa. Y fue er marío a comé y vio que no había má que caldo y le dijo a su mujé:

—¿Qué es esto? Aquí no hay má que agua. ¿Onde está er pollo que has matao pa guisá? —Y dice ella:

—¡Ay, Dios mío! Ya te contaré lo que ha pasao. Mira que ha venío un sobrino mío a verme y él es er que se habrá robao er pollo.

—¿Qué sobrino, que yo ni sabía que tú tenía sobrino?

—Pos mira, que es un hijo de una hermana que ya casi había orvidao y que vive en un pueblo que ya no m'acuerdo er nombre, pero é me dijo por lo pueblo que ha pasao pa llegá aquí.

—¿Qué pueblo son eso? —preguntó er marío.

Y le dijo ella:

—Pos mira que dijo que había pasao por caminates, por portates, por escalerates, por cocinates, por cazolates y por pollates.

—¡Tonta, tonta, más que tonta! —le dijo entonce su marido—. Ése no é sobrino. Ése es un ladrón que ha venío aquí a robarte er pollo, y na má.

Y le dio una paliza que la dejó negra.

14. EL AGNUS DEI

Llegó un muchacho a servir a una casa y, al llegar, le dijo al amo:

—Buenos días, señor amo.

Y el amo le dijo:

—Hombre, no seas tonto. Yo no me llamo amo. Yo me llamo Agnus Dei.

—Usté perdone, que yo no lo sabía —le dijo el muchacho.

Y salió entonces la mujer del amo y le dijo el muchacho:

—Ésa será seguramente su mujer.

Y el amo le dijo:

—¡Ay, qué muchacho más tonto! Ésa no se llama mujer, hombre; se llama potestates.

—Bueno, hombre, bueno —le dijo el muchacho.

Pasó a ese momento un gato por sala y preguntó el muchacho si había muchos gatos en la casa. Y el amo, un poco enfadao, le dijo:

—¡Válgame Dios, qué muchacho más tonto! Si eso no se llama gato. Eso se llama cazalosrates.

—Bueno, hombre, bueno —le dijo el muchacho.

Acercándose a la lumbre, dijo el muchacho:

—Voy a calentarme a la lumbre, que traigo frío.

—¡Ay, pero qué muchacho más tonto eres! —le dijo el amo—. Si eso no se llama lumbre, hombre. Eso se llama consumencia.

—Bueno, hombre, bueno. Poco a poquito iré aprendiendo cómo se llaman las cosas. Ahora me dirá usté donde está la cama donde voy a dormir.

—¡Ay, Dios! ¿Qué haré con este tonto? Eso no se llama cama, hombre. Eso se llama recreancia.

—Bueno, hombre, bueno. Usté perdone. Habrá por ai un pedazo de chorizo pa comer poco antes de acostarme, seguramente.

—¡Ay, qué muchacho más burro! ¡Qué muchacho más tonto eres, hombre! Si eso no se llama chorizo. Eso se llama el eterno padre.

—Bueno, hombre, bueno. Déme usté eterno padre o lo que sea. Y si no hay eso, déme usté unas morcillas.

—¡Ay, qué muchacho más tonto! ¡Qué morcillas ni qué morcillas, hombre! Si eso no se llaman morcillas. Ésas se llaman las once mil vírgenes.

—Bueno, hombre, bueno. Ya iré aprendiendo los nombres de todas esas cosas.

Y ya cuando se iba a acostar, preguntó el muchacho dónde estaba el agua porque quería beber. Y el amo le dijo, ya muy enfadao:

—¡Ay, qué bobo eres! ¡Si no se llama así, hombre! ¡Ay, qué muchacho más tonto! ¡Si no sabes los nombres de las cosas! A esto no se le llama agua. Se le llama abundancia, hombre.

Y el muchacho, que ya estaba un poco picao, le dijo:

—Bueno, hombre, bueno. Deje usté que ya aprenderé poco a poquito.

El muchacho se acostó y se puso a discurrir todo lo que el amo le había dicho y dijo:

—Se ha querido burlar de mí y ahora yo me voy a burlar de él.

Y a media noche se levantó en silencio, se vistió, cogió unas estopas y se las ató al gato del rabo y les prendió fuego. Entonces llenó un saco de morcillas y se fue con ellas. Y al salir, despertó a los amos y les gritó:

—Levántate tú, Agnus Dei, y también tú, potestates, que ai viene el cazalosrates cargado de consumencia, y si no le echas la abundancia, quemará la recreencia. Ai te quedas con el eterno padre, que yo me voy con las once mil vírgenes a comérmelas con mi madre.

15. LOS CINCO SORDOS

Vivían en un pueblo cinco personas de una familia, el padre y la madre, un hijo y una hija y la agüela, y todos eran sordos. Y eran muy pobres y nunca trabajaban. Y ya hacía mucho que le debían al amo de la casa el alquiler y no se lo pagaban.

Y un día vino un nevazo y hacía mucho frío y le dieron al padre un plato y un real pa que fuera a comprar un cuarterón de carne. Y se fue el viejo con su plato y su real pa la plaza a comprar el cuarterón de carne, y en el camino se encontró con el amo de la casa. Y el amo le dijo:

—¡Buenos días, tío sordo! ¡Buenos días de Pascuas!

Y el viejo, que nada oía, creyó que el amo le cobraba el alquiler de la casa y le dijo:

—¡Por Dios, señor, que ahora no trabajamos y no tenemos con qué pagarle!

—No, que no digo nada de eso —le contestó el amo de la casa.

Y el pobre viejo sordo le dijo otra vez:

—¡Por Dios, señor, que ahora no trabajamos y no tenemos con qué pagarle!

Y ya el amo se fue y no dijo más.

Conque se fue a casa el viejo y le contó a la hija lo que le había pasao:

—Que no me he encontrao con el amo y me ha cobrao el alquiler de la casa y ya ni quise ir a la plaza a comprar la carne.

Y la hija va y le dice a su madre:

—Madre, que dice padre que no ha traído la carne porque estaba muy flaca.

Y la madre le dice a su hija:

—¿Que no ha ido a la plaza porque cae mucha nieve? ¡Que vaya aunque caiga!

Y ya fue la hija corriendo a ver a su hermano y le dice:

—Oye, tú, que dice mi madre que me va a buscar un novio y yo le he dicho que me lo busque pronto porque yo ya no puedo estar sin casarme.

Y el hermano contestó:

—Güeno, si me has de hacer unos pantalones hazlos anchos de braguera, que éstos me están muy estrechos.

Y va corriendo el hermano y se encuentra con la agüela y le dice:

—Agüela, que dice mi hermana que me va a hacer unos pantalones y yo le he dicho que me los haga más anchos de braguera, que éstos están muy estrechos y me desgarran.

Y la agüela creyó que el muchacho le decía que su hija le iba a guisar gachas, y contestó:

—Güeno, güeno, pues dile a mi hija que si me las ha de guisar, que las guise blandas, que yo como soy vieja no puedo mascarlas. Y dile también que al revolver la esquina lo hay tinto y a cuatro cuartos el cuartillo.

16. LA VIEJECILLA Y SUS TRES PERRITOS

Ésta era una viejecita que tenía tre perrito que se llamaban Bebevino, Comepán y Comequeso. Y la viejecilla era mu devota de la iglesia y too lo día iba a la iglesia a rezá, y siempre llevaba su tre perrito.

Güeno, pué una ve que fue a la iglesia a rezá, cuando ya

se iba pa su casa echó de meno a uno e su perrito, Bebevino. Y venga a buscalo y venga a buscalo por toa la iglesia, pero na, no lo pudo encontrá. Y empieza la viejecilla a llorá y a gritá:

—¡Ay, Señó, que me se ha perdió uno e mi tre perrito! Bebevino, Bebevino! ¡Ónde estás, Bebevino? ¡Bebevino, Bebevino! ¡Ónde estás, Bebevino?

Y na, er perrito se había perdío y no lo halló. Y llora que te llora y grita que te grita y la viejecilla no salía de la iglesia.

Conque ya en eso llega er sacristán y le dice a la viejecilla que se sarga porque ya tiene que cerrá la iglesia. Pero ella no se quería salí y lloraba si tenía que llorá y gritaba si tenía que gritá. Güeno, pué ya er sacristán la echó fuera y cerró la puerta e la iglesia y la viejecilla se fue pa su casa llorando y gritando.

Otro día fue otra ve a la iglesia acompañá de su do perrito Comepán y Comequeso. Y estuvo rezando y cuando se iba pa su casa, echó de menos a Comepán. Y anduvo buscándolo por toa la iglesia, pero no lo pudo encontrá. Y empieza a llorá y a gritá, que si mucho fueron lo lamento der día anterió, ma fueron ahora:

—¡Ay, que se me ha perdío otro perrito, mi Comepán! ¡Ay, que se me ha perdío otro perrito, mi Comepán! ¡Ay, Señó, que me se han perdío do, Bebevino y Comepán! ¡Ay, Señó, que me san perdío do, Bebevino y Comepán! ¿Qué vi a hacé ahora?

Y venga a llorá y venga a gritá. Has que ya er sacristán tuvo que cerrá la puerta e la iglesia y la echó fuera. Y la pobre viejecilla se fue pa su casa llorando si tenía que llorá.

¿Y Comequeso? ¿Saben ustedes lo que le pasó a Comequeso? Pué que se comió er queso y se acabó er cuento.

II. CUENTOS EJEMPLARES Y RELIGIOSOS

17. LOS TRES CONSEJOS

Éste era un matrimonio que eran muy pobres y no hallaban onde trabajar. Y el marido se fue a buscar trabajo a otro pueblo y dejó a su mujer encinta. Y la pobre mujer se puso de lavandera. Y ya el marido ni escribió ni nada y la mujer creyó que ya no volvía.

Y dio a luz un niño y con el tiempo, el niño hizo estudios y estudió pa cura.

Y el marido estaba en la casa de un buen amo y le sirvió por muchos años. Y ya después de veinte años de servicio, le dijo a su amo que quería volver a su pueblo a ver a su mujer y a su hijo, si acaso lo tenía.

Y el amo entonces le dijo:

—¿Cómo no me has dicho que tenías mujer? ¿Tienes también hijos?

Y contestó el hombre:

—Señor, no lo sé. Cuando me marché, dejé a mi mujer encinta, y no sé si tengo hijo o no.

Y el amo entonces le dijo:

—Pues bien me parece que te vayas a ver a tu mujer.

Y sacó un pan y le dijo:

—Lleva este pan y lo partes cuando tengas una alegría muy grande. Y además, te voy a dar tres consejos: el primero, no te metas nunca por ningún atajo y vas siempre por tu camino alante; el segundo, cuando llegues a una posada, nunca preguntes por lo que no te importa; y el tercero, cuando se te ponga en la cabeza de hacer una cosa mal hecha, piénsalo siempre tres veces.

Güeno, pues se despidió de su amo y se marchó pa su pueblo. Y al poco de caminar, se encontró con tres viajeros y le dijeron:

—¿Adónde va usté?

Y contestó él:

—Voy a tal lugar.

—Güeno, pues vamos todos juntos —dijeron ellos.

Y ya dijo uno de ellos:

—Vamos a echar por esta senda, que así llegaremos más pronto.

Y él dijo:

—No; yo voy por el camino alante, y si llego primero, pediré la cena pa todos en la posada.

Y se marcharon aquéllos por la senda y él por el camino alante. Y él llegó primero a la posada y le dijo al posadero que preparara la comida pa cuatro, que los otros llegarían dentro de poco.

Y estaba él calentándose en la lumbre, cuando llegaron aquellos tres corriendo y le dijeron:

—Muy bien hizo usté en no ir por la senda, que han salido unos bandoleros y nos han quitado todo el dinero que traíamos.

Conque ya dijo él:

—Me ha salido bien el primer consejo que me dio mi amo.

Y ya comieron todos y él pagó la cuenta.

Y otro día almorzaron y se marcharon. Y por la tarde, llegó él ya solo a otra posada y pidió posada por la noche y le dijeron que entrara. Y entró y le dieron de comer. Y después de comer, preguntó:

—¿Ónde me van a dar ustedes una cama pa dormir?

Y el dueño le dijo:

—Ai puede usté dormir en una banca.

Y él, sin decir nada, se tumbó a dormir en una banca.

Y a media noche, salió el mesonero con un hombre que

no era más que los güesos de flaco y le dio de comer en una calavera y de beber en otra. Y aquél sólo miraba y callaba porque se acordaba del segundo consejo de su amo.

Y ya le preguntó el mesonero:

—¿Estas durmiendo?

—No, señor —contestó el hombre.

—¿Has visto lo que he traído a la habitación?

—Sí, señor, he visto todo.

—¿Por qué no has preguntao nada?

—Porque lo que no me va ni me viene no pregunto. Y ya le dijo el mesonero:

—Pues ahora le voy a contar a usté una historia. Aquí recogemos a todos los pobres siempre. Y los que preguntan por qué traigo a ese anciano flaco a darle de comer en una calavera y de beber en otra, los matamos y los echamos en esa cueva.

Y entonces le enseñó una cueva llena de muertos. Y aquél estaba ya que deseaba haberse escapao de allí. Y ya llegó la mañana y le dieron el almuerzo y le dio las gracias al mesonero y se marchó.

Llegó a su pueblo y preguntó por su mujer. Y le dijeron:

—Allí vive esa mujer en la casa del señor cura.

Y ya él dijo:

—Pero, ¿cómo es que vive mi mujer en la casa del señor cura?

Y llegó y pidió posada y le dijeron que entrara. Y por la noche lo llamaron a cenar y cenó. Y como no le conocían, nada decía.

Y ya después de cenar, se fueron a acostar. Y su mujer y el cura se salieron por una puerta y él dice:

—¡Toma! ¡Si mi mujer se va con el cura!

Y le dieron tentaciones de entrar y matarlos a los dos si los hallaba. Pero se acordó del tercer consejo de su amo y dijo:

—No; voy a dormir a mi cama.

Pero no podía dormir y se levantó a los pocos momentos y dijo:

—No; voy a buscarlos pa matarlos.

Pero otra vez se acordó del consejo y se acostó otra vez.

Y ya estuvo durmiendo un rato, cuando de repente despertó y dijo:

—¡Ahora sí los voy a matar!

Y se levantó y ya iba a buscarlos, cuando dijo:

—No, que me dijo mi amo que lo pensara tres veces antes de hacer una cosa mala.

Y se acostó otra vez. Y ya se durmió y cuando despertó, ya era otro día. Y se levantó y fue al comedor y oyó a su mujer que le decía al cura:

—Siéntate, hijo, a comer, que ya está el almuerzo.

Y el cura le dijo, al verlo:

—Venga a comer, señor.

Y entonces el padre abrazó a su hijo y le dijo:

—Yo soy tu padre.

Y a su mujer le dijo:

—Yo soy tu marido.

Y ya les contó todo lo que le había pasao en el camino y le dio a su mujer el pan que le había dao el amo pa que lo partiera cuando tuviera una alegría muy grande. Y lo partió su mujer y cayeron al suelo muchísimas monedas de oro.

18. LOS CONSEJOS DE UN PADRE

Era un padre y tenía sólo un hijo, y al morir le dio tres consejos:

—Primero, criao gallego, no lo cojas; segundo, desa en mis montes, no la pongas; tercero, secreto a mujer, nunca.

Y murió el padre y el hijo decía:

—Hay que ver los consejos que me dio mi padre. ¿Pa qué me daría esos consejos?

Así pensaba y por fin dijo:

—Yo voy a poner una desa en mis tierras que pa algo han de servirme.

Y fue y puso una desa en sus tierras. Y luego tuvo necesidá de un criao y lo buscó por todas partes sin poder encontrarlo. Y ya se le presentó un criao gallego y dijo:

—Éste es gallego y mi padre me aconsejó que no cogiera criao gallego, pero como no encuentro otro, tengo que cogerlo.

Y cogió al criao gallego en su casa.

Y a poco tiempo se casó. Y ya que llevaba un año de matrimonio, dijo:

—Voy a hacer una experimentación en mi mujer. Voy a ver si puede guardar un secreto.

Y había un pobre limosnero en el pueblo y le llamó y le dijo:

—¿Quiere usté meterse en mi bodega por unos días? Chorizo y vino y pan allí no le faltarán—. Y el limosnero dijo que estaba mu bien y se metió en la bodega.

Y fue entonces el hombre y llegó a su casa haciéndose el triste, y salió su mujer a recibirle y le dijo:

—Oye, tú, ¿qué te pasa? ¿Por qué vienes tan triste?

Y ya le dijo él:

—Pues mira, que te lo voy a decir. ¿Sabes aquel mendigo? Pues venía pidiendo por ai cuando yo andaba cazando, y le tiré un tiro sin saber quién era y le maté. ¡Por Dios, que me guardarás el secreto! No se lo vayas a decir a nadie.

Y ya le preguntó ella:

—¿Dónde está?

—Pues mira, que lo he enterrao allá en los cascajos de nuestra tierra grande. ¡Por Dios, que no se lo vayas a decir a nadie! ¡Ay, si lo llega a saber la gente!

Y un día cuando se fue el hombre de la casa, llegó la peinadora a su casa y como vio a la mujer un poco triste, le dice:

—Pero, mujer, ¿qué te pasa?

Y le contesta ella:

—Nada.

—Entonces, ¿por qué pones esa cara, mujer?

—No; que no me pasa nada.

—Sí; algo te pasa. Y yo, que soy tu mejor amiga, cómo no me lo dices?

Y la mujer le dijo:

—¡Ay, hija mía, sí! No se lo vayas a decir a nadie. Mira

que sólo a ti te lo digo. ¿Te acuerdas del limosnero aquel que pasaba por aquí pidiendo limosna?

—Sí.

—Güeno, pues le ha matao mi marido y le ha enterrao en nuestra tierra grande, en la desa.

—¡Jesús! Pero, ¿y cómo ha hecho tu marido eso?

—Pues mira, que impensadamente le ha tirao un tiro y le ha matao. ¡Ay, que no se lo vayas a decir a nadie!

Y ya se fue la peinadora, y al llegar a casa de su vecina, le dice:

—Oye, tú, ¿sabes lo que ha pasao?

—¿Qué?

—Que el vecino ha matao a un pobre limosnero y le ha enterrao en la desa. Me lo ha dicho su mujer. Pero yo la prometí no decírselo a nadie. ¡Ay, que no se lo vayas a decir a nadie!

Y esta vecina fue otro día a casa de otra vecina suya y le dice:

—¿Sabes lo que ocurre?

—¿Qué?

—Pues anda, que el vecino ha matao a un pobre limosnero y le ha enterrao en su desa.

—¡Jesús! ¿Cuándo ha pasao eso?

—Pues el otro día. Me lo ha dicho la peinadora, que la mujer se lo contó a ella. ¡Ay, que no se lo vayas a decir a nadie!

Y así una se lo decía a otra, hasta que lo llegó a saber todo el pueblo.

Cuando una mañana llegó la justicia a su casa:

—¡Tras! ¡Tras! ¿Está fulano en casa?

—Sí.

—Güeno, pues que salga.

Y llévanse al pobre hombre pa la cárcel. Y ya le llevaron al juez. Y le pregunta el juez:

—¿Conque usté ha matao al limosnero aquel y le ha enterrao en su desa?

Y él va y dice:

—Sí.

Y ai estaba su mujer y lloraba y le pedía perdón a su marido. Y él ya no decía nada por ver qué resultao daba.

Y ya dijo el juez que le hicieran un garrote pa matarle. Y hizon el garrote pa matarle, pero no venía el verdugo. Y ya que tardaba mucho el verdugo, llega el criao gallego y dice:

—¿Por qué no matan a mi amo?

Y le dicen:

—Porque no ha llegao el verdugo.

Y va él y dice:

—Pues si no llega el verdugo, le mato yo.

Y ya vido el hombre que le habían salido verdá los tres consejos que le había dao su padre. Y ya le iban a dar garrotada, cuando dice el hombre:

—Señor juez, déjeme usté hablar tres palabras.

Y el juez le dijo que dijiera lo que quisiera. Y ya le dio al juez las llaves de su bodega pa que fueran a buscar al limosnero. Y allí lo hallaron muy contento y comiendo mu bien.

Y entonces el juez le dijo al hombre que explicara por qué había hecho eso con su mujer. Y les contó el hombre los tres consejos que su padre le había dao. Y dijo:

—La desa ha servido pa que hicieran el patíbulo onde darme garrotada, el secreto pa que mi mujer me descubriera y el criao gallego pa querer matarme.

19. EL ZAPATERO POBRE

Éste era un pobre zapatero que vivía en un pueblo con su mujé y siete hijo. Y siempre estaban mu pobre, mu pobre, pero siempre mu contento. Lo má que ganaba por un remiendo er zapatero era un real, y había día que lo pasaban casi sin comé, pero siempre mu contento.

Y enfrente de ello vivían un señó y una señora mu rico que tenían dinero de sobra y no les hacía farta na, pero siempre vivían discontento. Y la mujé le decía a su marío:

—Mira la familia de ese pobre zapatero, siempre tan pobre, pero siempre tan contento y felice. Y nosotro, que no nos hace farta y tenemos to lo que queremo, nunca estamos contento.

Y hablando, hablando, ya le dijo a su marío:

—Y ¿sabe que la mujé está otra ve embarazá? Vamo a socorrerlo ya que están tan pobre, y cuando dé a lu, sacá ar niño de pila.

Güeno, pos el marío le dijo que así lo harían.

Pasaron uno meses y ya la mujé dio a lu y van ello y le sacan ar niño de pila. Y cuando lo llevaron a su casa, le llevaron mucho regalo y rico vestido y too estaban mu contento y mu felice. Y ya comenzaron a tratá ar zapatero y a su mujé de compadre y comadre y to iba mu bien.

Y ya después de argún tiempo, le dijo un día la señora ar marío:

—Oye, ¿no te parece bien que le demo a ese pobre zapatero, nuestro compadre, una casa y mucho dinero pa que sargan de pobre y coman y vistan bien ya que nosotro tenemos hasta de sobra?

Y er marío dijo que sí, que le parecía mu bien. Y entonce er rico fue y mandó llamar ar pobre a su casa con un mozo. Y dijo er zapatero a su mujé:

—Oye, tú, si viera que mi compadre me ha mandao llamá, no sé pa qué.

Y dice la mujé:

—¿Por qué te quedrá mi compadre? Pero no tiene má remedio que í a vé.

Y se fue er zapatero a vé a su compadre er rico, temblando de miedo como hacen siempre lo pobre. Y en er camino decía:

—Pero, ¿para qué me quedrá mi compadre?

Güeno, pos llegó y le dijo er rico:

—Compadre, pase usté. Le he llamao porque hemo pensao mi mujé y yo dale a usté una casa y mucho dinero pa que vivan bien usté y su familia de ahora en alante.

Y le contesta er zapatero:

—¡Por Dios, compadre, que nos hace usté un favó mu grande!

Y ya le dio mucho dinero y le dijo que dejara su zapato y no trabajara má. Y depué le puso una casa onde vivieran.

Y ya vivían er zapatero y su familia en una casa mu

grande y mu bonita y tenía mucho dinero y de to. Y por la noche el zapatero le decía a sus hijo que cerraran bien toa la puerta y ventana pa que no fuera naide a robalo. Y por la noche er zapatero no dormía a gusto pensando en que arguien le podía robá su dinero. Y la madre también siempre andaba diciéndole a sus hija:

—¡Cuida con cerrá bien aquella ventana! ¿Has cerrao bien la puerta e la calle?

Y así estaban siempre y ya no cantaban, ni estaban contento ni na. Y despué de uno día, ya la madre fue y le dijo ar marío:

—Oye, tú, ¿has visto que ya no estamo contento ahora que tenemo tanto dinero? Ahora siempre andamo, conque «Cierra la puerta» y «Cierra la ventana», y naide está contento como ante. ¿De qué no sirve tené tanto dinero si no estamo contento? Ante nos acostábamos sin cuidao y ahora ni dormimo pensando en que arguien nos va a robar er dinero. Va y llévale er dinero a mi compadre y dile que no estamo contento con tanto dinero y que vamo a vorvé a la casa que teníamo ante.

Güeno, pos va aquí y le entrega er dinero a su compadre y le dice:

—Mucha gracia, compadre, pero como no estamo acostumbrao a tené tanto dinero, no estamo contento y queremo vorvé a la casa de ante y vorvé a lo que éramo ante.

Y er compadre rico, mu asombrao de vé lo que le decía su compadre. Y luego que se marchó er zapatero le dijo a su mujé:

—Pero, ¿habrá necio? Le gusta mejó seguí remendando suela que viví en una casa grande con de to pa su familia.

Y er marío le dijo:

—Sí; eso preba lo necio que son lo pobre. De na sirve socorrelo. Es que parece que les gusta sé pobre.

Y se enfadaron con su compadre y ya ni caso les hicieron.

Güeno, pos a lo poco día, ya aquéllo estaban otra ve en su casa y er zapatero estaba canta que te canta y echa que echa remiendo. Y la mujé y las hijas toa mu contenta y barriendo la casa y lavando y planchando y cantando.

Y se asomó la mujer der rico y dijo a su marío, mu enfadá:

—Allá están ya otra ve eso necio canta que canta. Too trabajan y mu contento y a lo mejó están muerto de hambre. Así son lo pobre.

20. LA ESPOSA DESOBEDIENTE

Se casó un hombre con una moza muy bonita a quien quería mucho. Y ella era muy holganzana y sólo le gustaba estarse en la cama y no hacer nada. Y los primeros días de casaos, al novio no le importaba y hacía todo lo que su mujer quería. Se levantaba ella a mediodía y en todo el día no hacía maldita la cosa.

Y ya pasaron muchos días y el marido tuvo que salir a labrar su tierra. Y por la mañana, cuando salió por primera vez, le dijo a su mujer:

—Oye, tú, mira que ya se acabaron estos días de recién casaos y ya tengo que salir a labrar la tierra.

Y ella se le agarraba al cuello y le decía:

—¡Anda, no seas tonto! Estáte en la cama otro rato. No te levantes todavía.

Pero él la dijo:

—No; que no puede ser. Tengo que ir a labrar la tierra.

Y se levantó de la cama y le dijo a su mujer:

—Oye, tú, mira que pa medio día vas a llevarme el almuerzo.

—¡Que no y que no! ¡Que no te llevo nada! —contesta ella.

Y él la dijo:

—No, hija mía, que no es broma. Pa medio día vas y me llevas el almuerzo.

—Pues no te llevo nada. Me voy a quedar a esperarte muy bonita y todo, pero el almuerzo no te lo voy a llevar.

Se fue él y le dijo:

—Güeno, ya me voy. Y oye bien lo que te digo. A medio día me llevas el almuerzo.

Y se fue.

Conque allá estuvo arando la tierra con los bueyes. Y a medio día les dio la cebada a los bueyes y se puso a esperar a su mujer. Y esperó y esperó, pero ella no fue. Y ya se puso a arar otra vez sin almorzar, y ya temprano se fue pa su casa.

Y cuando llegó, salió su mujer riéndose y se le echó al cuello y le dijo:

—Oye, ¿qué tal te fue? ¿Ves que no he ido a llevarte la comida? ¿Ves que tu mujercita no hace lo que le dices? Y tú, como me quieres mucho, no te importa, ¿verdá?

Y él la dijo:

—Sí, es verdá que te quiero mucho, pero con esas bromas no vengas, que tengo ya que trabajar y no puedo venir por el almuerzo. Vamos ahora a hacer la cena juntos, y mañana me vas a llevar el almuerzo.

—Que no, que no te lo voy a llevar —le decía ella, y se le echaba al cuello y le besaba.

Conque ya cenaron y se acostaron. Y otro día muy tempranito, despertó el marido y le dijo a su mujer:

—Güeno, hija, ya me voy a levantar.

Y le dice ella en seguida:

—¡No, que no! ¡No quiero que te levantes todavía! Estáte en la cama un poco más.

Pero saltó él de la cama y le dijo:

—Güeno, ya sabes. Hoy a medio día el almuerzo, y sin faltar. Ayer fue la primera vez y no me importa, pero hoy ya tienes que ir. Oye bien.

Y ella empezó a reírse otra vez y a decir:

—¡Que no y que no! No voy a llevarte el almuerzo.

—Que sí me lo llevas, hija mía. Tengo que trabajar y me lo vas a llevar.

Y ella seguía riéndose y desde la cama le gritaba:

—¡Que no y que no! Vas a ver como no te llevo el almuerzo.

Y se fue él y le dijo por última vez:

—No; no vengas con bromas. Hoy a medio día me llevas el almuerzo. Oye bien lo que te digo.

Y se fue con sus bueyes y estuvo arando hasta medio día. Y les dio la cebada y se puso a esperar a su mujer. Y esperó y esperó, pero ella no vino. Y ya se puso a trabajar por segunda vez sin almorzar. Y por la tarde se fue a casa muy cansao con sus bueyes.

Cuando llegó a casa, salió su mujer otra vez a recibirle, riéndose y diciéndole:

—¿Has visto, tonto, como no he ido a llevarte el almuerzo? Pero tú, como me quieres tanto, no te importa.

Y se le agarraba al cuello y le abrazaba y le daba besos. Y él la dijo:

—Mira, tú, que es verdá que te quiero mucho; pero estas bromas tienen que acabar. Estas dos veces te las perdono, pero mañana tienes que ir a llevarme el almuerzo, y después todos los días.

Y ella todavía le decía:

—¡Que no y que no! Verás que mañana tampoco te llevo la comida, que a tu mujercita le gusta dormir mucho y tú la quieres mucho.

Y se reía y se reía como siempre.

Conque ya hicieron la cena y cenaron y se acostaron. Y otro día, despertó el marido ya poco tarde y en seguida dio un salto de la cama. Y ella cuando le sintió, le dijo:

—Tonto, pa que te levantas tan temprano? Ven a dormir otro rato.

Y él la dijo:

—No puede ser, que ya es tarde. Voy a hacer solo el desayuno como otras veces y me voy a arar la tierra. Y pa medio día vas a llevarme el almuerzo. Ya ahora se acabaron las bromas.

Y ella le dijo:

—Anda, que no me digas eso, maridito mío. Sabes que tu mujercita no va a llevarte el almuerzo.

—Que sí vas —le dijo él—. Te lo digo por tercera y última vez. De hoy en adelante tienes que ir a llevarme el almuerzo todos los días.

Y ella empezó a reírse y a decir:

—¡Que no y que no! Vas a ver como no te lo llevo.

Y entonces la dijo él:

—Te digo que me vas a llevar el almuerzo, y si no vas, tú verás lo que te pasa.

Y se fue. Pero ella seguía riéndose y le gritaba:

—¡Que no voy a ir! ¡vas a ver como no voy!

Se fue él con sus bueyes a arar el terreno. Y a medio día les dio la cebada a los bueyes, como de costumbre, y se puso a esperar a su mujer. Y esperó y esperó, pero ella no vino. Y ya se puso a arar otra vez hasta que ya era tarde, y entonces se fue pa su casa con sus bueyes. Y en el camino cortó una fuerte enrejada y la llevó consigo.

Y llegó a la casa y salió su mujer otra vez riéndose y desde lejos le gritaba:

—¿Has visto, tonto, como no he ido con el almuerzo?

Y cuando vio que se le allegaba pa abrazarle, sacó la enrejada y le arrimó tan fuerte paliza que le rompió un brazo. Y la pobre mujer del dolor cayó a tierra desmayada.

Y ya la cogió él y la echó en la burra y se fue a buscar un curandero. Y llegó a casa de un curandero y al ver a la mujer con el brazo roto, le dijo:

—Pero hombre, ¿cómo ha pasao esto?

Y ya le contó el labrador todo lo que le había pasao con su mujer. Y el curandero le enderezó bien el brazo y se lo curó y le dijo que ya podía marcharse pa su casa.

Y entonces el labrador le preguntó cuánto le debía. Y el curandero le dijo que medio duro. Y le dio el hombre un duro y el curandero le iba a dar medio duro de vuelta, cuando le dijo el hombre:

—No; quédese usté con el pago pa otro viaje.

Y se fue el hombre pa su casa con su mujer. Y desde ese día en adelante ya fue una mujer muy obediente y le llevaba el almuerzo todos los días.

Y por eso dice la gente: «A la mala maña se le corta un brazo.»

21. LA CABEZA DE LA MUERTA

Ésta era una criada que fue a servir a un pueblo. Y estuvo sirviendo muchos años y ganó mucho dinero, y ya pensó en volver a su pueblo a ver a sus padres. Y fue y le dijo a su peinadora, que vivía de vecina:

—Sabes que quiero ya irme a mi pueblo a ver a mis

pobres padres; pero tengo miedo irme sola porque, como ya tengo ganao mucho dinero, me pueden robar en el camino.

Conque va la peinadora y se lo cuenta a su marido, que era tabernero. Y dice el tabernero:

—Pues dile que no se vaya sola porque de seguro la roban a la pobre. Que busque quien vaya con ella.

Y ya dice la mujer:

—Pues mira, pobrecita, ya que es amiga nuestra, vé tú mismo con ella.

Y dijo él que estaba güeno, que si ella quería, que él la acompañaría.

La peinadora fue otro día y le dijo a la muchacha:

—Mira, que le estuve contando a mi marido lo que piensas hacer y dice que no debes ir sola, que te pueden robar en el camino. Y yo le dije que fuera él mismo contigo y dijo que estaba güeno, que si tú quieres que iría contigo.

Y entonces la muchacha, como eran vecinos y amigos, dijo que sí, que con mucho gusto iría con él. Y todo su dinero se lo metió en una bolsa en el rodete del pelo.

Cogieron la marcha, y al tabernero pronto se le metieron en tentaciones de matarla pa quitarle el dinero. Y cuando llegaron al sitio que él mismo había dicho que era el del riesgo, la cogió y la mató y le cortó la cabeza y le quitó el dinero. Y volvió a su casa y le contó todo a su mujer. Y ella le dijo:

—¡Ay, Dios mío! ¿Cómo has tenido valor pa matar a una pobre muchacha conocida?

Y él sólo le dijo:

—Una mala tentación.

Y después, siempre que el tabernero salía de su casa, oía una voz que decía:

—¡Tú la pagarás! ¡Tú la pagarás!

Y el pobre miraba pa todas partes, pero no vía nada. Y llegaba el pobre muy asustao y se lo contaba a su mujer. Hasta que un día le dijo su mujer:

—Cuando oigas otra vez esa voz, le preguntas que adónde.

Y al otro día, al salir de su casa, oyó la voz que le volvía a decir:

—¡Tú la pagarás! ¡Tú la pagarás!

Y le preguntó él a la voz:

—¿Adónde?

Y la voz contestó:

—¡En Sevilla! ¡En Sevilla!

Y vino más asustao que nunca y le dijo a su mujer:

—Ya me contestó la voz y me dijo que en Sevilla.

Y la mujer entonces le dijo:

—Pues no yendo a Sevilla, excusas de pagarla.

Conque ya unos meses después, ya salía de casa y la voz no le perseguía. Y ya a él se le olvidó todo. Y un día llegaron unos dos señores al pueblo y dijeron que quién les quería acompañar a Sevilla, que pagaban un duro diario y mantenido. Y la mujer le dijo al tabernero:

—Anda y busca quien acompañe a estos señores.

Y él contestó:

—Pa buscar otro, mejor voy yo, que pagan muy bien.

Y se marchó con los dos señores pa Sevilla.

Llegaron a Sevilla, y a medio día dijo uno de los señores al otro:

—¿Qué quieres almorzar tú? ¿Te gustan las cabezas de ternera?

Y contesta el otro:

—Lo que tú quieras. A mí todo me gusta.

Y ya enviaron al tabernero a la plaza a comprar una cabeza de ternera pal almuerzo. Y se marchó el tabernero a comprar la cabeza de ternera.

Y llegó a la plaza y escogió una y se fue con ella entre la capa y agarrada de las orejas. Y en el camino onde iba se le acercaron dos municipales y le dicen:

—¿Adónde va y qué lleva entre la capa?

Y contesta él:

—Voy a la posada a llevar una cabeza de ternera a unos señores.

Y ellos le dijeron entonces que la enseñara. Y al sacarla de entre la capa pa enseñarla, vio que en vez de las orejas, su mano agarraba el pelo, y que en vez de la cabeza de ternera que había comprao, era la cabeza de la muchacha que había matao.

Los municipales entonces le cogieron y le dijeron:

—Vamos con nosotros pa la cárcel, que usté es un matador.

Y dijo él:

—Señores, vamos a ver a los dos señores que me han enviao a la plaza.

—Güeno, güeno —dijeron los municipales.

Y fueron con él a la posada; pero ya los dos señores habían desaparecido sin saber por donde, y nadie pudo dar razón de ellos. Conque entonces le dijeron:

—Usté es un matador y un embustero. ¡A la cárcel!

Y lo metieron en la cárcel y a los pocos días lo ajusticiaron, y el juez mandó que muriera horcao. Y así pagó su delito.

22. EL SANTO CRISTO VIEJO

Éstas eran dos hermanas, la una rica y la otra pobre. Y la pobre iba a trabajar a la casa de la rica pa mantener sus hijos. Y de lo poco que le daba la rica llevaba todos los días a su casa poco que comer. Un día llevaba unos garbanzos, otro día unas migajas de pan que habían sobrao de la mesa, y otro día un cacho de pan que le habían tirao al perro.

Y un día que estaban haciendo la limpieza de la casa de la rica, se encontró la rica con un Santo Cristo muy viejo y se lo dio a la hermana pobre y le dijo:

—Toma este Santo Cristo que ya está muy viejo y no sirve pa nada. Llévatelo pa tu casa.

Y la pobre lo recogió y esa noche se lo llevó pa su casa junto con unas migajas de pan y unos garbancillos. Y salieron sus hijitos a encontrarla y les dijo:

—Mirá, hijos, qué Santo Cristo más bonito me ha dao mi hermana. Vamos a ponerlo en la mesa pa que nos ayude y nos bendiga.

Y ya entró la mujer y lo puso en la mesa. Y luego sacó sus garbanzos y sus migajas de pan y se puso a hacer una sopa pa sus hijitos. Y cuando ya estaba la sopa hecha, la puso en la mesa y llamó a sus hijitos a comer. Y antes de empezar a comer, le dijo la mujer al Santo Cristo:

—Santo Cristo, ¿quieres comer con nosotros?

Y el Santo Cristo no contestaba. Y a ese momento llamaron en la puerta y salió la mujer a ver quién era. Y ya vio que era un pobre viejo que venía pidiendo qué comer. Y la mujer le dijo que entrara y entró el viejecito y le dio la mujer unos mendrugos de pan y un poco de sopa.

Y se fue el viejecito y empezaron otra vez a comer y le dijo otra vez la mujer al Santo Cristo:

—Santo Cristo, ¿quieres comer con nosotros?

Pero el Santo Cristo no contestaba. Y a ese momento volvieron a llamar en la puerta y salió la mujer a ver quién era. Y vio que era otro viejecito que andaba pidiendo qué comer. Y la mujer le dijo que entrara y entró y le dio unos mendrugos de pan y un poco de sopa.

Y se marchó el viejecito, cuando empezaron otra vez a comer y le dijo la mujer otra vez al Santo Cristo:

—Santo Cristo, ¿quieres comer con nosotros?

Y el Santo Cristo no contestaba. Y a ese momento llamaron por tercera vez en la puerta y salió la mujer a ver quién llamaba, y halló a otro viejecito que pedía qué comer. Y la mujer le dijo que entrara y entró y le dio la mujer unos mendrugos de pan y un poco de sopa.

Y luego que se marchó el último viejecito, se sentaron otra vez la pobre y sus hijitos a comer, y otra vez le dijo la mujer al Santo Cristo:

—Santo Cristo, poco nos queda que comer, pero, ¿quieres comer con nosotros?

Y entonces habló el Santo Cristo y le dijo:

—Tres veces te he pedido de comer y tres veces me has dao, y por eso te voy a premiar. Sacúdeme y verás lo que pasa.

Y cogió la mujer al Santo Cristo y le dio una sacudida y cayeron muchos billetes de dinero. Y la mujer pobre quedó rica.

Conque otro día fue la pobre a casa de la rica y le contó lo que le había pasao. Y dijo la hermana rica:

—Pues mira que yo tengo un Santo Cristo mucho más bonito y más rico y verás como lo voy a convidar a comer pa ver si me regala mucho dinero.

Y fue y preparó un banquete muy elegante y puso en medio de la mesa un Santo Cristo de plata muy precioso que tenía y se sentó a la mesa a comer. Y antes de comenzar a comer, le dijo al Santo Cristo:

—Santo Cristo, ¿quieres comer conmigo?

Pero el Santo Cristo no contestaba. Y en ese momento llamaron en la puerta. Y salió la señora a ver quién era y vio que era un pobre viejo que pedía qué comer. Y la rica le dice:

—Anda, viejo andrajoso a pedir a otra puerta, que aquí no hay nada pa los limosneros.

Y se fue el pobre viejo y entró ella a comer. Y antes de empezar, le dijo otra vez al Santo Cristo:

—Santo Cristo, ¿quieres comer conmigo?

Pero el Santo Cristo nada contestaba. Y llamaron en ese momento otra vez en la puerta. Y salió la rica otra vez a ver quién era y vio que era otro pobre viejo que pedía qué comer. Y la mujer, ya un poco enfadada, le dice:

—¡Vamos con los viejos sucios que no quieren trabajar!

Y ya entró a comer y le dijo otra vez al Santo Cristo:

—Santo Cristo, ¿quieres comer conmigo?

Pero nada contestaba el Santo Cristo. Cuando llaman otra vez en la puerta y la mujer, ya muy enfadada, sale a ver quién llama, y al ver que era otro pobre viejo que andaba pidiendo, le dice:

—¡Vamos con tanto limosnero cochino! ¡Vaya usté a otra puerta, que aquí no hay nada pa usté! ¡Anda con tanto viejo limosnero!

Y entró en su casa otra vez pa comer. Y otra vez le dijo al Santo Cristo:

—Santo Cristo, ¿quieres comer conmigo?

Y entonces le contesta el Santo Cristo:

—Tres veces te he pedido que comer y tres veces me lo has negao, y por mala te voy a castigar.

Y dentro de poco tiempo se le murieron a la hermana rica todos sus hijos y perdió todos sus bienes y se le quemó hasta la casa. Y se fue a pedir limosna en casa de su hermana. Y la hermana le dio la mitá de su riqueza.

23. JUAN SOLDAO

Juan Soldao fue al servicio y le dijeron:
—Tú no sirves para el servicio, Juan Soldao.
Y él les dijo:
—Entonces, ¿qué voy a hacer?
Y les respondieron:
—Pues te vas y nosotros te vamos a dar una torta de pan para el camino.

Él se conformó. Se fue caminando sin haber adónde y por el camino se comió todo el megollo de la torta y quedó sólo la corteza.

Entonces llegó un pobre y le pidió pan y él se lo dio. Este pobre era Cristo. Luego llegó otro pobre y también le pidió pan. También le dió otro pedazo. Este pobre era San Pedro. Luego se le presentó otro pobre a pedirle pan y a éste le dio el último pedazo de su torta. Y este pobre era San Juanuco.

Entonces Juan Soldao se marchó de allí con los tres. Y a poco que habían marchado, dijo Cristo:
—Pues ahora vamos a comprar un carnero. ¿Quién le va a comprar?
Y Juan Soldao dijo:
—Yo, yo. Yo compraré el carnero.
Compraron el carnero y entonces dijo Cristo:
—¿Quién le va a matar?
Y Juan Soldao dijo:
—Yo, yo le mataré.
Mató Juan Soldao el carnero y entonces dijo San Juanuco:
—¿Quién va a hacer la cena?
Y Juan Soldao dijo:
—Yo, yo voy a hacer la cena.

Y Juan Soldao hizo la cena y antes de poner todo, se comió él sólo la asadura. Entonces dijo Cristo que él iba por pan y vino para la comida. Volvió con el pan y el vino y se pusieron a comer. Y Cristo le dijo a Juan Soldao:

—¿Pero, dónde está la asadura?

—Sí —añadió San Juanuco—, ¿dónde está la asadura?

Y Juan Soldao respondió:

—¡Anda, tontos! ¿No sabéis vosotros que los carneros negros no tienen asadura?

Otro día se marcharon los cuatro a pedir limosna y llegaron a una posada. Cuando el ama les vio venir, le dijo a su criada que soltara cinco perros que tenía atados, y así lo hizo la criada. Cristo se puso por delante y los perros no se acercaron. Volvió el ama a decirle a la criada que les soltara los perros. Pero otra vez Cristo se puso por delante y los perros no se acercaron.

Entonces el amo salió a ver lo que pasaba y Cristo le dijo:

—Usté, señor, tiene una hija de cuerpo presente y yo se la voy a resucitar.

El hombre le dijo que estaba muy bien. Cristo le resucitó la hija y el hombre le pagó cuatro mil reales.

Y cuando Cristo volvió adonde estaban San Pedro, San Juanuco y Juan Soldao, Juan Soldao le dijo:

—¡Ay, tonto, bobo! ¿Por qué no pidió usté ocho mil?

Entonces Cristo dividió el dinero en cinco partes y Juan Soldao le preguntó que para qué dividía el dinero en cinco partes cuando sólo eran cuatro. Y entonces Cristo le dijo:

—Las cuatro partes son para los cuatro y la quinta es para el que se comió la asadura.

Entonces el pícaro de Juan Soldao exclamó:

—Pues esa parte es para mí porque yo fui quien se comió la asadura.

Cristo consintió y cogieron cada uno su dinero.

Juan Soldao entonces dijo que él se iba a ir solo y entonces Cristo les dijo a San Pedro y a San Juanuco:

—Empués de todo, vamos a darle todo al pobre Juan Soldao.

Y le dieron todo el dinero y se fue.

Más tarde llegó Juan Soldao adonde había otro cuerpo presente y llegó a la casa y dijo que él le resucitaba si le pagaban ocho mil reales. Y aceptaron, pero nada que resultaba. Y el amo de la casa le dijo:

—Pues ahora te voy a matar.

Juan Soldao entonces dio parte a Cristo y Cristo vino y le dijo:

—Tú no tienes poder para hacer esas cosas. Pero yo te voy a salvar la vida. Le voy a resucitar el hijo a este señor porque tengo el poder para hacerlo, y no le voy a llevar nada.

Salió Juan Soldao con Cristo de allí y Cristo le dijo:

—Ahora, pide tú lo que quieras; pide el cielo.

Y llegaron Pedro y San Juanuco y le decían a Juan Soldao:

—Sí, Juan Soldao, pide el cielo.

Pero Juan Soldao dijo que para qué quería cielo.

Ellos le insistían que pidiera el cielo. Pero Juan Soldao les decía:

—Hombre, ¿el cielo? ¿Hay escaleras para subir allá? Yo lo que quiero es que me den una silla que no se siente nadie en ella ni se levante de ella a menos que yo lo mande.

Y ellos le repetían:

—Hombre, ahora pide el cielo.

Y Juan Soldao dijo:

—No; ahora voy a pedir un saco que sólo se abra y se cierre cuando yo mande y que esté lleno de oro. Y también quiero una higuera que el que se suba en ella no baje a menos que yo lo mande. Y además quiero una fragua con todos los materiales que trabaje cuando yo mande.

Todo le concedieron y se marchó solo Juan Soldao.

Ya hacía mucho que andaba Juan Soldao por el mundo, cuando dijo un día el diablo:

—Ya está viejo Juan Soldao. Hay que ir a buscarle.

Y respondió un demonio:

—Que vaya Judas.

Se fue a buscar a Juan Soldao. Llegó y llamó a la puerta.

—¿Quién es?

—Judas.

—¿Qué quieres?
—Te vengo a buscar.

Entonces Juan soldao se asomó a la puerta y dijo:

—Sube, sube que ya me voy a calzar. Entra, mira y siéntate en esa silla.

Y allí se sentó Judas y se quedó sentao sin poderse levantar. Y entonces Juan Soldao mandó a los peones prender la fragua y calentar los hierros, y le quemaron y espitonaron y Judas y por fin le dejaron salir huyendo.

Cuando Judas llegó al infierno, le dijo al diablo:

—Mira cómo me han puesto.

Y entonces dijo un demonio a Judas:

—Déjale estar. Ya verás como yo le voy a traer a ese galán.

Se fue el demonio a buscar a Juan Soldao. Llegó y llamó a la puerta.

—Juan Soldao, te vengo a buscar.
—Sube, sube, que ya me voy a calzar.

Subió el demonio y Juan Soldao se asomó y le dijo:

Ya voy en un momento. Meta la mano en ese saco pa sacar dinero pal camino.

Metió la mano el demonio en el saco y no la pudo sacar. Y entonces Juan Soldao mandó a los peones que prendieran la fragua y que calentaran los fierros, y quemó y espitonó al demonio lo mismo que a Judas.

Cuando llegó el demonio al infierno, salió Judas a recibirle.

—¡Dios! Mira como me han puesto —le dijo a Judas.
—Pues así me pusieron a mí ayer —le respondió Judas.

Entonces el diablo se enfadó y dijo:

—Pues ahora voy yo a buscar a Juan Soldao. Ahora verán cómo yo sí lo traigo. A mí no me hace nada.

Llegó y llamó a la puerta:

—Juan Soldao, que te vengo a buscar.
—Sube, sube, que ya me voy a calzar.

Y se asomó Juan Soldao y le dijo al diablo:

—Súbete a esa higuera pa llevar higos pa todo el camino.

Y subió el diablo a la higuera, pero de allí no pudo bajar. Y Juan Soldao mandó a los peones otra vez prender la fragua y calentar los fierros, y quemaron y espitonaron al diablo como a Judas y al demonio. El pobre diablo no tuvo más que hacer sino irse huyendo pal infierno tan pronto como pudo.

Juan Soldao, ya muy viejo, se fue solo por el mundo, y al fin llegó un día a la puerta del infierno y llamó.

Allí le respondieron:

—¿Quién es?

—Juan Soldao.

—¡Ay, ay! ¡A ti no! No te abrimos, que nos quemaste y nos espitonaste en un tiempo y ahora no queremos ni verte.

Luego se marchó Juan Soldao otra vez y por fin llegó a la puerta del cielo. Llamó y salió San Pedro y le dijo:

—Hombre, ¿tú por aquí?

—Pues aquí he llegao.

—Pues, ¿qué, no preguntabas si había escaleras para subir al cielo?

—Pues sin escaleras he llegao.

Entonces San Pedro fue y le contó a Cristo que Juan Soldao estaba a la puerta del cielo. Y le preguntó a Cristo:

—¿Ónde le ponemos?

Y Cristo le contestó:

—Pues ponerle detrás de la puerta.

Y cuando nosotros vayamos allí, le vamos a ver detrás de la puerta.

Y colorín, colorao, cuento acabao.

24. LA MUERTE MADRINA

Éste era un matrimonio que tuvieron un hijo. Y tan contentos estaban con él que no sabían a quién elegir como padrino. Decía el marido:

—Onque se presentase San Pedro, no le quería de padrino para nuestro hijo, porque ése repartió muy mal el capital. A unos dejó mucho, y a otros no nos dejó nada. A nadie buscaría de madrina más que a la muerte, que nos ha hecho a todos iguales.

Ellos que estaban hablando esto, cuando se presentó la muerte y les dice:

—Yo vengo a ser madrina de vuestro hijo.

Fue madrina la muerte. Y le prometió al ahijao que no se moriría nunca mientras no rezase un padrenuestro. Además, les mandó a los padres que estudiase el hijo la carrera de médico, que hiciese que la estudiaba, onque no la supiese que era lo mismo, que ella le diría el modo de curar.

Y fue creciendo el chico. Y cuando ya tenía conocimiento, le dijeron los padres lo que le había pronosticado la muerte, que no moriría mientras no rezase un padrenuestro.

El chico se fingió médico y se le apareció la muerte y le dijo:

—Mira, cuando vayas a visitar a un enfermo, si me ves a mí a los pies, receta cualquier cosa, una purga, una taza de hierbabuena, en fin, cosas que no tengan importancia, porque el enfermo no muere. Y si me ves a la cabecera, es inútil que recetes, porque el enfermo se muere. Pero, guárdate bien de desobedecerme en lo que te digo; entonces, tiembla.

Sucedió que se puso mala una hija del rey y habían llamao ya a todos los médicos del reino. Prometiéndoles que el que curase a su hija se casaría con ella. Llegaron a palacio los rumores de ese médico tan bueno que todo lo curaba, y el rey le mandó llamar y le dijo:

—Si ustez cura a mi hija, se la daré por mujer.

Entonces el médico entró a visitar a la enferma, y, ¡oh sorpresa!, cuando vio a la muerte a la cabecera de la joven. El médico temblaba al ver allí a la muerte, y al ver a aquella joven tan hermosa que se moría sin remedio.

Entonces el médico desobedeció, y como nadie le vía, coge a la muerte y la cambia de la cabecera a los pies. Entonces la muerte se puso irritada y le dijo que muy pronto se las había de pagar, que aquella misma noche le llevaría con ella.

El pobre médico se encontraba perplejo; pero como la muerte no se meneó de los pies de la enferma, el médico pudo recetar a la joven, y nada más darle la medicina que le dispuso, azto continuo la joven empezó a mejorar.

El rey estaba loco de contento. Y el médico se casó con la hija del rey nada más que ponerse ella buena.

Pero la muerte estaba furiosa y no hacía más que perseguirle, y le decía:

—No lograrás vivir con tu esposa. Por desobediente, el mismo día de la boda vas a morir.

Se prepararon las bodas y el médico se acordó de la promesa que le había hecho la muerte, que mientras no rezara un padrenuestro nunca se moriría.

Se casaron sin que de la boca del médico saliese una oración. Por la tarde del día de la boda, salieron la princesa y el médico a dar un paseo por el jardín que tenían en las afueras del palacio. La muerte, que siempre estaba en acecho y que no quería más que atraparle, en el camino por donde iban ellos se fingió de un pobre que se había muerto en el camino. Y entonces al llegar allí la princesa y el médico, se asustaron y dice la princesa:

—¡Pobre hombre! Vamos a rezar un padrenuestro.

Y entonces él no se acordó de la promesa de la muerte y se puso a rezar el padrenuestro con su esposa. Nada más terminar de rezarle se levanta la muerte y le dice:

—Ha llegado tu hora. Ya te dije: «Tiembla el día que me desobedezcas». Me desobedeciste y ahora en este momento ya no eres nadie.

Y el pobre médico se quedó muerto en el instante.

25. EL ALMA DEL CURA

Una mujer casada deseaba tener un hijo. Y Dios le dio por fin un hijo. Pero al nacer, le dijo que a los veintiún años el hijo tenía que morir horcao.

Y ya iba creciendo el niño y los padres se ponían muy tristes cuando se acordaban de lo que le había de pasar. Y un día el hijo le preguntó a su madre por qué estaba tan triste y ella le contó todo. Y él entonces les dijo a sus padres:

—Yo entonces me marcho de casa a correr por eso mundos.

Y la madre le dijo:

—No, hijo mío, no te vayas que te van a horcar y no te veremos más.

Pero como él insistió, ya su madre le dio un libro de oír misa y le dijo:

—Mira, hijo, lleva este libro, y en cada pueblo que llegues, tienes que oír la primer misa.

Y se fue el muchacho por el mundo alante. Y al primer pueblo que llegó, preguntó:

—¿A qué hora es la primer misa?

—A tal hora.

Güeno, pues así, a cada pueblo que llegaba siempre oía la primer misa.

Y ya llegó un día a otro pueblo onde hizo la misma pregunta.

—¿A qué hora es la primer misa?

Y le dijeron:

—Hombre, la primer misa en este pueblo es a las doce de la noche en punto. Y ni sabemos quién la dice. A esa hora nadie va a oír misa en este pueblo.

Y ya les contó él que tenía que oír misa por que su madre le había dicho que en cada pueblo que llegara siempre tenía que oír la primer misa.

Conque llegaron las doce y se fue en casa del señor cura por las llaves de la iglesia. Y como eran las doce en punto, empezaron a tocar las campanas sin que nadie supiera quién las tocaba.

Y se fue el joven pa la iglesia y abrió la puerta y entró. Conque ya vio que se levantó una losa y salió un esqueleto y se fue a la sacristía. Y el joven le siguió y le ayudó a revestirse con los hábitos del cura. Y el esqueleto se puso a decir misa y el joven le ayudó.

Y concluida la misa, se fue el esqueleto a la sacristía y el joven le ayudó a quitarse los hábitos y los guardó. Y entonces el esqueleto, que era el alma de un cura que venía al mundo a penar por sus culpas, le dijo:

—Vete y lleva las llaves al señor cura. Ya me has oído la misa, te puedes ir sin cuidado y puedes contarle al cura todo lo que has visto. Yo era un ánima que estaba penando y tú me has sacao de penas. Y ahora serás defendido por mí donde quieras que andes.

Y ya fue el joven a llevarle al cura las llaves de la iglesia y le contó todo lo que había visto. Y otro día se fue el joven del pueblo siguiendo su camino alante.

Y ya faltaban solamente dos días pa que llegara el plazo cuando le tenían que horcar. Y se le apareció el alma del cura y le dio un caballo blanco y una bolsa de dinero y le dijo:

—Vete ahora pa tu casa y nada temas.

Y se marchó el joven en su caballo blanco pa su casa con su bolsa de dinero en las alforjas. Y en el camino se encontró con unos ladrones que estaban haciendo la cuenta de un robo. Y oyó que decían:

—A tanto tocas tú. A tanto tocas tú. A tanto toco yo.

Y al llegar él de noche, se espantaron los ladrones y dejaron allí su dinero. Y cogió él el dinero y siguió su camino, cuando ya vio que los ladrones volvían y decían:

—Ése es. Ése del caballo blanco es el que nos ha robao. Ése es.

Y le cogieron y le colgaron. Y le colgaron el día que se le cumplió el plazo de los veintiún años. Y allí le dejaron colgao los ladrones y se fueron.

Y apenas se habían ido los ladrones, cuando llegó el alma del cura y le descolgó. Y de allí se fue a su casa y llegó bien y les contó a sus padres todo lo que le había pasao.

26. EL ÁNGEL Y EL ERMITAÑO

Éste era un ermitaño que vivía solo en un desierto. Y todos los días bajaba un ángel a traerle una copa de agua y un poco de pan.

Y un día pasaron por onde vivía unos guardias que llevaban un preso pa un pueblo, y al verlos, dijo:

—El alma de ése se la lleva el diablo, que ha ofendido a Dios.

Conque ya por eso lo castigó Dios y otro día ya no vino el ángel a traerle la copa de agua y el poco de pan. Ni otro día no vino, ni tampoco el otro.

Y ya empezó el pobre ermitaño a llorar. Y un ruiseñor en sus trinos le dio a entender que Dios le había castigao por lo que había dicho. Y ya bajó el ángel del cielo y le dijo:

—Dios te ha castigao por lo que has dicho del alma del preso. Toma este sarmiento que has de llevar de ahora en adelante por cabecera, y cuando el sarmiento brote tres ramas verdes, entonces te habrá perdonao Dios.

Se marchó el ermitaño muy triste y muy arrepentido por el mundo a pedir limosna. Y llegó a una cueva de ladrones y salió a recibirlo una viejecilla que era la madre de los ladrones y le dijo:

—¿Qué buscas en estas soledades?

Y le dijo él que era un pobre que andaba por el mundo pidiendo limosna y que le hicieran el favor de darle posada por esa noche. Y la viejecilla le dijo que si le daba posada, los ladrones le matarían, pero que ella le escondería pa que ellos no le vieran. Y le dijo que entrara. Y entró el pobre ermitaño y lo escondió la viejecilla en un lugar onde se escondían los ladrones cuando venían a buscarlos.

Pero cuando llegaron los ladrones fueron a ese mismo lugar a esconder unos robos que habían hecho y encontraron al ermitaño. Y le dijeron a la viejecilla:

—¿Qué es esto? Aquí está un hombre y lo vamos a matar.

—¡Ay, que no lo maten! —les dijo ella—. Es un pobre viejo que llegó pidiendo limosna y yo le he metido allí pa que pase la noche y se vaya mañana por la mañana.

Y ya salió el ermitaño y le preguntaron los ladrones pa qué había venido allí. Y entonces les contó él todo lo que le había pasao en el desierto y cómo lo había castigao Dios por haber dicho que el alma del preso se la llevaba el diablo.

Y entonces los ladrones dijeron:

—Pues si a este pobre ermitaño lo castigó Dios sólo por haber dicho eso, ¿qué nos hará a nosotros que hemos robao tanto y matao a tantos hombres?

Y todos se arrepintieron de su vida.

Conque fueron todos a acostarse; y el ermitaño fue y se acostó solo en el suelo con su sarmiento de cabecera.

Y otro día, cuando los ladrones fueron a buscarlo, lo hallaron muerto. Y el sarmiento había brotao tres ramas verdes. Y ellos se arrepintieron de toda su vida pasada y todos fueron santos.

27. LA MISA DE SAN JOSÉ

Había una vez un hombre viudo que tenía tres hijos. Y tenía la costumbre de pagarle una misa a San José en su día cada año. Y cuando ya sus tres hijos estaban mayorcitos y ya hacía muchos años que se había muerto la madre, se murió el mayor el mismo día de San José por la tarde. Y el pobre padre se disgustó mucho con San José, y por unos días estuvo tan triste y tan acongojao que ya ni se acordaba de rezarle a San José.

Pero al llegar otra vez el día de San José, se acordó de la costumbre que tenía de decirle su misa en su día y fue a ver al cura y le pagó por la misa a San José. Y esa misma tarde se murió el segundo de sus tres hijos.

Con eso ya el pobre padre estaba tan desesperao y tanto se disgustó con San José, que ya no quiso decirle más misas.

Y se llegó otra vez el día de San José y no le pagó su misa. A todos los santos del cielo les rezaba, menos a San José. Y como vio que el hijo menor no se había muerto el día de San José, ya no se volvió a acordar de San José pa nada.

Conque una noche cuando estaba rezando en su habitación, se le apareció San José y le dijo:

—¿Por qué no me pagas las misas que tenías costumbre de decir?

Y como el pobre padre estaba tan asustao, nada contestó. Y entonces le dijo el santo:

—Te he quitao a tus dos hijos mayores porque te iban a deshonrar y se iban a condenar.

Y le dijo que mirara por la ventana. Y miró el hombre por la ventana y vio a sus dos hijos ya hombres horcaos de un árbol. Y le dijo entonces el santo que mirara por otra ventana. Y miró el hombre y vio a sus dos hijos ardiendo en el infierno. Y le dijo entonces San José.

—Eso les iba a pasar a tus hijos y por eso te los he quitao. Y el menor te lo dejo por que ese va a ser santo y arzobispo.

Y entonces San José desapareció. Y el pobre padre ya vio que San José le había hecho un bien en vez de un mal, y volvió a decirle la misa a San José todos los años hasta que murió.

Y su hijo menor estudió pa cura y fue obispo y después arzobispo, y murió santo.

28. EL RICO AVARIENTO

Éste era un rico avariento que cuanto más dinero tenía más quería tener. Y todos los días le mandaba su alma al diablo con tal de que le diera mucho dinero.

Y cuando ya estaba viejo, que ya estaba pa morir, llegó un día un pobre a su puerta a pedirle una fanega de trigo. Y el rico avariento le dijo:

—Si me cumples la promesa de velar por tres noches mi cadáver cuando muera, te doy diez fanegas en vez de una.

Y el pobre se lo prometió y le entregó las diez fanegas de trigo. Y se fue el pobre a su casa y les dio pan a sus hijos, y al rico Dios le perdonó.

Poco después, murió el rico avariento y el pobre no olvidó su promesa y fue a velar por tres noches el cadáver. Las primeras dos noches no pasó nada. Toda la noche estuvo rezando por el alma del muerto y por la madrugada, cuando amanecía, se iba a su casa en paz. Pero la tercera noche, cuando estaba rezando el rosario a la media noche, llegó un soldao por encima de una tapia, que era Dios que venía a ayudarle al pobre a velar al muerto. Y el soldao le dijo al pobre:

—¿Qué haces aquí?

Y el pobre le contestó:

—Mire usté, señor, que estoy velando a este muerto porque me dio una limosna pa mi familia y prometí velar el cadáver por tres noches cuando muriera.

Y el soldao le dijo:

—Bueno, pues velaremos juntos.

Y a poco llegó el diablo y dice:

—¡Venga el muerto, que me pertenece!

Y el soldao le contesta:

—No te lo entregamos.

Y dice otra vez el diablo:

—¡Venga el muerto, que me pertenece! Me tiene su alma vendida.

Y le dice entonces el soldao:

—Te lo entregamos si nos llenas esta bota de dinero.

Y dice el diablo:

—Bueno; espérenme, que voy a por dinero.

Y se marchó el diablo a por dinero. Y en ese medio tiempo el soldao le quitó el piso a la bota y la colgó a un árbol tocando a un barranco.

Y ya volvió el diablo con dos sacos llenos de dinero y empezó a echar en la bota; pero como todo caía en el barranco, la bota no se llenaba nunca.

Y dijo entonces el diablo:

—Voy a por más.

Y se marchó y volvió después con un carretillo lleno y todo lo echó en la bota, pero todavía no se llenaba. Y volvió a por otro y a por otro, pero nunca se llenaba la bota. Y así estuvo toda la noche, hasta que ya amaneció y tuvo que irse huyendo.

Y el rico avariento se salvó por la limosna que hizo.

29. EL INCRÉDULO Y LA CALAVERA

Un señor que era un incrédulo pasaba una vez por un campo santo y vido una calavera. Y le dio una patá y le dijo:

—Esta noche vas a cenar a mi casa.

Y entonces se fue pa su casa.

Por la noche, a la media noche, llaman a su puerta. Y sale el criao a ver quién llama, y vuelve y le dice a su amo:

—¡Ay, señor, que hay allí uno del otro mundo, una estauta, na más que la armaúra!

Y se acordó el hombre de la calavera y le dice:

—Dile que pase.

Y entra y le dice:

—Pues señor, usté me invitó a cenar esta noche y he venido.

Y estuvo cenando con él, y luego dice:

—Mañana va usté a comer en mi casa. Ya sabe usté ande está. Ayer pasó usté por allí.

Y entonces se despidieron.

Y otro día se confesó el hombre y le dijo al cura:

—Anteanoche fui al campo santo y vide una calavera y le di una patá y la invité a cenar, y anoche ha estao a cenar conmigo en mi casa y me ha invitao a cenar esta noche a su casa, que es en el campo santo, y yo solo no quiero ir.

Y entonces el cura le dio una cruz y unas reliquias y le dijo:

—Póngase usté esta cruz y estas reliquias, y vaya. Y al llegar al camposanto en el sitio, dice: «¡Ave María Purísima!» tres veces, y se abrirán las puertas del camposanto y allí verá usté la cena. Haga usté por comer, pero no coma na.

Y fue el hombre y llegó a la puerta del camposanto y dijo tres veces:

—¡Ave María Purísima!

Y al momento se abrieron las puertas del campo santo y una voz le dijo:

—Entre usté.

Y él contestó:

—No puedo. No puedo.

Y entonces salió la estauta misma y le dijo:

—¡Anda con Dios!

Y enseñándole el cuchillo, le dijo:

—Si no fuera por esa cruz y esas reliquias, aquí hubiera sido tu fin. ¿Crees en Dios y en la Virgen?

Y contestó el hombre:

—Sí.

—Pues vete —le contestó la estauta.

Y el hombre se fue y se metió de ermitaño a una cueva y

allí vivió muchos años con yerbas. Y un día en un pueblo sonaban las campanas y la gente preguntaba:

—¿Qué es? ¿Qué es?

Y fueron a ver y hallaron en la cueva al viejo muerto santo y un resplandor muy grande en la cueva.

30. SANTA CATALINA

Santa Catalina desde niña fue santa y el Señor y la Virgen Santísima la querían mucho. Pero la madre de Santa Catalina era muy pecadora, y el pecao que tenía era la maldicencia. Siempre hablaba mal de todos y a todos calumniaba.

Y Santa Catalina murió primero que su madre y fue gloriosa al cielo. Y allá en el cielo todo el tiempo estaba rezando pa que su madre se hiciera también santa como ella. Pero la madre seguía tan mala como siempre.

Y cuando murió la madre, Santa Catalina fue a rogarles al Señor Bendito y a la Virgen Santísima que se llevaran a su madre al cielo. Y llegó la madre de Santa Catalina y dijo el Señor que pesaran los pecaos y lo bueno que había hecho en el mundo. Y la balanza caía hasta el suelo por el lao de los pecaos. Y dijo San Pedro que tenía que ir la madre de Santa Catalina al infierno.

Y Santa Catalina fue entonces a rogarle a la Virgen Santísima que permitiera a su madre entrar en el cielo. Y la Virgen le dijo que fuera a ver al Señor. Y fue Santa Catalina a ver al Señor y el Señor le dijo que lo que la Virgen dijera. Y fue otra vez Santa Catalina a ver a la Virgen y le dijo que el Señor había dicho que lo que ella dijera. Y entonces la Virgen le dijo a la santa:

—¿Qué quieres mejor, irte tú con tu madre al infierno, o que se quede ella aquí?

Y la santa le dijo:

—Lo que la Virgen Santísima quiera.

Y entonces la Virgen fue a ver al Señor y le rogó que dejara a la madre de la santa salir del infierno y entrar en el cielo. Y el Señor le dijo a la Virgen que lo que ella quisiera. Pero dijo el Señor que al salir del infierno pa entrar en el cielo, que salieran también todas las almas que se le prendieran a ella y entraran también en el cielo.

Y ya fueron los ángeles al infierno a traer a la madre de Santa Catalina, junto con todas las almas que al salir ella se le agarraran.

Y ya iba a salir y se le agarraron muchas almas alrededor. Y ella, al verlas agarradas, les gritó, muy enfadada:

—¡Apártense! ¡Apártense! Si quieren subir al cielo, tengan una hija santa como la he tenido yo.

Y por eso ya el Señor la castigó y no la quiso recibir en el cielo. Y los ángeles la dejaron en el infierno.

Y Santa Catalina entonces fue otra vez a rogarles a la Virgen y al Señor Bendito que sacaran a su madre del infierno. Y le dijo el Señor:

—Tu madre se condena sola y no se arrepiente. ¿Qué quieres tú ir al infierno con ella si no puede entrar en el cielo?

Y Santa Catalina dijo que quería irse con su madre. Y se fue al infierno Santa Catalina con su madre.

31. EL MOLINERO LADRÓN

Éste era un molinero que tenía un molino y siempre les robaba a los que les compraba trigo. Tenía un celemín [5] algo grande y cuando compraba un celemín, siempre le daban un poco más.

Y fue a confesarse con San Pedro y le preguntó el santo:

—¿Has hurtado alguna vez?

Y el molinero le contestó:

—No, nunca he hurtao. Lo único que hago es que con un

---

[5] *Celemín,* de evangélicas resonancias, era una medida que, antiguamente, equivalía –en áridos–, a cuatro cuartillos o a la octava parte de otra mayor. Es palabra ya documentada en el siglo XIII que procede del árabe hispánico y que tuvo, también, el significado de «vaso de barro» o «cantarillo».

celemín un poco grande que tengo hurto siempre un poco de trigo a los que me lo venden.

Y San Pedro le dijo:

—Pues eso es hurtar. Y para absolverte tienes que restituir todo eso que te has robao. El año que viene tienes que venir otra vez a confesarte pa ver si has restituido todo eso. Hazte un celemín poco pequeño pa medir el trigo y así lo restituyes a todos lo que les has hurtao.

Y se fue el molinero pa su casa. Y en este medio tiempo, dejó de ser molinero y se metió a tabernero. Y si antes tenía un celemín un poco grande, ahora hizo el cuartillo un poco pequeño.

Conque al año fue a confesarse con San Pedro y le preguntó San Pedro:

—¿Has hecho lo que te dije?

Y el hombre le contestó:

—Sí, señor; he obedecido. No he hecho el celemín más pequeño porque ya no soy molinero. Ahora me he metido a tabernero y he hecho el cuartillo más pequeño.

Y San Pedro ya no le perdonó y le echó a la izquierda.

32. LOS PRESTAMISTAS NO TIENEN ALMA

Cierto día murió un caballero y al subir al cielo estaba deseoso de ver a un tío suyo que hacía un año que se había muerto.

Llamó en una puerta y salió un hombre con una blusa blanca y le dijo:

—¿Qué busca ustez aquí?

—¿Sabe ustez si está ahí mi tío? —pregunta el caballero.

—¿Quién era su tío de ustez?

—Don Fulano de Tal.

—No, señor; aquí no está. Llame ustez a ver en esa otra puerta.

Al llamar a dicha puerta, sale un señor con una barba muy larga y le dice:

—¿A qué llama ustez aquí? ¿Qué se le ofrece?

—A ver si está aquí un tío mío que hace un año que se ha muerto.

—¿Quién era su tío de ustez?

—Don Fulano de Tal.

—Aquí no está.

Así fue llamando a varias puertas, sin que nadie le diera razón de su tío. Al fin llamó en otra puerta y salió un hombre con una cola muy grande y le dice:

—¿Qué busca ustez por aquí?

—Pues vengo a ver si está aquí un tío mío que hace un año que ha muerto y me canso a llamar en todas las puertas y nadie me da razón de él.

—¿Y como se llama su tío de ustez?

—Don Fulano de Tal.

—No, señor; no está aquí tampoco. Dígame ustez, ¿Qué oficio tenía su tío?

—Era prestamista.

—Pues no se canse ustez en buscarle por aquí, porque los prestamistas no tienen alma.

33. SANTA TERESA, CONFESORA

Dicen que Santa Teresa quería ser confesora y que todos los días le rogaba a Dios que la hiciera confesora como los curas.

Y un día se le apareció Dios y le dijo:

—Teresa, dices que quieres ser confesora y yo voy a probarte, pa ver si puedes serlo. Primero te voy a dar esta cajita cerrada, y te mando que en tres días no la abras.

Y cuando se fue el Señor, decía Santa Teresa:

—¿Pa que me habrá dao el Señor esta cajita? ¿Qué tendrá dentro la cajita, que me manda el Señor que en tres días no la abra?

Y tanta fue su curiosidad, que antes de los tres días abrió la cajita pa ver qué tenía. Y al momento de abrirla, salió un pajarito y se fue volando.

Y llegó entonces el Señor y le dijo:

—¿Ves, Teresa? Tú no puedes ser confesora porque antes de los tres días descubres los secretos.

34. LAS DOCE PALABRAS RETORNEADAS

Éste era un pobre viejo que iba por un camino y se le apareció el Malo y le dijo:

—Dime las doce palabras retorneadas.

Y el pobre viejo le contestó:

—No las sé.

El Malo entonces le dijo:

—Tienes que decirme las doce palabras retorneadas.

Y otra vez contestó el viejo:

—No las sé.

Y a eso le contestó el Malo:

—Bueno; si pa las doce no las sabes, te llevo.

Y se desapareció el Malo y se fue el viejo muy triste y se encontró con un viejecito, que era San José. Y San José le dijo:

—Ven conmigo a hacer la cena juntos y después dormir en un pajar.

Y el viejo no quería y San José le preguntó:

—¿Qué te pasa? ¿Por qué estás tan triste?

Pero el viejo sólo suspiraba y no decía nada. Y ya dijo:

—Estoy triste porque se me ha aparecido un señor que me ha dicho que tengo que decir las doce palabras retorneadas, y yo no las sé. Y me ha dicho que si pa las doce no las sé, me lleva.

Y San José le dijo entonces:

—Pues no hay cuidao. A comer y a dormir y no se aflija usté por nada.

Conque ya hicieron la cena y comieron y ya se fueron a acostar. Y el viejo se durmió. Y llegó a las doce el diablo y le dijo al viejo:

—¿Las sabes ya?

Y San José, que estaba acostao al lao del viejo, le contestó:

—Sí.

Y el diablo dijo entonces:

—¡Pues, hala! ¡Dilas!

Y San José le contestó y le dijo las doce palabras retorneadas, y el pobre viejo se salvó.

—De las doce palabras retorneadas, dime la una.

—La una, el Sol y la Luna.

—De las doce palabras retorneadas, dime la dos.

—La dos, las dos tablillas de Moisén, donde Jesucristo puso los pies pa subir a la casa santa de Jerusalén. La una, el Sol y la Luna.

—De las doce palabras retorneadas, dime la tres.

—La tres, las tres Marías. La dos, las dos tablillas de Moisén, donde Jesucristo puso los pies pa subir a la casa santa de Jerusalén. La una, el Sol y la Luna.

—De las doce palabras retorneadas, dime las cuatro.

—Las cuatro, los cuatro evangelistas. Las tres, las tres Marías. La dos, las dos tablillas de Moisén, donde Jesucristo puso los pies pa subir a la casa santa de Jerusalén. La una, el Sol y la Luna.

—De las doce palabras retorneadas, dime las cinco.

—Las cinco, las cinco llagas. Las cuatro, los cuatro evangelistas. Las tres, las tres Marías. La dos, las dos tablillas de Moisén, donde Jesucristo puso los pies pa subir a la casa santa de Jerusalén. La una, el Sol y la Luna.

—De las doce palabras retorneadas, dime las seis.

—Las seis, los seis candeleros. Las cinco, las cinco llagas. Las cuatro, los cuatro evangelistas. Las tres, las tres Marías. La dos, las dos tablillas de Moisén, donde Jesucristo puso los pies pa subir a la casa santa de Jerusalén. La una, el Sol y la Luna.

—De las doce palabras retorneadas, dime las siete.

—Las siete, los siete coros. Las seis, los seis candeleros. Las cinco, las cinco llagas. Las cuatro, los cuatro evangelistas. Las tres, las tres Marías. La dos, las dos tablillas de Moisén, donde Jesucristo puso los pies pa subir a la casa santa de Jerusalén. La una, el Sol y la Luna.

—De las doce palabras retorneadas, dime las ocho.

—Las ocho, los ocho gozos. Las siete, los siete coros. Las seis, los seis candeleros. Las cinco, las cinco llagas. Las cuatro, los cuatro evangelistas. Las tres, las tres Marías. La dos, las dos tablillas de Moisén, donde Jesucristo puso los pies pa subir a la casa santa de Jerusalén. La una, el Sol y la Luna.

—De las doce palabras retorneadas, dime las nueve.

—Las nueve, los nueve meses. Las ocho, los ocho gozos. Las siete, los siete coros. Las seis, los seis candeleros. Las cinco, las cinco llagas. Las cuatro, los cuatro evangelistas. Las tres, las tres Marías. La dos, las dos tablillas de Moisén, donde Jesucristo puso los pies pa subir a la casa santa de Jerusalén. La una, el Sol y la Luna.

—De las doce palabras retorneadas, dime las diez.

—Las diez, los diez mandamientos. Las nueve, los nueve meses. Las ocho, los ocho gozos. Las siete, los siete coros. Las seis, los seis candeleros. Las cinco, las cinco llagas. Las cuatro, los cuatro evangelistas. Las tres, las tres Marías. La dos, las dos tablillas de Moisén, donde Jesucristo puso los pies pa subir a la casa santa de Jerusalén. La una, el Sol y la Luna.

—De las doce palabras retorneadas, dime las once.

—Las once, las once mil vírgenes. Las diez, los diez mandamientos. Las nueve, los nueve meses. Las ocho, los ocho gozos. Las siete, los siete coros. Las seis, los seis candeleros. Las cinco, las cinco llagas. Las cuatro, los cuatro evangelistas. Las tres, las tres Marías. La dos, las dos tablillas de Moisén, donde Jesucristo puso los pies pa subir a la casa santa de Jerusalén. La una, el Sol y la Luna.

—De las doce palabras retorneadas, dime las doce.

—Las doce, los doce apóstoles. Las once, las once mil vírgenes. Las diez, los diez mandamientos. Las nueve, los nueve meses. Las ocho, los ocho gozos. Las siete, los siete coros. Las seis, los seis candeleros. Las cinco, las cinco llagas. Las cuatro, los cuatro evangelistas. Las tres, las tres Marías. La dos, las dos tablillas de Moisén, donde Jesucristo puso los pies pa subir a la casa santa de Jerusalén. La una, el Sol y la Luna.

>   Doce he dicho y trece aguarda.
>   Revienta, ladrón, que San José te lo guarda.

III. CUENTOS DE ENCANTAMIENTO

35. LA NIÑA SIN BRAZOS

Era un padre que tenía una hija. Y pa mantenerla tenía que ir todos los días al monte a por leña si llovía porque tronaba y si tronaba porque llovía.

Y un día que fue al monte a por leña, le salió un hombre de una encina y le dijo:

—Diga usté. ¿Cómo viene usté hoy al monte a cortar leña?

Y el hombre le contesta:

—Pues vengo porque tengo una hija que mantener.

Y ya le dijo el hombre de la encina, que era el diablo:

—Pues mire, que yo le daré a usté todo el dinero que le haga falta. Tenga usté.

Y diciendo esto, le dio un talegón lleno de monedas de oro y plata. Y luego le dice:

—Váyase usté a su casa con su dinero, y esta noche aguárdeme en su casa.

Y se fue el pobre leñero pa su casa muy contento. Y llegó y le contó a su hija lo que le había pasao. Y le entregó el talegón de dinero y le dijo que iba a hacerles una visita el señor que les había dao el dinero.

La muchacha era muy cristiana y siempre que llegaba alguno a su casa hacía la señal de la cruz. Y le dijo a su padre:

—Pero, ¿quién será ese señor?

—Esta noche cuando venga se lo preguntaremos —le contestó el padre.

Y en éstas estaban, cuando llegó el diablo y llamó en la puerta:

—¡Tran! ¡Tran!

Y al momento la muchacha hizo la señal de la cruz y salió a ver quién era. Pero ya no encontró a nadie. El diablo se había desaparecido al hacer ella la señal de la cruz.

Conque al otro día fue el hombre otra vez a por leña al monte y le salió otra vez el diablo. Y el leñador le dice:

—¿Cómo no fue usté anoche a mi casa?

Y el diablo le contesta:

—He tenido el tiempo ocupao y no he podido. Pero mire; coja este saco de dinero y lléveselo a su casa. Y esta noche sí me espera en su casa, que ya iré. Y una cosa le ruego y es que mande a su hija tirar toda el agua bendita que haiga en la casa.

Y fue el hombre y llegó a su casa y le entregó a su hija el saco de dinero y le dijo lo que había dicho el señor de la encina. Y la muchacha, como era tan buena cristiana, le dijo a su padre:

—Pero si tiro a la calle toda el agua bendita que hay en la casa, no podré hacer la señal de la cruz.

Y el padre le dijo:

—Tírala toda, que no hace falta.

Y ella la tiró toda. Y apenas la había acabao de tirar a la calle, cuando va llegando el diablo y llama en la puerta:

—¡Tran! ¡Tran!

Y la muchacha, como no había agua en la casa, se mojó los dedos con saliva e hizo la señal de la cruz. Y salió a abrir la puerta, pero no halló a nadie. El diablo se había desaparecido otra vez al hacer ella la señal de la cruz.

Y al otro día fue el leñador al monte otra vez y salió el diablo. Y el leñador le preguntó:

—¿Cómo no ha ido usté anoche?

Y el diablo le contestó:

—Es que estoy siempre ocupao. No he podido.

Y ya le dice el leñador:

—¿Tienen ustedes corral delante de su casa?
Y el leñador le dice:
—Sí.
¿Y suele su hija echar la siesta allí por la tarde?
—Sí.
—¿A qué hora suele ella echar la siesta?
—A las dos.

Y después de esta conversación le dio el diablo otro saco de dinero y le dijo:

—Váyase usté a su casa con este saco de dinero, y cuando le haga falta más, venga por más.

Y se fue el leñador pa su casa con otro saco de dinero.

Y ya el diablo determinó robarse a la muchacha. Y a las dos de la tarde del día siguiente, llegó a la casa del leñador cuando la muchacha estaba echando la siesta. Y dormida como estaba la cogió y la subió en su caballo y salió corriendo con ella. Y de repente despertó la niña y levantó un brazo pa hacer la señal de la cruz. Y el diablo cogió un cuchillo grande y le cortó el brazo. Y ya iba a levantar la niña el otro brazo pa hacer la señal de la cruz, cuando cortáselo también el diablo con el cuchillo. Y entonces la niña, como pudo, hizo la señal de la cruz con las piernas. Cuando hacía la señal de la cruz con las piernas, el diablo la cogió y la dejó colgada del pelo de un árbol muy alto y se desapareció. Y ai se quedó la niña colgada del pelo del árbol y sin brazos onde el diablo la dejó. Y cerca del árbol había un palacio onde vivían un rey y una reina que tenían un hijo.

Y los perros del rey subían todos los días al árbol onde estaba colgada la niña y le llevaban pa comer lo que les daban en el palacio. Y de darle la comida a la niña, los perros se iban quedando cada día más secos. Y el rey, al verlos tan secos, dijo:

—Pero ¿por qué es que mis perros se van quedando cada día más secos? ¿Que los criaos no les dan de comer?

Y dio en reñir con los criaos. Y los criaos dijeron que no, que siempre les daban lo de siempre. Y ya dijo el rey:

—Pues acechar a los perros, a ver qué hacen con la comida.

Y acecharon a los perros, y vieron que subían siempre con la comida y se la daban a una hermosa dama que estaba colgada del árbol. Y la dama era tan guapa, que el hijo del rey dijo que la bajaran del árbol. Y fueron los criaos del rey y la bajaron y la llevaron al palacio.

Cuando ya la niña estaba en el palacio, el hijo del rey se enamoró de ella y les dijo a sus padres que se quería casar con ella. Y sus padres le dijon que era una deshonra casarse con una mujer sin brazos, que no podría criar a sus hijos ni nada. Y él les dijo que no le importaba que no tuviera brazos, que habiendo dinero y teniendo criaos, todo era fácil.

Y se casaron el hijo del rey y la niña sin brazos. Y a los pocos meses de estar casaos, se murió el rey y el hijo quedó de rey y la niña sin brazos de reina. Y pronto tuvo que marcharse el nuevo rey a reinar a otro reinao y dejó a la niña sin brazos encinta.

Y en ese medio tiempo tuvo ella mellizos y se lo enviaron a decir al rey. Y el diablo cogió la carta y puso otra, onde le decía al rey que la reina su mujer había dao a luz dos ratones. Y contestó el rey con otra carta onde decía: «Pues si ha dao a luz mi mujer dos ratones, que los críe hasta que yo vuelva.» Y otra vez cogió el diablo la carta y puso otra, onde decía: «Coge a esos dos niños que has dao a luz y degüéllalos. Si no, eres tú víctima.»

Y cuando llegó la carta, la coge ella y se echa a llorar, y dice que a sus hijos no los mata ni por todo lo que hay en el mundo. Y la agüela empezó también a llorar y le dijo a la niña:

—¿Qué vamos a hacer?

Y dijo la niña:

—Pues nada. Hágame usté unas alforjas pa echar a uno por delante y a otro por detrás y marcharme sola yo con ellos.

Y la agüela le mandó hacer las alforjas, y se marchó la niña sin brazos por el mundo alante con sus dos mellizos en las alforjas.

Y caminando, caminando, ya llegó a una fuente con

hambre y sé. Y nadie le daba una limosna, ni agua pa beber. Y al llegar a la fuente, dijo:

—Tengo sé. Pero si bajo a la fuente, no podré subir.

Y se fue camino alante, muerta de sé y hambre, hasta que allá muy lejos vio a una señora que estaba lavando en unas filas muy majas y le dijo:

—Señora, ¿me hace usté el favor de unos bocaditos de agua? Porque si bajo a bebé no podré subir, y si no bajo me muero de sé.

Y la señora le contestó:

—Mira; vete y llama en aquellas puertas blancas que ves allá lejos, muy lejos, y te saldrán a recibir y te darán todo lo que te haga falta.

Y la niña llamó y salió a recibirla San Pedro y la dijo que qué se le ofrecía.

Y ella le dijo:

—Quiero que me haga usté el favor de un poquito de agua, que ya me muero de sé. Si bajo a por ella a la fuente no podré subir, y si no bajo me muero de sé.

Y ya le dio San Pedro un vaso de agua y le dijo:

—Si usté nos obedece, le vamos a dar todo lo que le haga falta y le pondremos sus brazos pa que pueda criar a sus niños.

Y dijo ella que obedecería. Y San Pedro le puso sus brazos y la llevó a una montería, onde nada les faltaba a ella y a sus niños. Y allí en la montería tenía una casa y muchos criaos. Y la dijo San Pedro que no almitiera a nadie en su casa sin que dijera antes tres veces «¡Jesús, María y José!»

Y ya volvió el rey de reinar por otras partes. Y cuando llegó a su palacio, le preguntó a su madre por la reina, y ya le contó ella lo que había pasado. Y cuando supo el rey la verdá y el engaño de las cartas, sospechó que el diablo era el de la culpa de todo y empezó a maldecirle.

Y se le apareció el diablo y le dijo que no se apurara, que él le ayudaría a buscar a su mujer. Y es que el diablo quería cogerlos a los dos. Y se marchó el rey con el diablo y el suegro a buscar a su mujer. Y el suegro estaba tentao del diablo porque le había mandao a su hija que tirara a la calle toda el agua de la casa.

Y caminando el rey por la montería, se les hizo noche y vieron la luz de la casa de su mujer. Y se dirigieron allí, sin saber quién vivía, y llamaron en la puerta. Y salió la niña a recibirles y les dijo que entraran, pero que todos los que entraran tenían que decir tres veces «¡Jesús, María y José!» y el rey dijo tres veces:

—¡Jesús, María y José!

Y el suegro, aunque estaba tentao del diablo, también lo dijo y entró. Pero el diablo, como no pudo decirlo, no entró. Y allí fuera, onde estaba, quería decir ¡Jesús, María y José!, pa entrar y hacer de las suyas, pero no pudo. Todo lo que decía era:

—¡Tuddú, tudduddú, tuddú!

Y ya que todos estaban dentro, el diablo tuvo que marcharse. Y pusieron la cena y se sentaron a la mesa. Y el rey miraba y remiraba a aquella mujer tan guapa y decía:

—¿Si será esta mujer mi esposa?

Y la miraba y la remiraba el rey y ya le iba a preguntar, pero decía:

—No; no puede ser, porque mi mujer no tenía brazos y ésta tiene brazos.

Y como hacía frío, los criaos puson un brasero cerca de la mesa pa que el rey se calentara. Y cuando ya iban a comenzar a cenar la niña echó la bendición:

—En el nombre del Padre, y del Hijo y del Espíritu Santo. El que esté tentao del diablo, que dé un estampido y salga.

Y el padre de la niña, que estaba tentao del diablo, se volvió cenizas y se desapareció. Y todos quedaron muy elevaos; pero el rey no dijo nada.

Y ya se puson a cenar. Y el rey, como estaba cerca del brasero, se le comenzó a quemar la capa. Y los niños, que por guapos y ricos, el rey no dejaba de mirar, le dijeron:

—Papá, que se le quema la capa.

Y el rey los miraba y los remiraba, pero no decía nada. Pero se lo dijon tantas veces, que por fin le dijo el rey a la niña:

—¿Sabes que no puedo cenar porque me dicen estos niños «Papá, que se le quema la capa»?

Y en ese momento fue cuando ella le echó los brazos y le dijo:

—Sí, esposo mío; éstos son tus hijos y yo soy tu esposa.

Y ya le contó todo lo que había pasao y cómo ella había venido a vivir allí. Y el rey se abrazó a ella y abrazó a sus dos hijos, loco de alegría. Y se los llevó a su palacio, donde todos vivieron muchos años muy felices y comieron muchas perdices.

Y a mí no me dieron nada porque no les dio la gana.

36. EL DIABLO MAESTRO

Ésta era una madre que tenía tres hijas y las llevaba todos los días a un colegio. Y el diablo se metió a maestro y un día se enamoró de la más pequeña.

Güeno, pues la chica fue creciendo y el diablo, contimás iba creciendo la chica, más se enamoraba de ella. Y como ya no encontraba medio pa robarse a la niña, fue y hizo una urnia de cristal y un anillo dormidero. Y cuando la niña andaba jugando, fue y la cogió y le puso en un dedo el anillo dormidero y la niña se durmió en seguida. Y la cogió el diablo y la metió en la urnia de cristal y fue y la tiró al mar.

Y por ai andaban pescando el hijo del rey y un pescador y vieron que bajaba un bulto por el mar. Y el hijo del rey le mandó al pescador echar la barca y ya vieron que era la urnia de cristal. Y la fueron aorillando hasta que la cogieron.

Y ya vieron que en ella había una niña muy guapa. Y meneaban pa todos sitios, pero ella no se movía. Y entonces el hijo del rey le quitó el anillo y al momento se despertó. Y ella, al verse sola con ellos, empezó a gritar. Y ya le puso él el anillo y se volvió a dormir.

Y sin darles cuenta a sus padres, el hijo del rey se la llevó a palacio y la metió en su cuarto. Y allí la tenía sin que nadie lo supiera. Y el cuarto se lo barrían los criaos. Pero desde aquel día se llevaba él la llave y nadie podía entrar.

Pero un día se le olvidaron las llaves y las hermanas dijeron:

—Ahora podemos hacer que los criaos barran el cuarto.

Y fueron al cuarto y vieron la urnia de cristal y la dama guapa que estaba dentro de ella. Y como la curiosidá es tan grande, fue la mayor y le quitó el anillo y al momento la niña se despertó. Y entonces ellas tiraron el anillo en el cuarto y se salieron huyendo.

Y el hijo del rey, allá onde andaba, se metió la mano al bolsillo y vio que no traía la llave de su cuarto y dijo:

—Ahora ya soy descubierto.

Y volvió a casa y ya las hermanas les habían contao a sus padres lo que habían visto en el cuarto. Y al llegar, lo llamaron y le preguntaron pa qué tenía a aquella niña en su cuarto. Y les conto él como la había encontrao y que la tenía allí con el conqué de ser su esposa. Y ellos le dijon que no, que no se podía casar con ella porque no sabían de que linaje era, ni nada. Pero él dijo que no le importaba, que estaba enamorado de ella y que con ella se iba a casar. Y se casó con ella.

Y a los pocos meses enfermó el rey y se murió, quedando de rey el hijo y de reina la niña, su mujer. Y entonces tuvo que irse a reinar a otro reinao y dejó a su mujer encinta. Y tuvo la reina un niño muy guapo.

Y un día la agüela fue a por un caldo pa la reina que estaba en la cama. Y en el medio tiempo de esto, vino el diablo y le dijo:

—María, o me dices lo que viste o me das lo que pariste.

Y la niña le contestó:

—Ni te digo lo que vi, ni te doy lo que parí.

Y entonces el diablo le arrebató al niño de los brazos y lo magulló y se lo comió, y a ella le untó los labios de carne y de sangre pa que dijeran que ella se lo había comido.

Y en esto llegó la agüela con el caldo y le pregunta por el niño. Y la niña no le contesta nada. Pero ve la agüela la carne y la sangre del niño en sus labios y le dice:

—Pero, desgraciada, ¿qué te has comido a tu hijo?

Y la niña se consumía de dolor y de tristeza, pero no

decía palabra. Y la agüela, que creía que la madre se había comido al niño, la atracó de oprobios. Y ella nada contestaba.

Y ya llegó el rey a su reino y le salieron a recibir todos, menos la reina, su mujer. De dolor y de tristeza, ella no salió a recibir a su marido. Y la agüela le dijo al rey:

—Güena esposa que has cogido, hijo mío. Ha parido y se ha comido al hijo.

Y ya le contó como había pasao todo. Y el rey la dijo a su madre:

—¡Qué le vamos a hacer! De sus entrañas salió; a sus entrañas volvió.

Y ya entró el rey a ver a su mujer. Y ella se le echó a los brazos llorando de dolor, pero no le dijo lo que había pasao. Y siguieron viviendo como antes.

Pero al quedar ella encinta otra vez, tuvo el rey que irse otra vez a reinar a otro reino. Y mientras estaba el rey por allá, dio ella a luz, esta vez una niña muy hermosa, que era el vivo retrato de su madre. Y si antes estaban todos locos con el niño, más locos estaban ahora todos en el palacio con la niña. Y cuidaban a la madre y a la niña noche y día, y decía la agüela.

—No; a éste no se lo va a comer.

Más vino el diablo como antes y buscó ocasión cuando la niña estaba sola con su niña, y la dijo:

—María, o me dices lo que viste o me das lo que pariste.

Y la madre le contestó lo mismo que antes:

—Ni te digo lo que vi ni te doy lo que parí.

Y el diablo le arrebató a la niña de sus brazos y la magulló y se la comió. Y la untó a la madre los labios de carne y sangre otra vez. Y la pobre madre se desmayo, consumida de dolor.

Y llegó la agüela y al verla así, empezó a dar gritos. Y le dijo a la reina:

—Desgraciada, te has comido otra vez a tu hijo.

Y la atracó de oprobios más que antes. Pero la madre no decía palabra.

Y en esto volvió el rey a su reino y salieron a recibirle

todos, menos su mujer. Y ya le contó su madre que su mujer había parido una niña muy guapa y que se la había comido como antes al niño. Y le dijo que era una deshonra pa el palacio tenerla allí y que tenía que despedirla. Y el rey le dijo a su madre que no podía todavía porque tenía que ir a una feria, que esperaran hasta que volviera y entonces harían lo que ella quería.

Y fue él a ver a su mujer, que estaba todavía en al cama enferma de pena y de dolor. Y la preguntó por qué se comía a los hijos que tenía y ella no le decía palabra. Y entonces el rey la dijo que si no le decía, la mataba, y ella le dijo que por nada del mundo le decía lo que había pasao, que prefería la muerte. Y ya el rey dijo:

—Güeno; hay que dejarla. Al volver de la feria veremos qué hacemos con ella.

Y el día que se marchó pa la feria, les preguntó a sus hermanas qué querían que les trajera de la feria. Y la mayor le dijo que le trajera un vestido azul de piedra, y la menor uno verde de piedras. Y fue y le preguntó a su mujer, la reina, qué quería que le trajera a ella. Y ella le contestó:

—A mí quiero que me traigas una piedra de dolor y un cuchillo de amor.

Y se fue el rey pa la feria. Y en el camino decía:

—Pero y ¿pa que me pidió mi mujer una piedra de dolor y un cuchillo de amor?

Y llegó a la feria y halló fácilmente lo que le habían pedido sus hermanas. Pero la piedra de dolor y un cuchillo de amor no los pudo encontrar por mucho que los anduvo buscando y regresó a su palacio.

Y ya al llegar al palacio estaba por ai el diablo gritando:

—¡A la piedra de dolor y el cuchillo de amor! ¡A la piedra de dolor y el cuchillo de amor!

Y se detuvo el rey y le dijo:

—¡Eh, caballero! ¿Cuánto quiere usté por la piedra de dolor y el cuchillo de amor?

Y el diablo le contesta:

—Dos mil duros.

Y el rey le entregó los dos mil duros y le dijo:

—Tenga usté. Dichosa la hora en que encuentro esas cosas que me pidió mi mujer.

Y le entregó el diablo la piedra de dolor y el cuchillo de amor y se fue contento.

Y al entrar en el palacio, salieron sus hermanas a recibirle y se alegraron mucho cuando les entregó lo que le habían pedido. Y como su mujer no bajó, les preguntó a sus hermanas por qué no bajaba, y le dijon que estaba mala en la cama. Y entonces subió él a onde estaba y le dijo:

—Aquí tienes lo que me pediste, la piedra de dolor y el cuchillo de amor.

Y ella recibió todo sin decir palabra. Ni se puso contenta ni triste. Seguía tan triste como siempre y consumida de dolor. Y ya le dijo que se podía retirar. Y cuando ella le dijo que se retirara, sospechó él algo y hizo que se retiraba, pero se escondió debajo de la cama, al cerrar la puerta.

Y cuando ella creyó que se había retirao, cogió ella la piedra de dolor y el cuchillo de amor y los puso en la mesa. Y se levantó de la cama y cogió una silla y se sentó al pie de la mesa y empezó a decirles:

—Piedra de dolor, cuchillo de amor, ¿verdá que en un tiempo fui al colegio y el maestro se enamoró de mí y porque no le quise me echó en una urnia de cristal y me echó al mar?

Y la piedra de dolor y el cuchillo de amor decían:

—Sí, sí. Es verdá.

Y la piedra se partía de dolor al decir que sí.

Y luego dijo la niña:

—Piedra de dolor, cuchillo de amor, ¿verdá que del mar me salvó el hijo del rey y después me llevó a su casa y se casó conmigo?

Y contestaban la piedra y el cuchillo:

—Sí, sí. Es verdá.

Y la piedra se partía más y más, al decir que sí.

Y dijo después la niña:

—Piedra de dolor, cuchillo de amor, ¿verdá que a los pocos meses enfermó el rey y murió; y el hijo del rey quedó de rey y tuvo que ir a reinar a otro reinao y me dejó encinta y tuvo un niño, y vino el maestro y me lo arrebató y se lo comió y me untó los labios de la carne y de la sangre pa que todos creyeran que yo misma me lo había comido?

Y la piedra y el cuchillo contestaban:

—Sí, sí. Es verdá.

Y más y más se partía la piedra. Y entonces dice la niña:

—Piedra de dolor, cuchillo de amor, ¿verdá que después se volvió a ir el rey a reinar a otro reinao y me dejó encinta otra vez y tuve una niña, y que ésta me la arrebató de la misma manera el maestro y se la comió y me untó otra vez los labios de la carne y de la sangre pa que todos creyeran que yo misma me la había comido?

Y la piedra y el cuchillo contestaban otra vez:

—Sí, sí. Es verdá.

Y la piedra ya se partía en mil pedazos al decir que sí.

Y por fin, dijo la niña:

—Piedra de dolor, cuchillo de amor, ¿verdá que mi suegra le dijo al rey que yo me había comido a mis hijos y que le dijo al rey que me echara del palacio?

Y la piedra y el cuchillo contestaban como siempre:

—Sí, sí. Es verdá.

Y ya la piedra se estaba acabando de partirse de dolor.

Y entonces es cuando la niña coge el cuchillo de amor en la mano y dijo:

—Si la piedra se parte de dolor ¿cómo no se partirá mi corazón?

Y ya iba a clavarse el cuchillo de amor en el corazón, cuando salió el rey de onde estaba escondido y se lo detuvo. Y ya entonces el rey entendió cómo había pasado todo. Y le dijo a su mujer que olvidara su pena y que serían felices otra vez.

37. SIETE RAYOS DE SOL

Éste era un rey que no tenía hijos y echó una promesa pa que su mujé tuviera un hijo. Y Dios le dio un hijo tan hermoso que no había en to el mundo otro más hermoso que él. Y además, era tan jugaor, que siempre estaba jugando y a to el mundo le ganaba. Y cuando les había ganao a toos y ya no le quedaba en el mundo con quien jugá, puso su sombrero a un lao e la mesa y él se sentó al otro lao y se puso a jugá con su sombrero.

Pero vamo, que al dale las cartas, su sombrero se gorvió una paloma que empezó a jugá con él. Y le ganó la paloma too sus intereses y too su dinero. Y entonces es cuando dijo él:

—Pu güeno, ya me has ganao too mis intereses y too mi dinero. Ahora vamo a jugá los vestidos.

Conque empezaron otra vez a jugá y le ganó la paloma los vestidos.

Y dijo entonce él:

—Pu güeno, ya que me has ganao los intereses y los vestidos, vamo ahora a jugá mi vida.

Y otra vez jugaron y ganó la paloma otra vez. Y ya la paloma le dice entonce:

—Mira, ya que te he ganao la vida, la vamo a gorvé a jugá.

Y jugaron otra vez la vida y otra vez se la gorvió a ganá la paloma. Pu entonce le dice la paloma:

—Ya me voy. Quéate viendo por onde yo me voy y me sigues después y llegarás al Castillo de Siete Rayos de Sol, que es onde yo vivo. Si no, vengo yo a buscarte pa sacarte de aquí y despedazarte.

Y en eso dio un güelo y se fue.

Y va entonces el muchacho y le cuenta al rey su padre lo que ha pasao. Y el padre le dice:

—Pu na, hijo mío. No hay más que cojas un güen caballo y te vayas a buscá el Castillo de Siete Rayos de Sol.

Y cogió él el mejor caballo que tenía su padre y se marchó. Y en el camino onde iba se encontró con una almita [6] y se

---

[6] La alternancia *r - l* es frecuente en formas vulgares del español –especialmente en zonas del sur de España–, de manera que, así como a menudo oímos «arbañil» por «albañil», en esta versión granadina de Espinosa encontramos «almita» por «ermita» y «almitaño» por «ermitaño». En el mismo texto el folclorista transcribe «álboles» por «árboles» y «pal» por «par».

apeó y ató el caballo y vido a un almitaño que le daba la barba al estómago. Y dijo enseguía:

—Mal te quieren los que te envían aquí. Ya sé que vienes a buscá el Castillo de Siete Rayos de Sol. Aquí está cerca y vienen tres palomas toos lo días a bañarse al río. Hoy van a vení. Las dos mayores entrarán en seguía y la menó no va a queré entrá. Pero por fin entrará, y tú vas y te escondes en una junquera, y cuando la menó entre a bañarse, vas y le quitas sus vestidos. Y ésa, la menó, es Siete Rayos de Sol, la princesa menó de las tres hijas del diablo, que es el rey del Castillo de Siete Rayos de Sol.

Conque vamo, que fue el muchacho y se escondió en una junquera que estaba ai cerca del río. Y vido que llegaron las tres palomas. Y al llegar a la orilla del río, se gorvieron tres hermosas princesas. Y en seguía las dos mayores se desvistieron. Y fue primero la mayó y dijo:

—Yo, mujé —y se tiró en el agua.

Y entonce fue la segunda y dijo:

—Yo, mujé —y se tiró tamié en el agua.

Y las dos entonce es cuando le dijeron a la menó:

—Vamo, ¿que tú no entras en el agua?

Y ella dijo:

—No pueo ahora porque vengo retentaílla de un doló.

Y era que sabía que aquél estaba allí escondido y tenía miedo que le robara la ropa. Y ya le dijo la mayó:

—Pero siempre vienes con nosotras. No se por qué hoy no vienes.

Y ya dijo la menó:

—Güeno, pu pa no dales a ustedes un disgusto vi a entrá.

Y al momento en que se quitó las ropas y entró en el agua, salió aquél y le robó sus vestidos.

Despué salieron las dos mayores y se vistieron y se gorvieron palomas y se fueron volando pa su casa. Y la menó salió y le dijo al muchacho:

—Ya sé que vienes en busca del castillo de mi padre. Toma este anillo.

Y el joven entonce le dio sus vestidos y se vistió ella y se gorvió paloma y le dijo:

—Móntame y vamo ahora mismo al castillo.

Y llegaron al castillo y salió el diablo, que era la paloma que había jugao con él y le había ganao la vida, y el muchacho lo saluda y le dice:

—Dios guarde a usté. Ya estoy yo aquí.

Y el diablo le contesta:

—Hombre, me alegro, que ya estaba poniéndome el calzao pa í a buscarte.

Y ya le coge aparte y le dice:

—Pu na; te vi a quitar la vida porque te la he ganao. Pero mira; te la perdono si haces una cosa. Toma este azadón y estas varillas. Vas ahora a aquella sierra de piedra y plantas toas las varillas, y pa medio día me traes frutas de toos esos árboles.

Conque coge el pobre muchacho las varillas y el azadón y se va a la sierra, y al vela toa de piedra se pone a llorá. Y asina llorando como estaba, se restregó los ojos con el anillo y se acordó de Siete Rayos y dijo:

—Siete Rayos de Sol, ayúdame.

Y se le presentó al momento Siete Rayos y le preguntó qué le pasaba. Y él le dijo:

—¡Qué me ha de pasá! Que tu padre me ha dao este azadón y estas varillas y me ha mandao que vaya y las planta en aquella sierra de piedra y que pa medio día le lleve las frutas de los árboles.

Y le dice ella:

—Échate en mi falda y no te apures.

Y se echó en su falda y se durmió, y cuando ispertó, ya estaban los árboles en la sierra de piedra llenos de fruta.

Y cogió él la fruta y se la llevó al diablo y le dijo:

—Señó, aquí está la fruta ya.

Y el diablo al verla, le dijo:

—Güeno, hombre; está bien. Pero máteme Dios si mi hija Siete Rayos no anda en esto.

Y el muchacho le dijo:

—Yo no conozco a su hija ni a usté, y a mi casa me voy.

Pero el diablo le dijo entonce:

—Güeno; eso está mu bien. Pero ahora tienes que hacerme un molino con siete piedras moliendo a la pal, que al ruido de las piedras, me ispierte yo de la siesta. Si haces eso, tienes perdoná la vida.

Conque otra vez salió el pobre muchacho llorando.

Y se restregó otra vez los ojos con la mano y al ver el anillo, se acordó de Siete Rayos y dijo:

—Siete Rayos de Sol, ayúdame.

Y en seguía se presentó Siete Rayos y le dijo:

—Pues ahora, ¿por qué lloras? ¿Qué te pasa?

—¡Qué me ha de pasá! —dice el muchacho—. Le he llevao a tu padre las frutas y ahora dice que tengo que hacerle un molino con siete piedras moliendo a la pal, y que al ruido de las piedras se ispierte él de la siesta.

Y le dijo ella:

—Tomas estas cenizas y vas y las echas por ai y verás como saldrá el molino.

Y cogió é las cenizas y las echó por ai cerca del diablo, y en seguía salió un molino con siete piedras moliendo a la pal. Y tanto era el ruido que hacían las piedras, que se ispertó el diablo de su siesta. Y el muchacho le dijo:

—Señó, aquí tiene usté el molino con las siete piedras moliendo a la pal.

Y dijo el diablo:

—Está mu bien. Pero máteme Dios si mi hija Siete Rayos no anda en esto.

Y él le dijo:

—Ya le he dicho a usté que yo no conozco a su hija ni a usté, y a mi casa me voy.

Pero el diablo le dijo:

—No, señó, que tavía farta lo prencipá. Una vez que pasaron mis tataragüelos por el Estrecho e Gibrartá, se les cayó en el mar una sortija, y ahora quiero que vayas y la saques y me la traigas.

Se salió entonce el joven del palacio y dijo:

—Ahora sí me ha cogío. Porque, ¿cómo vi a sacá el anillo del mar?

Y se restregó una mejilla y vido el anillo y se acordó de Siete Rayos y dijo:

—Siete Rayos de Sol, ayúdame.

Y llegó en seguía Siete Rayos y le dijo:

—¿Qué te pasa ahora?

—¡Qué me ha de pasá! —dice él—. Ahora me ha dicho tu padre que tengo que sacá del mar y llevale un anillo que se les cayó a sus tataragüelos cuando pasaban por el Estrecho e Gibrartá.

Y ella le dijo entonce:

—Pu toma este puñal y me matas, y coges bien toa la sangre y me echas en el mar.

Y él le dijo:

—Pero yo, ¿cómo te vi a matá?

Y ella le dijo entonce que si él no la mataba, el diablo los mataría a los dos, y que cuando él la echara al mar, ella saldría con la sortija del fondo del mar.

Y va él y coge el puñal y la mata y la echa en el mar. Pero se le cayó una gota e sangre en la tierra. Y en unos momentos salió ella viva y con el anillo. Y si hermosa estaba antes, más hermosa estaba cuando salió del fondo del mar. Pero como se le había caío una gota e sangre, salió ella manca de un deo.

Pu güeno; se fue el muchacho y le entregó al diablo el anillo. Y el diablo le dijo:

—Mu güeno, mu güeno, hombre. Pero máteme Dios si mi hija Siete Rayos no anda en esto.

Y él le dijo:

—Ya le he dicho que yo no conozco a su hija ni a usté y que a mi casa me voy.

Pero el diablo le dijo:

—Ahora te vas a casá con una de mis hijas.

Y quería casalo con una pa matalo. Y fue y lo llevó al palacio. Y les mandó a sus tres hijas que metieran un deo por debajo e la puerta y que él escogiera una pa que se casara con él. Y Siete Rayos metió el deo que tenía manco y asina la conoció él.

—¿Quién es? —preguntó el diablo.

—Siete Rayos.

—Ya yo mu bien lo sabía —dijo el diablo.

Conque arreglaron las bodas y se casaron el joven y Siete

Rayos. Y esa noche el diablo tenía intención de matalos a los dos.

Se fueron a acostá, y Siete Rayos le dijo a su marido:

—Mi padre nos quiere matá. Ahora vas tú a la cuadra y verás dos caballos. El más flaco es el del pensamiento y ése traes y nos vamos. No vayas a escogé el gordo, que ése es el del viento.

Y mientras él fue por el caballo, echó ella tres salivazos en un vaso pa que hablaran cuando se fueran. Y subió él con el caballo gordo, y le dice ella:

—¡Ay, Dios mío! ¿Qué has hecho? ¡Ahora semos perdíos! Pero, ¡vamo pronto!

Y se montaron en el caballo y echaron a corré.

Y el diablo dijo:

—Ya aquéllos estarán dormíos. Ahora vi a matalos.

Y llegó a la puerta y dijo:

—¡Siete Rayos! ¡Siete Rayos!

Y uno de los salivazos contestó:

—Mande usté, padre.

Y se retiró el diablo y dijo:

—¡Caramba, que tavía están ispiertos!

Y poco después llegó otra vez a la puerta a vé si estaban dormíos y dijo:

—¡Siete Rayos! ¡Siete Rayos!

Y el segundo salivazo, ya poco seco, contestó en voz baja:

—Mande usté, padre.

Y dijo él:

—Ya se van durmiendo —y se retiró.

Y ya a la media noche llegó otra vez y llamó:

—¡Siete Rayos! ¡Siete Rayos!

Y entonce, el tercer salivazo, que ya estaba casi todo seco, dijo, que apenas se oía:

—Mande usté, padre.

Y el diablo dijo:

—Ya están casi bien dormíos.

Y poco después entró en la habitación y no encontró a naide y dijo:

—Ya me lo figuraba. Ya se han escapao, pero los seguiré y los mataré.

Y fue y se subió en el caballo del pensamiento y se marchó a alcanzarlos. Y cuando ya iba alcanzándolos, se gorvió un bicho pa matalos. Y gorvió el muchacho la cara y lo vido venir y le dijo a Siete Rayos:

—¡Mira, allá viene una fiera que nos agarra!

Y tiró ella un peine y se gorvió un montarral [7] de peines que se tardó mucho tiempo pa pasá. Y poco después gorvió el muchacho la cara otra vez y vido venir otra vez a la fiera y dijo:

—¡Mira, allá viene una fiera que nos agarra!

Y le dijo ella entonce:

—Toma esta navaja y tírala por la cola del caballo.

Y la tiró y se gorvió un montarral de navajas, que el pobre diablo salió hecho peazos de las heridas que llevaba. Pero tavía iba siguiéndolos. Y cuando ya se acercaba otra vez, lo vido el muchacho y le dijo a Siete Rayos:

—¡Allá viene una fiera que nos agarra!

Y le dio ella un pañao e sal y le dijo:

—Tira esa sal por la cola del caballo.

Y la tiró y se gorvió un montarral de sal, y al pasar, se le metió al diablo en toas las heridas y daba unos gritos que temblaba la Tierra. Pero tavía iba siguiéndolos.

Y cuando ya los iba alcanzando otra vez, lo vido otra vez el joven y le dijo a Siete Rayos:

—¡Allá viene una fiera que nos agarra!

Y le dio ella entonce un sombrero y le dijo:

—Tíralo por la cola del caballo.

Y lo tiró y se gorvió una sima y allí cayó el diablo y ya no pudo salí.

Y se marcharon ellos y él gritó a Siete Rayos:

—¡Permita Dios que te olvide tu marío!

---

[7] El vocablo *montorral* podría parecer una mezcolanza popularizante de montón y matorral, pero recordemos que una de las acepciones de *mons,* palabra latina de la que derivan todas estas formas, era precisamente la de arboleda o matorral.

Y ya llegaron al pueblo onde vivía el joven y la dejó a ella en una fuente y él llegó primero. Y ella le dijo:

—Que no te abrace naide, porque si arguno te abraza, me orvidas.

Y llegó y salieron sus padres y les dijo él:

—No me abrace naide. Apaña las carrozas, que voy por mi mujé.

Y en esa media llega la agüela y corre y dice:

—¡Ay, nieto mío!

Y le abrazó y al momentó orvidó a su mujé. Le dio er sueño de San Juan y no se gorvió ya a acordá de ella.

Conque ya Siete Rayos, cansá de esperar, se dio cuenta de lo que pasaba y les dijo a las criás del palacio que iban a la fuente si querían una criá en el palacio. Y fueron las criás y le dijeron al rey que había una moza en la fuente que quería serví, y él les dijo que viniera. Y Siete Rayos se puso a serví en el mismo palacio onde estaba su marío, pero él ni se acordaba de ella.

Y ya con el tiempo, fue él y se echó una novia y echaron torneos pa casarse. Y era la costumbre en esos tiempos regalales anguna cosa a los criaos del palacio el que se casaba. Y a toos le daba lo que pedían. Y ya le preguntó el préncipe a Siete Rayos:

—A ti, ¿qué quieres que te regale?

Y ella le dijo:

—A mí una piedra de tusón [8] y un cuchillo sin honor.

Conque ya estaba pa casarse el préncipe, cuando hizo un viaje a una capital pa comprá toos los regalos. Y too lo encontró, meno los regalos pa Siete Rayos. Y andando y buscando, llegó ande estaba un viejo y le dice:

—Diga usté, señó, ¿tiene usté pa vendé una piedra de tusón y un cuchillo sin honor?

---

[8] *Tusón* y *touisón* significan ambos «vellón» o «vellocino» cortados de un animal, y proceden del vocablo latino *tonsus,* equivalente a «esquilado». Aquí se emplea en relación con la «piedra del toisón» o «toisón de oro» de la Orden de Caballería que, en memoria del vellocino rescatado por el héroe griego Jasón, utilizaba este distintivo.

Y le contestó el viejo:

—Me quedan los úrtimos.

Y se los compró y se fue pa su palacio. Y llegó y les dio a toos sus regalitos. Y como no comprendía pa qué quería la criá aquella la piedra de tusón y el cuchillo sin honor, dijo:

—Cuando la de a la criá aquella sus regalos, me vi a escondé pa vé que hace con ellos.

Y fue y la llamó y le dio sus regalos y se hizo el que se iba, pero se metió detrás de la puerta. Y vido que cogía ella los dos regalos y los puso en la mesa. Y entonces es cuando le dijo Siete Rayos a la piedra:

—Piedra de tusón, ¿no fui yo quien plantó las varillas en la sierra de piedra, onde salieron luego los álboles pa que llevara el préncipe la fruta a mi padre pa medio día?

Y la piedra contesto:

—Sí, sí; tú fuiste.

Y entonce ya aquél comenzaba a recordá argo. Y dijo entonce Siete Rayos:

—Piedra de tusón, ¿no fui yo quien hizo un molino de siete piedras moliendo a la pal, que del ruido que hacían se ispertó el rey mi padre?

Y la piedra contesto:

—Sí, sí; tú fuiste.

Y ya aquél ya iba recordando. Y dijo entonces Siete Rayos:

—Piedra de tusón, ¿no fui yo quien sacó el anillo del mar después de que el préncipe me mató y me echó en el mar?

Y la piedra contesto:

—Sí, sí; tú fuiste.

Y el préncipe ya iba recordando too y dijo:

—¡Dimoño, si eso me ha pasao a mí!

Y entonce dijo Siete Rayos:

—Cuchillo sin honor, ¿qué merezco yo?

Y el cuchillo le contestó:

—Que te des muerte la conmigo, Siete Rayos.

Y al oír el nombre de ella, se acordó de too. Y entonce es cuando ella cogió el cuchillo y se iba a da la muerte con él, cuando salió el préncipe de onde estaba escondido y la sujetó y le dijo:

—Siete Rayos, perdóname, que yo soy tu marío y te había orvidao.

Y entonce salió y les dijo a toos que Siete Rayos era su mujé. Y la otra novia se quedó con el rabillo arzao y él se quedó con su mujé.

38. ESTRELLITA DE ORO

Éstos eran un rey y una reina que tenían una sola hija. Y se murió la madre y se volvió a casar el rey. Y todo iba muy bien hasta que la nueva reina tuvo una hija. Desde entonces la madre reina ya no quiso a la primera y comenzó la maltratarla. Y cuando ya creció la hija de la nueva reina, más mal trataban a la primera. La enviaban a lavar la ropa, a por agua a la fuente y a hacer otros quehaceres, y la hija de la reina se quedaba en casa y no hacía nada.

Conque un día envió la madrastra a la muchacha a lavar y le dio ropa llena de tizne, una cortecilla de jabón y un puchero de sopa. Y le dijo la madrastra:

—Tienes que traer la ropa mu blanca, mu blanca, dos libras de jabón y el puchero lleno de sopa.

Y salió la muchacha muy triste y se encontró con una agüelilla, que era la Virgen. Y le dice la Virgen:

—¿Por qué vas tan triste?

Y la muchacha le contesta:

—Mire usté, que me ha enviao mi madrastra a lavar estas ropas al río y están llenas de tizne, y me ha dao esta cortecilla de jabón pa lavarla y este puchero de sopa pa comer. Y me ha dicho que vuelva con la ropa mu blanca, mu blanca, con dos libras de jabón y con un puchero lleno de sopa.

Y la Virgen le dice:

—Pues mira; no te apures. Toma esta cesta y mete en ella la ropa y el jabón, y cómete la sopa y después mira pal cielo.

Y así lo hizo la muchacha. Y cuando miró pal cielo, le cayó una estrellita de oro en la frente. Y luego fue a ver la cesta y la ropa estaba ya blanca, mu blanca y había dos libras de jabón. Y fue y se comió el puchero y en seguida se volvió a llenar.

Conque cogió todo la muchacha y se marchó pa su casa. Y cuando la madrastra la vio, le dijo:

—¿Has hecho lo que te he dicho que hicieras?

Y le entregó la muchacha todo. Y cuando le vio la estrellita en la frente le preguntó cómo había sido eso. Y ya le contó la muchacha cómo la agüelilla le había dao todo eso y que le había dicho que mirara pal cielo y le había caído la estrellita de oro.

Conque la madrastra envidiosa llamó a su hija y le dice:

—Ahora vas tú a lavar la río y llevas lo que la otra pa que vuelvas tú también con una estrellita de oro en la frente.

Y fue su hija con lo mismo que la otra. Y la encontró la agüelilla y por envidiosas que eran ella y su madre, Dios las castigó. La Virgen le dijo que metiera toda la ropa y el jabón y el puchero en la cesta y que mirara pal cielo. Y así lo hizo la muchacha. Y miró pal cielo y le cayó un rabo de burro en la frente. Y cuando fue a sacar la ropa de la cesta, la encontró negra, negra, el puchero estaba vacío y no había jabón. Y así se marchó a su casa con el rabo de burro en la frente.

Cuando llegó a casa, la madre se puso muy furiosa y más y más maltrataba a la otra. Y la gente le decía Rabo de Burro y a la otra Estrellita de Oro. Y la madrastra metió a Estrellita de Oro en la cenicera pa limpiar la cocina y sacar las cenizas. Y cuando llegó el domingo, dejaron a Estrellita de Oro en la cenicera y la madre y Rabo de Burro fueron a misa en coche. Y a pesar de que tenía un rabo de burro en la frente, la madre la vestía siempre mu bien pa que no pareciera tan fea. Y la gente decía:

—¡Riao, riao, riao! ¡Estrellita de Oro en la cenicera está! ¡Y Rabo de Burro en el coche va!

Conque ya una vez tuvo que ir el padre a un viaje mu largo. Y fue y les preguntó a sus hijas qué querían que les trajera. Y la Rabo de Burro dijo que ella quería un traje mu bonito, un sombrero de plumas y unos zapatos. Y Estrellita de Oro le dijo a su padre que todo lo que ella quería era que le trajera una varillita del primer árbol que encontrara.

Y se marchó el rey y lo primero que vio al salir fue un árbol y se apeó y cortó una varillita pa su hija. Y ya llegó a una ciudá y allí compró el traje, el sombrero y los zapatos pa la otra. Y volvió y les dio a sus hijas lo que habían pedido.

Cuando unos días después, dio un rey vecino un baile porque era soltero y quería buscar novia. Y la madrastra fue y vistió a Rabo de Burro mu elegante pa que fuera al baile. Y a Estrellita de Oro la echó lantejas en las cenizas y le dijo que las limpiara. Y la dejaron en la cenicera y se fueron al baile en un coche mu rico.

Y la Estrellita de Oro cogió entonces su varillita, que era una varillita de virtú que la Virgen le enviaba, y fue y dijo:

—¡Pajarillos, pajarillos, veniz a ayudarme!

Y vinieron muchos pajarillos y le limpiaron las lantejas en un momento. Y entonces le pidió la Estrellita de Oro a la varillita de virtú un vestido mu rico de plata, de oro y de encajes y unos zapatos de oro pa ir al baile. Y se salió por la chimenea y se fue al baile tan campante en un coche muy elegante.

Y llega al baile y sale en seguida el rey a bailar con ella. Y venga a bailar y venga a bailar el rey con ella. Y se enamoró de ella y le dijo que si quería casarse con él. Y Estrellita de Oro sólo le decía que más tarde le contestaría. Y Rabo de Burro y su madre, muertas de envidia sin conocerla.

Y cuando ya era tarde, dijo Estrellita de Oro que tenía que irse. Y el rey montó en su coche y la acompañó a la puerta de su casa. Y en el camino ya le dio ella promesa de casamiento y ya eran novios, y dijo ella que vendría otra vez al baile. Y en seguida cuando llegó a su casa, le dijo a su varillita de virtú que la volviera como antes, y otra vez se vio en la cenicera.

Y ya llegaron Rabo de Burro y su madre del baile y decían:

—¡Ay, que muchacha más bonita estaba en el baile!

¿Quién será? ¿Quién será? Y venga a bailar y venga a bailar con el rey toda la noche. ¿Quién será? ¿Quién será?

Y contestaba Estrellita de Oro:

—Mas si sí, mas si no, ¿si sería yo? Mas si sí, mas si no, ¿si sería yo?

Y le decía la madrastra:

—¡Anda, gorrina, qué has de ser tú!

Y ya se llegó la segunda noche de baile y otra vez vistió la madre a Rabo de Burro mu elegante y se marcharon pal baile. Y a la Estrellita de Oro le echaron otra vez lantejas en las cenizas y le dijeron que las limpiara. Y cogió ella su varillita de virtú y llamó otra vez a los pajarillos a que le ayudaran a limpiar las lantejas:

—¡Pajarillos, pajarillos, veniz a ayudarme!

Y en seguida vinieron y le limpiaron las lantejas. Y le pidió entonces a la varillita un traje de oro y de plata y de los colores de todas las flores del mundo. Y se fue al baile en un coche más elegante que la noche primera.

Y el rey ya la estaba esperando porque ya eran novios. Y al momento que llegó, la sacó a bailar. Y venga a bailar y venga a bailar toda la noche con ella otra vez. Y ya muy tarde, dijo ella que tenía que irse a su casa, que otra noche vendría otra vez. Y el rey la acompañó a su casa. Y cuando llegó, le pidió a su varillita de virtú que la pusiera como antes. Y cuando llegaron las otras, hallaron a Estrellita de Oro en la cenicera y todas las lantejas ya limpias como antes. Y otra vez decían:

—¡Ay, que guapa estaba esta noche la princesa! ¿Quién será? ¿Quién será?

Y contestaba Estrellita de Oro:

—Mas si sí, mas si no, ¿si sería yo? Mas si sí, mas si no, ¿si sería yo?

Y la madrastra, llena de envidia, le decía:

—¡Cállate, gorrina! ¡Qué has de ser tú!

Otro día cuando se llegó la noche, vistió la reina a Rabo de Burro más elegante que nunca y se marcharon al baile. Y a Estrellita de Oro le echaron otra vez lantejas en las cenizas pa que las limpiara. Y luego que se marcharon, llamó otra vez a los pajarillos:

—¡Pajarillos, pajarillos, veniz a ayudarme!

Y vinieron en seguida y se las limpiaron. Y le pidió entonces a su varillita de virtú un traje más rico y más precioso que los otros y de campanillas de oro y de plata que fueran sonando. Y se vistió y se marchó al baile en un coche tirao por seis caballos blancos.

Y el rey ya la estaba esperando y en seguida la sacó a bailar. Y venga a bailar y venga a bailar con ella toda la noche. Y la llevó al comedor a comer y Rabo de Burro y su madre llenas de envidia. Y se descuidó y se estuvo mu tarde en el baile, y cuando le dijo al rey que ya tenía que marcharse, echó a correr y se le salió un zapato y el rey lo cogió. Y se marchó ella sola esa noche pa su casa. Y llegó y la varillita la puso como estaba antes.

Y llegaron otra vez aquellas a casa y decían:

—¡Ay, pero que guapa estaba la princesa esta noche! ¿Quién será? ¿Quién será? Y al salir del baile se le perdió un zapato y lo cogió el rey. Y dice el rey que se casa con la dueña de ese zapato. ¿Quién será? ¿Quién será?

Y contestaba Estrellita de Oro:

—Mas si sí, mas si no, ¿si sería yo? Mas si sí, mas si no, ¿si sería yo?

—¡Cállate, tú, gorrina sucia! ¡Qué has de ser tú!

—Le decía la madrastra.

Otro día salió el rey por el pueblo donde vivía la reina, buscando a la muchacha que le viniera el zapato de oro. Y por todas las casa que iba el rey con el zapato y una se cortaba un dedo y otra dos, pero a ninguna le venía el zapato.

Y ya llegaron a la casa de la reina y fue Rabo de Burro y se cortó medio pie, pero no así le vino el zapato. Y entonces preguntó el rey si había otra muchacha en la casa. Y contestó la reina que no, que sólo quedaba la que estaba en la cenicera, pero que ésa era mu fea y mu sucia. Y dijo el rey que la llamaran. Y cuando fueron a llamarla salió Estrellita de Oro vestida con su traje de oro y plata y de campanillas y con solo un zapato de oro. Y el rey al verla, la reconoció y la puso el otro zapato, que le vino perfectamente. Y se la llevó a su palacio y se casó con ella. Y a la madrastra y a la hermana las perdonó.

Y fueron mu felices y comieron muchas perdices y a mí me dieron con los güesos en las narices.

39. LA NEGRA Y LA PALOMA

Éste era un rey que tenía un hijo. Y murió el padre y quedó el hijo de rey. Pero como estaba soltero, le dijo a su madre la reina que iba a salir por el mundo a ver si encontraba novia con quien casarse. Y le dio la madre mucho dinero y se marchó.

Y venga a caminar y venga a caminar, hasta que ya tenía mucha hambre y mucha sé, pero no encontraba ni comida ni agua. Y venga a caminar y venga a caminar, hasta que ya se encontró tres naranjas. Y se apeó de su caballo y las cogió y dijo:

—Güeno, pues gracias a Dios que ya he encontrado siquiera con qué mojarme los labios.

Y va y parte una naranja. Y al partirla, salió de la naranja una dama muy guapa y le dijo:

—Dame pan.

Y le dice él:

—No te puedo dar pan porque no lo tengo.

—Pues si no tienes pan, dame agua.

Y le dice él:

—No te puedo dar agua porque tampoco la tengo.

Y entonces dijo la dama:

—Pues entonces a mi naranja me vuelvo.

Y se metió otra vez en la naranja y quedó la naranja como antes de partirla.

—Güeno, pues, entonces se puso el rey muy triste y dijo:

—¡Ay, si yo tuviera pan y agua! ¿De qué me sirve ser rey y llevar tanto dinero cuando no encuentro ni pan ni agua que comprar?

Y otra vez se marchó camino alante. Y ya otra vez se moría de hambre y sé y dijo:

—Pues no hay más remedio que partir otra naranja.

Y partió otra naranja y salió de ella otra dama, más guapa que la otra, y le dijo:

—Dame pan.

Y él le contesta:

—Pero si no lo tengo, ¿de dónde te lo voy a dar?

Y dice entonces ella:

—Pues si no tienes pan, dame agua.

Y él le dice:

—Pero si tampoco agua tengo ¿de dónde te la voy a dar?

Y dice ella:

—Entonces a mi naranja me vuelvo.

Y se metió en su naranja y la naranja quedó como antes.

Y ya el rey iba muy triste y desconsolao y decía:

—¡Ay, si yo tuviera pan y agua! ¿De qué me sirve ser rey y llevar tanto dinero si no encuentro pan y agua que comprar?

Y venga a andar y venga a andar, hasta que ya no podía aguantar el hambre y la sé que llevaba. Y dijo por fin:

—Pues no hay más remedio que partir la última naranja pa mojarme los labios. Pero si no tengo pan ni agua, ¿de qué, de qué me sirve partirla, porque me pasará como con las otras dos?

Y venga a andar y venga a andar, hasta que llegó ande estaba una fuente agua cristalina. Y bebió agua y dijo:

—Voy ahora a partir la última naranja.

Y la partió y salió de ella una dama mucho más guapa que las otras, y al momento le dijo:

—Dame pan.

Y le dice él:

—No te puedo dar pan porque no lo tengo.

Y entonces le dijo la dama:

—Pues si no tienes pan, dame agua.

Y entonces le dijo él:

—Beba usté de esta agua cristalina.

Y bebió ella agua y le dijo él:

—Tú tienes que ser mi novia y contigo me he de casar y serás reina.

Y ella le dijo que sí, y le dijo él entonces que iba a por una carroza al palacio pa llevarla. Y la dejó en un árbol mientras él iba al palacio.

Y en ese medio tiempo que el rey se fue al palacio, llega una negra a la fuente con un cántaro a por agua. Y ve a la dama que se reflejaba en el agua y dice:

—¡Oy, siendo yo tan blanca y tan hermosa y yendo a la fuente a por agua! ¡Rómpete, cántaro!

Y tiró el cántaro y lo rompió. Y se va entonces a su casa. Pero al llegar, se ve en el espejo y ve que está tan negra como siempre y dice:

—Pero, ¿cómo es esto?

Y se va a la fuente a por agua otra vez. Y llega y ve a la dama que se reflejaba en el agua y dice:

—¡Oy, siendo yo tan blanca y tan hermosa y yendo a la fuente a por agua! ¡Rómpete, cantarete!

Y tiró otra vez el cántaro y lo rompió. Y entonces la dama se ríe y la ve la negra. Y al punto dice:

—Oye, ¿quieres que suba a peinarte?

Pero aquélla le dice que no. Y otra vez le dice:

—Oye, ¿quieres que suba a peinarte?

Pero aquélla le decía que no. Y tanto le estuvo ensistiendo, que ya dijo la dama que estaba güeno, que subiera a peinarla. Y sube la negra a peinarla y le hinca un alfiler en la cabeza, y al punto la dama se vuelve paloma. Y echa a volar la paloma y la negra va y se pone en el árbol.

Y llega el rey a por su novia y ve a la negra y le dice:

—¡Ay, que te he dejao tan blanca y tan hermosa y ahora tan negra que estás!

Y dice la negra:

—Es que con el sol me he puesto morena.

Y el rey no tiene más remedio que llevarla al palacio. Y la madre, cuando la ve, le dice al rey:

—Pero ¿cómo es esto? ¿No me has dicho que tu novia era muy blanca y muy hermosa?

—Y él le dice:

—Sí, que era muy blanca, pero con el sol se ha puesto morena.

Y la negra dice:

—Sí, sí; es que con el sol me he puesto morena.

Güeno, pues se casaron. Y un día llegó la palomita al jardín del palacio y se acercó ande estaba el jardinero y le dijo:

—Jardinerito pulido, ¿cómo le va al rey con la reina mora? ¿Canta, ríe o llora?

—Unas veces canta y otras veces llora.

Y al otro día sucedió lo mismo. Llegó la palomita ande estaba el jardinero y le dijo:

—Jardinerito pulido ¿cómo le va al rey con la reina mora? ¿Canta, ríe o llora?

Y el jardinero le contestó como antes:

—Unas veces canta y otras veces llora.

Y ya el jardinero entonces fue y se lo contó al rey. Y dijo el rey:

—Pues mañana voy yo al jardín.

Y fue otro día al jardín y se tumbó cerca de un rosal, haciéndose el dormido. Y llegó la palomita y se puso a cantar en el rosal y él la cogió y se la llevó al palacio. Y la negra, como ya sabía todo, al momento que le vio entrar con la palomita, le dijo:

—¡Oy, qué cosa más asquerosa y fea!

Pero el rey no hizo caso y llevó la palomita a la mesa, ande iban a comer. Y cuando los criaos pusieron los manteles y los cubiertos, fue la palomita y echó una cagada en el plato de la negra:

Y decía la negra:

—¡Oy, pero qué cosa más asquerosa! ¡Sacarla y matarla! ¡Oy, qué asquerosidá!

Pero el rey seguía acariciando a la palomita, y fue la palomita y echó una perla en el plato del rey. Y el rey entonces la coge y empieza a manusearla, hasta que le encuentra el alfiler y dice:

—¡Toma! ¡Si tiene la palomita un alfiler hincao en la cabecita!

Y se lo saca y al punto se vuelve la dama que era antes. Y se abraza el rey a ella y le dice:

—Tú eres mi reina.

Y al momento que la palomita se volvió otra vez la dama, la negra se volvió un grajo muy viejo y muy feo, y salió volando y diciendo:

—¡Gra, gra, gra, por aquí va! ¡Gra, gra, gra, por aquí va!

40. EL CASTILLO DE OROPÉ

Éste era un padre que tenía tres hijas. Y su oficio era de escobero. Y un día salió a coger escobas y le salió un hardacho [9] y le dijo:

—Oye, tú puedes escoger de aquí todas las escobas que quieras, con tal de que me traigas a tu hija la pequeña.

Y el escobero se lo prometió. Y llegó el escobero a su casa y le mandó a la mayor que se fuera con él pa la casa del hardacho. Y cuando el hardacho la vio, dijo que no, que esa no le convenía, que trajera a la más pequeña.

Y volvió el escobero a su casa con la hija y le mandó a la mediana que fuera con él. Pero el hardacho cuando la vio, dijo que no; que ésa tampoco le convenía, que se fuera y que volviera con la más pequeña.

Y entonces el padre le dijo a la más pequeña que no había más remedio que ir ella porque se lo había prometido al hardacho. Y fue ella con su padre y se casó con el hardacho.

Y cuando se fueron a acostar, el hardacho se quitó la piel de hardacho y era un príncipe, y la novia estaba muy contenta. Pero todos los días, cuando se levantaba, se ponía la piel de hardacho. Y a su mujer le dijo que no le dijera a nadie el secreto y que por nada del mundo le fuera a perder

---

[9] *Hardacho* y *fardacho* son formas que aparecen en dos cuentos de los transcritos por Espinosa, en éste y en el núm. 61. Ambas versiones fueron recopiladas por el investigador en tierras sorianas y en una y otra el vocablo fardacho (cuya «f» inicial ha sufrido aspiración en su primer uso) significa «lagarto», si bien el mismo personaje aparece en otras versiones del mismo cuento como un «dragón». Espinosa relaciona esta historia con *El asno de oro* de Apuleyo, quien —según el folclorista— se habría inspirado en relatos populares para su fabulación.

la piel de hardacho que se quitaba todas las noches al acostarse. Y las dos hermanas mayores se burlaban de ella y le decían:

—¡Calla, tú! ¡Si te has casao con un hardacho! ¡Quién vive casada con un hardacho!

Y ella se callaba y no decía nada porque sabía que estaba casada con un hermoso príncipe. Pero un día, de tanta burla que le hacían, les dijo que su marido era un hermoso príncipe y que se quitaba la piel de hardacho cuando se acostaba. Y entonces le dijeron sus hermanas:

—Pues, mira; esta noche cuando se acueste y se duerma, le quitas la piel de hardacho y vas y la quemas.

Y así lo hizo. Luego que su marido se acostó y se durmió, fue y se llevó la piel de hardacho y la quemó. Y cuando él despertó y vio que le faltaba su piel, le preguntó dónde estaba, y ella le dijo que se la había quemao.

Entonces él le dijo:

—Pues ahora ya estoy desencantao, pero tú tendrás ahora que irte de peregrina. Toma este vestido de peregrina y estos zapatos de hierro. Porque me has desencantao antes de tiempo, no puedes volver a mí hasta que estos zapatos no se acaben, y tienes que ir a buscar el Castillo de Oropé.

Y le dio ella un abrazo a su marido y se fue. Y primero llegó a una casa que era un convento de monjas. Y llamó en la puerta y salió una monja y la joven le preguntó si le podía dar razón dónde podría encontrar el Castillo de Oropé. Y la monja le dijo que no, que no sabía, pero le dio una bellota y le dijo:

—Vaya usté con esta bellota por el mundo en busca del castillo, y cuando se vea apurada la rompe.

Y fue más allá y se encontró con otra casa y llamó en la puerta. Y esta casa era un convento de frailes y salió un fraile y le preguntó ella si le podían dar razón dónde estaba el Castillo de Oropé. Y el fraile le dijo que no, que no sabían, pero le dio una nuez y le dijo:

—Vaya usté por el mundo en busca de ese castillo, y cuando se vea apuraa, la rompe.

Y se fue ella por el camino en busca del castillo. Y caminando, caminando, llegó a la casa de la Luna. Y llamó en la puerta y preguntó por el Castillo de Oropé. Y salió la hechicera que guardaba la casa y le dijo:

—No sé, pero espere usté a que vengan la Luna y sus hijas y tal vez ellas sepan darle razón. Pero escóndase usté en esta tinaja, que la Luna se la come cuando llegue.

Y se metió la joven en una tinaja y estuvo esperando ai un rato, cuando llegaron las Lunitas. Y la hechicera les dijo que ai estaba una joven que preguntaba por el Castillo de Oropé y que si sabían ellas dónde era. Y las Lunitas dijeron que no, que ellas no sabían, pero que tal vez su madre, la Luna, lo supiera.

Y estuvieron esperando mucho, hasta que llegó la Luna y le dijo a la hechicera:

—¡Fo, fo, fo! ¡A carne humana me huele aquí! ¡Si no me la das, te como a ti!

Y la hechicera le dijo a la Luna que era una pobre joven que venía preguntando por el Castillo de Oropé. Y la Luna le dijo que no, que ella no sabía, pero que tal vez su primo, el Sol, lo sabría. Y se fue la joven a buscar el Sol.

Y caminando, caminando, llegó al fin a la casa del Sol y llamó en la puerta. Y salió otra hechicera y le preguntó qué quería. Y ella pidió posada y le dijo que venía en busca del Sol pa ver si le daba razón dónde era el Castillo de Oropé. Y la hechicera le dijo:

—Entra y escóndete en esa tinaja, porque cuando llegue el Sol, te come.

Y se escondió ella en una tinaja pa esperar a que llegara el Sol. Y después de esperar un rato, llegaron los hijos del Sol y les preguntó la hechicera si sabían dónde era el Castillo de Oropé. Y ellos dijeron que no lo sabían, pero que seguramente su padre, el Sol, lo sabría. Y esperaron otro rato, hasta que llegó el Sol alumbrando por todas partes, y dijo:

—¡Fo, fo, fo! ¡A carne humana me huele! ¡Si no me la das, te como!

Y la hechicera le dijo que no se la comiera, que no era

más que una pobre niña que venía preguntando por el Castillo de Oropé y que venía de parte de su prima, la Luna.

Y el Sol entonces le dio una carta escrita de parte de él al Aire, porque ése sí sabía donde estaba el Castillo de Oropé.

Y se fue la niña a buscar la casa del Aire, y llegó y llamó a la puerta. Y salió la hechicera que goardaba la casa y le preguntó qué quería. Y ella le entregó la carta del Sol y le dijo que buscaba el castillo de Oropé. Y entonces la hechicera le dijo:

—Escóndase usté en esa tinaja, que cuando venga el Aire, va a querer comérsela.

Y otra vez se escondió ella en una tinaja. Y a poco llegaron los Airecitos y les preguntó la hechicera que si sabían ellos dónde estaba el Castillo de Oropé. Y ellos dijeron que muchas veces habían oído a su padre, el Aire, hablar de ese castillo, pero que ellos nunca lo habían visitao.

Y a poco llegó el Aire, soplando todo alante. Y cuando entró, dijo:

—¡Fo, fo, fo! ¡A carne humana me huele! ¡Si no me la das, te como!

Y la hechicera le dijo que no se la comiera, que era una pobre niña que venía de parte del Sol con una carta escrita pa él y que preguntaba por el Castillo de Oropé. Y el Aire dijo que sí, que él sabía dónde estaba y que él la llevaría.

Y el Aire llevó a la joven al Castillo de Oropé y la dejó en la puerta. Y al llegar al Castillo, había allí mucho jaleo y entró ella de peregrina a pedir una limosna. Y le dijeron que entrara, que a todos los pobres les daban limosnas. Y traía ella una rueca muy bonita y se puso a hilar. Y en el castillo había tanto jaleo porque se iba a casar un príncipe con una princesa. Y cuando la princesa vio a la peregrina con su rueca, le dijo:

—¡Qué hermosa rueca tiene la peregrina!

Y le dijo a su criada que fuera a comprársela. Y cuando le preguntaron cuánto quería por la rueca, ella dijo que se la daba a la princesa si la permitían hablar tres palabras con el príncipe. Y le dijeron que sí. Y ella entregó su rueca y fue a hablar las tres palabras con el príncipe. Pero al príncipe había mandao la princesa que le dieran tres dormideras pa que nada oyera y nada respondiera. Cuando subió, la joven le dijo:

—¿Te acuerdas cuando mi padre era escobero?

Eso le preguntaba la joven porque al momento que entró en el castillo y vio al príncipe, reconoció que era su esposo. Y le hizo la pregunta tres veces, pero como estaba dormido, nada respondía. Y la princesa, que estaba escondida cerca, le dijo:

—Ya están las tres palabras. Bájese usté.

Y bajó la joven muy desconsolada. Y entonces rompió la bellota que le habían dao las monjas, y ésta se volvió una rueca mucho más bonita que la otra. Y se puso a hilar. Y la princesa, cuando la vio, dijo:

—¡Ay, pero qué rueca tan hermosa tiene esa peregrina!

Y le dijo a su criada que le preguntara cuánto quería por ella. Y fue la criada y la joven le dijo que se la daba si la permitían hablar otra vez tres palabras con el príncipe. Y dijo la princesa que estaba bueno, y otra vez le dieron las dormideras al príncipe pa que se durmiera. Y la joven entregó su hermosa rueca a la princesa y subió a hablar con el príncipe y le dijo:

—¿Te acuerdas cuando te quemé la piel de hardacho?

Y le hizo la pregunta tres veces, pero como estaba dormido, nada respondía. Y la princesa entonces dijo:

—Ya están las tres palabras. Bájese usté.

Y otra vez bajó la joven muy desconsolada. Pero se acordó la joven de la nuez que le habían dao los frailes y la rompió. Y se volvió la nuez una rueca mucho más hermosa que la anterior. Tenía cascabelitos de oro, y cuando la joven hilaba, los cascabelitos sonaban. Y al momento que la princesa la vio, dijo:

—¡Ay, pero qué rueca tan hermosa tiene la peregrina! ¡Ésa sí ha de ser mía!

Y mandó a la criada a que le preguntara cuánto quería por ella. Y otra vez dijo ella que la daba si le permitían hablar tres palabras con el príncipe. Y como la princesa vía que el príncipe ni responder podía con las dormideras, le dijo que estaba bueno, que subiera y le dio otra vez al príncipe tres dormideras.

Y subió la joven a hablar las tres palabras. Pero esta vez se descuidó la princesa y la joven le metió la mano al príncipe debajo de la almohada y le despertó y le preguntó:

—¿Te acuerdas cuando mi padre era escobero?

Y el príncipe le dijo:

—Sí.

—¿Te acuerdas cuando te quemé la piel de hardacho?

—Sí.

—¿Te acuerdas cuando me diste el vestido de peregrina y los zapatos de hierro?

—Sí.

Y a ese momento la princesa le dijo:

—Ya están las tres palabras. Bájese usté.

Y se bajó la joven, pero ya muy contenta porque ya estaba segura que el príncipe la había conocido.

Y el príncipe entonces dijo que la peregrina estaba invitada pal banquete. Y la princesa dijo:

—Pero, ¿cómo va esa peregrina a comer en mi mesa?

Y el príncipe dijo que de todas maneras tenía que ir. Y se sentaron a la mesa y el príncipe la sentó a su derecha. Y comieron todos muy contentos.

Y al fin de la comida todos le dijeron al príncipe que contara algo de su vida, alguna cosa que le había pasao. Y dijo el príncipe:

—Muy bien: voy a contarles a ustedes una cosa que me sucedió. Una vez tenía yo una preciosa cajita de oro con una llave muy bonita y se me perdió. Y entonces mandé hacer otra, lo más bonita posible, pero nunca la pudieron hacer tan bonita como la primera. Y después de mucho tiempo encontré la primera. Y ahora les pregunto a ustedes: ¿con cuál de las dos cajitas creen ustedes que debería yo quedarme?

Y todos respondieron:

—¡Con la primera!

Y entonces dijo el príncipe:

—Tienen ustedes razón. Y por eso dejo yo ahora la

segunda novia y me voy con mi primera esposa, que es esta guapa peregrina.

Y entonces la peregrina se abrazó a su esposo y se fueron pa su casa y fueron muy felices.

41. EL CASTILLO DE IRÁS Y NO VOLVERÁS

Éste era un pescador que iba todos los días a pescar. Y un día cogió un pez y el pez le habló y le dijo:

—Oye, mira que no me cojas ahora. Más tarde estaré más galante.

Y fue y lo echó otra vez en el agua. Y más alante cogió otro pez y éste también le habló y le dijo:

—No me cojas, que más tarde estaré más gordo.

Y el pescador le echó en el agua y siguió pescando. Y estuvo mucho tiempo sin coger nada. Y ya casi aburrido y arrepentido de haber echao los otros dos al agua, echó el anzuelo otra vez y coge un pez muy grande que le dijo:

—Yo voy a ser tu felicidad. Cuando llegues a tu casa, me haces pedazos y le das dos cachos a tu mujer, dos cachos a tu perra, dos cachos a la yegua y dos cachos los siembras en el muladar [10].

Y se fue el pescador mu contento pa su casa y llegó y le contó a su mujer todo lo que le había pasao. Y cortó el pez en ocho partes y le dio dos cachos a su mujer, dos cachos a la perra, dos cachos a la yegua y sembró dos cachos en el muladar, todo según le había dicho el pez al cogerlo.

Y al año su mujer dio a luz dos mielgos [11], la perra parió

---

[10] *Muladar*, en contra de lo que pudiera parecer, es palabra que deriva de «muradal» y, por tanto, de «muro», teniendo ya desde el siglo XII el significado de basurero, escombrera, estercolero, o lugar «próximo al muro exterior de una casa o de una población donde se arrojan las inmundicias».

[11] *Melga* y *Mielgo* son formas que aparecen en dos versiones de las de Espinosa utilizadas como adjetivos y designando a «gemelos» o «mellizos». Estos términos proceden del latín vulgar *gemellicius,* derivado a su vez de *gemellus* que era un diminutivo de *geminus.* «Gemelo», a diferencia de la forma «mellizo», que es la popular, sólo está documentada a partir de 1590 y llega al español por vía culta, directamente de *gemellus.*

dos perros, la yegua parió dos potros y en el muladar salieron dos espadas fuertes.

Y cuando ya los mielgos eran mayores, el mayor de los dos le dijo a su padre:

—Padre, yo sé que somos pobres y quiero ir por el mundo a encontrar fortuna.

Y entonces dijo el menor:

—Pero mira, que es mejor que vaya yo porque nuestros padres ya están viejos y más falta les haces tú.

Y entonces el padre les dijo que echaran suerte pa ver quién salía. Y echaron suerte y le tocó marcharse al mayor primero. Y entonces el mayor puso una botella de agua y le dijo a su hermano:

—Si el agua está siempre cristalina, quiere decir que voy bien, pero si el agua se pone turbia, es que voy mal.

Y fue entonces y cogió una de las espadas del muladar, ensilló uno de los potros, que eran ya caballos, y se marchó por el mundo alante, acompañado de uno de los perros.

Cogió su viaje y ya llegó a un palacio, onde los vecinos le dijeron:

—Aquí en este palacio está una princesa encantada, y dicen que el rey dice que el que la desencante se casará con ella.

Y dice el muchacho:

—Pues yo voy a desencantarla.

Y los vecinos le dijon que no entrara en el palacio encantao porque allí todos los que entraban no salían. Pero él no hizo caso y se dirigió al palacio encantao. Estaban las puertas abiertas y entró en el encanto hasta onde estaba la princesa, y al verle, le dijo ella:

—¿A qué vienes aquí, desgraciao?

Y ya le dijo el joven que venía a desencantarla. Y entonces le dijo ella:

—Pues mira. A mi me guarda una serpiente de siete cabezas que puede ver a todas partes a un tiempo. Y en esto que estaban hablando, sale la serpiente y grita ella:

—¡Ay, márchate, que nos devora a los dos!

Y él entonces le echó el perro a la serpiente, y cuando la

serpiente iba a devorar al perro, sacó él la espada y la mató en seguida. Conque en esto cogió y le sacó a la serpiente las siete lenguas y se las guardó en un zurrón, y le dijo a la princesa:

—Ya estás desencantada. Vete pal palacio del rey tu padre, que yo tengo que andar por el mundo. Pero espérame, que ya volveré a casarme contigo.

Y por la villa decían que ya habían desencantao a la hija del rey y matao a la serpiente de siete cabezas que la tenía encantada. Y fueron unos tres y hallaron la serpiente muerta y le cortaron las cabezas, y se presentaron en el palacio del rey diciendo que ellos habían matao a la serpiente. Y el rey dijo que la princesa se casaría con uno de ellos. Pero la princesa decía que no, que aquél no era el que la había desencantao y matao a la serpiente. Y como el rey dijo que qué pruebas traía, aquél enseñó las siete cabezas de la serpiente, y el rey la dijo a su hija que sólo el que había matao a la serpiente podía enseñar las siete cabezas. Y armaron bodas y muchos torneos y muchas fiestas pa casarla.

Y el primer día de las fiestas entraron todos en el comedor, y la princesa muy triste porque no venía su novio. Y se sentaron a la mesa a comer y el primer cacho que iba a comer el novio mentiroso, llega el perro del joven y se lo quita de la mano. Y entonces la princesa se alevantó y dijo:

—Este perro, si no le siguen, no me caso.

Y esto dijo porque conoció que era el perro de su novio. Y siguieron al perro y vieron que entraba en una casa. Y fueron y encontraron al dueño del perro y le dijon que decía el rey que quería hablar con él. Y contestó el muchacho:

—Tanto hay de aquí al palacio del rey como del palacio del rey a mi casa.

Y fueron y se lo dijon al rey. Y ya vino el rey a la casa del muchacho y le dijo que le hiciera el favor de bajar. Y bajó el joven y le dijo el rey que le invitaba a comer con ellos en las fiestas. Y el joven acetó y se fue al palacio a la comida.

Y ya se sentaron todos a la mesa. Y la princesa le conoció

en seguida, pero no dijo nada. Él tampoco no decía nada. Y ya dijo el rey:

—Le ha tocao a éste casarse con mi hija.

Y dijo el joven:

—¿Y cómo pueba ustez que ha matao a la serpiente?

Y enseñó el otro las siete cabezas de la serpiente. Y todos decían que sí, que ése era el que se iba a casar con la princesa, porque entre tres la habían matao a la serpiente, y a ése habían escogido. Y entonces el joven les dijo:

—Esaminen ustedes las cabezas a ver si están bien. Y todos esaminaron las siete cabezas y dijon que sí, que todas las cabezas estaban bien. Y entonces el joven les abrió las bocas y les dijo:

—¿Han visto ustedes cabezas sin lenguas?

Y ya todos vieron que las cabezas no tenían lenguas y que los que habían cortao las cabezas de la serpiente no la habían matao. Y el joven entonces sacó de su zurón las siete lenguas. Y echaron al otro a palos del palacio, y el rey dijo que se casaría en seguida el joven con la princesa. Y se casaron.

Y poco tiempo de estar casaos, salieron un día a paseo y vio el joven un palacio muy hermoso que estaba cerca del palacio del rey, y le dijo a su mujer:

—¿Qué palacio es aquél?

Y ella le contestó:

—Aquél es el Castillo de Irás y no Volverás.

Y dijo él:

—Pues yo voy a verlo.

Y le dijo a la princesa que otro día iba de caza con unos amigos, que le hiciera la merienda, y que vovería por la tarde. Y otro día se alevantó muy temprano y se fue con su merienda en su caballo y con su perro y su espada a buscar el Castillo de Irás y no Volverás.

Y ya llegó al palacio y llamó en la puerta y salió a abrir la puerta una vieja hechicera. Y preguntó el joven:

—¿Se puede entrar?

Y ella le contestó:

—Sí, sí; pase ustez.

Y entró el joven y al entrar, quedó encantao. Y la esposa estuvo esperando y esperando, pero no volvió.

Y el hermano que quedaba en casa vio que el agua de la botella estaba turbia, y le dijo a su padre:

—El agua está turbia. Mi hermano está perdido y tendré que marcharme pa ver si le encuentro.

Y el padre le dijo:

—¡Ay, hijo mío, que no te marches! No tengo ya más hijo que tú, y si te marchas, ¿qué va a ser de mí?

Y el hijo menor le dijo:

—No se apure ustez, padre, que ya volveré. Pero no me puedo quedar en casa cuando sé que mi hermano está perdido y lo puedo ausiliar.

Y cogió la otra yegua, la otra espada y el otro perro, y se marchó a buscar a su hemano.

Y caminando, caminando, ya llegó al palacio de la reina, y al verle venir, todos creyeron que era el marido de la princesa y salieron a recibirle muy contentos. Y tanto se parecía al otro, que la princesa creyó que era su marido y salió y le dijo:

—¿Qué tal? ¿Cómo te fue en el Castillo de Irás y no Volverás?

Y él decía que bien, pero hablaba poco. Y cuando la princesa se le echo a los brazos, él no la abrazó. Y decía ella:

—¿Pero qué tendrá mi marido que no me quiere abrazar?

Y en la noche se acostaron y puso él la espada entre medio, y ella le dijo:

—¿Cómo pones esa espada entre los dos? Antes no has hecho eso.

Y ya le dijo él que tenía hecha una promesa y que hasta que no la cumpliera, no dormiría con ella como antes. Y otro día le dijo ella:

—¿Quieres que vayamos a paseo?

Y dijo que sí. Y salieron a dar un paseo por el jardín del palacio. Y ya él sospechaba que su hermano era el marido de aquella princesa. Y vio el castillo y le preguntó:

—Oye, ¿sabes qué castillo es aquél?

Y ella le contestó:

—Es el Castillo de Irás y no Volverás. ¿No acabas de volver de allí?

Y entonces dijo el joven:

—Allí seguramente estará mi hermano.

Pero a ella no le decía nada. Y ya le dijo:

—Mira, que yo quiero ir a ese castillo.

Y le dijo ella:

—¿No has ido ya? ¿Pa qué quieres ir otra vez?

Y él la dijo:

—Tengo que ir.

Y se marchó en seguida pal castillo.

Llegó como el otro y llamó en la puerta. Y salió la vieja hechicera y le dijo que entrara. Y la dijo él:

—Si no me saca a mi hermano, la mato con esta espada.

Y como la vieja vio también el perro que allí estaba, le dijo que sus gustos serían cumplidos y le entregó a su hermano vivo. Y al momento que vio a su hermano, le dijo:

—Oye, ¿sabes lo que he hecho? He dormido con tu esposa.

Y el hermano mayor, sin escuchar más palabras, sacó su espada y se la clavó en el pecho. Y creyendo que le había matao, huyó y le dejó allí en tierra.

Y llegó al palacio y la princesa su mujer le dijo:

—Poco has tardao ahora pa según has tardao antes. Me alegro mucho.

Y como él ya al acostarse, no puso la espada entre medio, le dijo ella:

—¿Es que ya has cumplido la promesa que has hecho? Antes, cuando volviste del castillo la primera vez has puesto la espada entre los dos porque tenías una promesa que cumplir y no te acercabas a mí.

Y ya dijo el joven:

—¡Villano de mí! Voyme a buscar a mi hermano.

Y se marchó en seguida y llegó y halló al hermano que daba miles de alaridos, y la vieja hechicera le estaba ausiliando. Y ya le dijo a la vieja que le curara, y sacó ella agua de una botella y le curó.

Y ya salieron ellos los dos del castillo y se marcharon pal

palacio. Y eran iguales y llevaban todo igual, caballos, perros y espadas. Y cuando llegaron, la princesa no sabía cuál de ellos era su marido. Y le preguntaban cuál era su marido y ella no podía decirlo.

Y por fin el hermano mayor la abrazó y la dijo:

—Yo soy tu marido.

Y le contó todo y la dijo cómo había ido a salvar a su hermano menor.

42. EL PÁJARO QUE CANTA EL BIEN Y EL MAL

Ésta era una villa donde vivían tres jóvenes güérfanas, y la más pequeña era muy guapa y muy buena. Y las otras dos mayores eran envidiosas y malas. Había en el pueblo un joven muy bueno que llevaba la carrera de militar, y llegó a ser capitán. Y este joven se enamoró de la hermana más joven y se casaron. Las otras dos hermanas se pusieron coléricas, sin dar a conocer a su hermana el rencor que le habían cogido.

Sucedió que sólo un año vivieron felices los recién casados. Estalló una guerra muy grande y el joven, como capitán que era, tuvo que marcharse al fente de las tropas. A la esposa le dejó encinta y encargó mucho a las hermanas que la cuidasen muy bien y que tuviesen con ella mucho esmero. Y les dijo que cuando su esposa diese a luz, que se lo comunicasen en seguida.

Y llegó la hora de dar a luz y trajo al mundo un niño y una niña, dos melgos. Las hermanas, tan pronto como la hermana dio a luz y se repuso un poco, la emparedaron, y a los niños les cogieron un ama para que los criase. Les tuvieron en su compañía hasta la edad de siete años, escribiéndole siempre al padre que estaban muy bien, lo mismo la madre que los niños, que se criaban muy hermosos.

Sucedió que la guerra duró muchos años. Las hermanas, queriendo ya desembarazarse de los chicos, porque querían cuando viniese el cuñao, que se casaría con una de ellas, les echaron de casa. Los niños se fueron mendigando hasta llegar a un puerto de mar. Allí se encontraron con una señora extranjera, y de que los vio tan guapos, les dijo si querían irse con ella. Como no tenían hijos el matrimonio ése, pues nada más llegar a su país, a América, les doztó por hijos. Allí estuvieron hasta que tuvieron dieciocho años. Y al morir los señores, les dejaron el inmenso capital que tenían.

Entonces los niños trataron de volverse a España, y por fin fueron a vivir a la misma aldea donde habían nacido, sin pensar ni en parientes, ni en padres, porque como les habían dicho sus tías que no tenían ni padre ni madre, pues vivían los dos muy tranquilos. Se contruyeron un hermoso palacio enfrente la casa de sus tías, tomando al poco tiempo relaciones con sus mismas tías, sin ellas saber que eran sus sobrinos.

Pero había una vieja que la tenían por hechicera, y ella también tomó mucha amistaz con los chicos. Hablando con ella, los niños le dijeron cómo se llamaban. Y un día, al irse a bañar en el jardín, conoció la hechicera a la chica por un lunar que había nacido la chica con él en el pecho.

Se asustó la bruja y fue corriendo a decir a las tías que aquellos jóvenes iban a ser sus sobrinos. Las tías se sobresaltaron y empezaron a ponerse intranquilas, por que a su cuñao, o sea el padre de los niños, no le faltaba más que medio año para venir a casa. Entonces le dijeron a la bruja:

—¡Ay, a ver, tía Fulana! ¡Ay, por Dios, a ver cómo ustez hace que desaparezcan! Porque si viene su padre y se entera de lo que hemos hecho, nos manda quemar.

—Sí, hijas mías, sí —dice la bruja—. No tengáis miedo, que de eso ya me encargaré yo.

Se fue para el palacio donde estaban los niños y les encontró muy alegres, pensando en las cosas que tendrían que hacer en el palacio. La vieja les dice:

—¡Miraz! ¡Qué palacio más hermoso héis hecho! ¡Qué jardín más precioso! ¡Qué alberque tan bonito! Aquí no nos hace falta nada más que tres cosas: el pájaro que canta el bien y el mal; un ramo de flores de la Huerta de Irás y no Volverás; y un par de peces de colores, que con dos peces de colores se poblará la alberca. Y lo mismo el jardín con el ramo de flores.

El hermano se puso muy contento al oír contar aquello a la bruja, que la tenía por una mujer muy buena, y dijo a su hermana:

—Hermana, yo me voy a la Huerta de Irás y no Volverás por el ramo de flores.

—¡Ay, por Dios, no te vayas, que está muy lejísimos! A lo mejor te matan y no te vuelvo a ver; y entonces, ¿qué va a ser de mí? ¿Qué voy a hacer yo tan sola en el mundo?

—No te apures, hermana —contestó el hermano—. Yo no tengo miedo a nadie. Y, además, si me ocurriese algo, te voy a dejar una botella llena de agua de la alberca. La miras continuamente, y si ves que el agua está clara, no temas por mí, que no me pasa nada. Si ves que el agua se revuelve, entonces ten paciencia y no te desesperes; pero yo no volveré a verte.

Y se puso en camino el muchacho. Y después de andar muchas leguas, muchas, muchas, se encontró con un anciano con una barbas tan largas que le daban en la cintura, y le dice:

—Hermoso joven, ¿dónde vas? ¿Quién te quiere tan mal que por estos caminos te manda?

—Mire ustez, señor, me voy a la Huerta de Irás y no Volverás por un ramo de flores para poblar un jardín que tengo, que con ese ramo me han dicho que tendré flores de todas las que haya en el mundo.

—Muchos peligros corres, pobre muchacho. Pero mira: yo soy Nuestro Señor, que velo por ti y por tu hermana. Mira; anda listo. A las dos se abren las puertas, y a las tres se cierran. Si no sales, allá te quedas para siempre. No andes escogiendo árboles. No hagas nada más que entrar, y del primero que veas coges un ramito y te vuelves a casa. No te entretengas, que las puertas, si se cierran, no se vuelven a abrir. Todos los seres que han entrao aquí, ahí les tienes todos hechos árboles, peces y pájaros.

Entró el muchacho, seguido por los consejos del anciano, cogió una ramita de un árbol, y se salió corriendo. Volvía ya muy alegre a casa con el ramo de flores en la mano. Su hermana de día y de noche no se desprendía de la botella de agua, que permanecía siempre cristalina. Al cabo de un mes, llegó el hermano a casa, teniendo los dos una alegría inmensa.

La bruja, de que lo supo que había vuelto el muchacho, fue corriendo a verles y les dijo:

—Veis, veis, si yo sos quiero mucho. Sos he de hacer entavía más felices de lo que sois.

Bajaron al jardín acompañaos de la hechicera, y les dice:

—Plantaz el ramo donde vosotros queráis, que aunque le plantéis encima de una peña, el árbol lo mismo ha de crecer.

Los niños, que creían en ella como en su madre, pusieron el ramito de flores encima de una peña, como la hechicera les había dicho. Azto continuo se formó un bosque de todos los árboles que pudiera haber en el mejor jardín del mundo, de todos los colores, y rosas de todas clases. La hechicera entonces les dice:

—¡Lo veis! ¡Lo veis cuánto sos quiero! ¡Cuánto! No tenéis que conformaros con este ramo de flores. Ahora tenéis que ir por los peces de colores.

—Hermana, yo me voy por los peces de colores—dijo el muchacho.

—¡No, hermano, no! —dice la muchacha—. No quiero más que te separes de mí. Yo ya soy contenta con el jardín que tenemos y no nos hace falta más.

—¡Qué miedosa eres, chica! —la dice el hermano—.Yo me voy. Ya te dejaré la botella de agua para que veas si me pasa alguna desgracia.

Y se despidió de la hechicera y de su hermana. La hermana se quedó muy triste, mientras que la hechicera se fue a contárselo todo a las tías de los chicos.

—¡Ay, por Dios, tía Fulana, mire ustez! —dicen las tías—. ¡Sólo dos meses le faltan al cuñao para venir! ¡Ay, si se llega a enterar, qué será de nosotras!

—No tengáis miedo, bobinas —dice la bruja—, que si de la segunda vuelve, de la última yo os prometo que no ha de volver.

El muchacho seguía su camino, y después de andar

muchas leguas, como en el viaje anterior, se encontró en el mismo sitio con el anciano. Y le dice:

—¿Dónde vas, pobre joven? ¿Quién te quiere tan mal que por estos caminos te manda?

—Voy a la Huerta de Irás y no Volverás por un par de peces de colores para poblar un estanque que tengo.

—Mira —le dice el anciano—, yo velo por ti. A las dos se abren las puertas, y a las tres se cierran. Si no sales de allá te quedas. Tantos peces como veas, son jóvenes que no creyendo mis consejos se han quedado allí en castigo de su desobediencia.

El muchacho dio las gracias al anciano y siguió su camino. Llegó a la huerta y se abrieron las puertas. Y a la misma puerta, nada más abrir, había un hermoso estanque con peces de todos los colores. Se agachó y cogió dos peces y salió corriendo. Se tomó inmediatamente el camino de su casa, y al cabo de un mes de jornada, llegó a la villa.

Su hermana estaba muy contenta porque la botella con el agua había permanecido siempre como un cristal de clara. La bruja, que no dejaba a la hermana en ninguna hora del día, se salió con ella al balcón a ver si veía venir a su hermano.

Ya le vieron venir y su hermana se volvía loca de alegría, mientras la tía bruja estaba echando maldiciones por lo bajo. Y las tías de los chicos, como tenían tanto miedo de que el chico volviese, también estaban al balcón esperando a ver si iba la vieja a darles la noticia de que el muchacho no había vuelto. Pero ¡qué sorpresa tan grande cuando, al mirar para el balcón del palacio que daba frente por frente del balcón suyo vieron a los tres: ¡A la tía hechicera con los dos hermanos!

—¡Ay, Dios mío —decían las tías—, esa tía bruja nos está engañando! ¡Ya se ha hecho amiga de ellos! ¡La habrán dao mucho dinero y nos ha vendido!

No ocurría así. La hechicera se dirigió a la casa de ellas, y de que las vio tan furiosas, las dijo:

—No temáis, muchachas, no temáis, que de éste y de la hermana yo me encargo.

—¡Ay, por Dios, tía Fulana! ¡Ay, por Dios! Ayer recibimos carta de nuestro cuñao, y dice que para primeros del mes viene. Si no podemos que desaparezcan de una manera, tienen que desaparecer de otra.

—No tengáis miedo, hijas mías, no tengáis miedo —dice la hechicera—, que yo sos aseguro que de otro viaje no vuelve.

—¡Ay, cuánto se lo agradeceremos, tía Fulana! ¡Por Dios! La tendremos siempre con nosotros. No le faltará nada.

Y volvióse la tía bruja a engañar a los ignorantes de los chicos.

—Miraz —les dice—. ¿No sabéis que esas señoras de enfrente, que están siempre al balcón, están locas, locas por haceros una visita?

—Bueno, bueno. Que vengan cuando quieran —dice la chica.

—No, no, no, tan pronto no, hija mía —dice la hechicera—. Tan pronto que no vengan. Hasta que no tengáis el jardín completo, no debéis admitir visitas.

—Tiene razón la vieja —dice el hermano.

—Sí hijo, sí, tengo razón; porque ya no sos falta nada más que el pájaro que canta el bien y el mal.

—Déjame, déjame de pájaros, hermano, que ya tenemos bastante —contesta la hermana—. No sea que por el pájaro, te vayas y no vuelvas.

—No, hermana; no tengas miedo. Además, que te voy a decir que siempre que voy, me encuentro con un anciano que le llegan las barbas hasta la cintura, y él me pone al corriente de lo que pasa en la huerta. Y me ha dicho que es Nuestro Señor Jesucristo.

—¡Ay, hermano, por Dios, que yo parece que voy desconfiando de esa vieja! —dice la hermana.

—No, no; no seas sospechosa, mujer —contesta el hermano—. ¿No ves que es una infeliz? No tengas miedo. Te dejaré la botella de agua, como las otras dos veces, y yo me voy.

Se despidió de su hermana y se marchó. Después de haber andado muchísimas leguas, se encontró en el mismo sitio con el anciano de las barbas hasta la cintura, y le dice, como las veces anteriores:

—¿Dónde vas, pobre joven? ¿Quién te quiere tan mal que por estos caminos te manda?

—Me voy a la Huerta de Irás y no Volverás por un pájaro que nos canta el bien y el mal.

—Mira —le dice el anciano—, a las dos se abren las puertas, y a las tres se cierran. Si no sales, allá te quedas. Entras y coges cualquier pájaro que veas, al primero que puedas echar mano, y te sales corriendo.

Llegó el muchacho a la huerta. Las puertas se abrieron como siempre y entró. Pero, ¡oh milagro!, que al entrar el chico, se formó un concierto de pájaros que le dejaron embelesao. Tantos había, tan preciosos eran y tan bien cantaban, que el chico no sabía cuál escoger. Cogió uno y echó a correr. Pero se le había pasao la hora, y al llegar a las puertas, ya se habían cerrao, y allí se quedó hecho un tronco, un árbol.

La hermana, que vio que el agua de la botella se había revuelto, empezó a gritar:

—¡Ay, Dios mío! ¡Ay, Dios mío! ¡Ay, Dios mío, tía Fulana! ¡Ay, Dios mío, que mi hermano ya no vuelve!

La tía bruja, que siempre estaba escuchando, subió corriendo y le dice:

—No llores, bobina; no llores. No te fíes de patrañas, que esa botella es un cuento. Deja la botella y márchate a buscar a tu hermano. De seguro que le encontrarás en el camino, con el pájaro en la mano, y verás, verás, qué contento viene.

La hermana se marchó a buscar a su hermano, y mientras tanto, la tía bruja se fue donde estaban las tías de los chicos y les dice:

—¿No sos lo había dicho yo? Él ya se quedó allá, y a ella tampoco la volveremos a ver.

—¡Ay, por Dios, tía Fulana! ¡Ay, por Dios! Si llegarían a volver, nuestra perdición es segura. Mañana mismo llega nuestro cuñao. Ha teminao la guerra y se viene él a casa. ¡Ay, si se llega a enterar!

—No tengáis miedo, no, que ya no vuelven —les dice la hechicera.

La pobre hermana seguía su camino, loca y llorando

amargamente. Después de haber recorrido muchas leguas, se encontró en el mimo sitio con el anciano que encontraba siempre su hermano. Y le dijo lo mismo:

—¿Dónde vas, muchacha? ¿Dónde vas? ¿Quién te quiere tan mal que por estos caminos te manda?

Y la muchacha le contesta:

—¡Ay, buen viejo, buen viejo, que me voy a la Huerta de Irás y no Volverás a buscar a mi hemano! Ha ido a buscar el pájaro que canta el bien y el mal, y no ha vuelto. Voy a buscarle aunque perezcamos allá los dos.

—Mira —le dice el anciano—, a las dos se abren las puertas, y a las tres se cierran. Si no sales, allá te quedas. Entras en la huerta, y nada más entrar, hay un tronco; vas y le das un golpe con la mano y le dices. «Sal, hermano», y entonces tu hermano volverá a recobrar su figura, y sos marcháis a vuestra aldea.

Así lo hizo la chica. Se abrieron las puertas, dio un golpe al árbol, y se presentó el hermano con el pájaro en la mano. Y le pájaro les decía:

—Estáis poseidos de una mala mujer que sos quiere engañar.

La hermana dice entonces:

—¡Ah, quita, quita, hermano! Suelta ese pájaro, por que nosotros no tenemos quien nos quiera mal. No hablamos con nadie más que con esa vieja, y aunque he llegado a sospechar de ella, no creo que nos quiera hacer tanto mal.

—¡Ay, no, no, no! —dice el hermano—. Yo el pájaro no le dejo. Sea lo que quiera, yo el pájaro no le dejo, ni me separaré de él mientras él viva y vivamos nosotros.

Siguieron su camino y después de muchos días de cansancio, llegaron a su casa. Entraron en el palacio y fueron derechos al jardín a soltar el pajarito. El pajarito, en lugar de subirse a los árboles, se volvió a la mesa donde iban a comer los chicos.

La tía bruja y las tías, que vieron que habían vuelto los chicos, empezaron a ponerse desazonadas, pero siempre disimulando, porque ya estaba en casa su cuñao, o sea el padre de los chicos.

—¡Ay, Dios mío, tía Fulana! Ya está nuestro cuñao en

casa. Si llega a coger amistaz con ellos y llegaría a sospechar de nosotras, estamos perdidas. ¡Estamos perdidas!

—No desconfiéis, muchachas, que sos he dicho que de ellos yo me encargo.

El capitán, o sea el padre de los niños, se ponía todas las mañanas al balcón que daba enfrente del balcón de los chicos. Así que les vio la primera vez, le llamaron la atención mucho, y las dice a las cuñadas:

—¿Qué jóvenes son esos que viven enfrente de nosotros? Debe ser un palacio precioso el que tienen. Me gustaría tener relaciones con ellos, porque en esta aldea no hay personas de mi clase para tratarme con ellas.

—No te se ocurra nunca jamás hablar con esos muchachos —dijo una de las tías—. Son personas extranjeras. No se relacionan con nadie en el pueblo. No sabemos qué educación tendrán, y lo mejor es que no tengas trato con ellos.

Llegó el día siguiente, y el capitán, no conforme con lo que las cuñadas le decían, se salió a dar un paseo de su casa a la de los chicos. Los chicos se bajaron a la calle a pasearse también, y al encontrarse con ese señor, le saludaron muy atentos y empezaron a hablar con él. Tanta gracia encontró el capitán en los chicos, que se quedó admirao de ver la buena educación que tenían.

Se fue a casa y les dice a las cuñadas:

—He estao con esos chicos y me han invitao a ver un jardín que tienen muy precioso. Y yo, en agradecimiento, deseo invitarles a cenar en nuestra compañía esta misma noche.

—¡Ay, que nosotros no los metemos en casa! —exclamaron las cuñadas—. En el pueblo se dice que son unos sinvergüenzas. Pregunta, pregunta a la tía Fulana, que habla con ellos, y verás cómo te dice que son unos jóvenes muy mal educados.

—Bueno —dice el capitán—; sean lo que quieran que sean, yo quiero que me acompañen esta noche a cenar.

Ya no les quedó más remedio a las cuñadas que decir que sí, que irían a cenar. Pero llamaron a la tía bruja y le dijeron:

—¡Ay, Dios mío, tía Fulana! ¡Ay, Dios mío, tía Fulana, que nuestro cuñao ha madao venir a cenar a esos chicos! Si se les ocurre traer al pájaro, estamos perdidas.

—No sos apuréis, no sos apuréis, mujeres —dice la bruja—, que no traerán el pájaro; no.

Y se fue la tía bruja para la casa de los chicos. La recibieron con mucha alegría los chicos, y la dijeron:

—¿No sabe, tía Fulana, no sabe que nos ha convidao a cenar ese señor que vive enfrente?

—¡Bueno, hijos míos; bueno! Pero miraz lo que sos voy a decir: que no llevés el pájaro, porque si lleváis el pájaro, vais a disgustar a esas señoras, porque son muy limpias y a lo mejor, al pájaro le dan ganas de cagar.

—No, no, señora —dicen los chicos—. Nosotros, si vamos, tenemos que llevar el pájaro, y de lo contrario, si no nos dejan llevar el pájaro, pues no vamos a cenar.

Fue la infame mujer y les dice a las tías:

—No he podido convencerles de que dejen el pájaro.

—Pues entonces, ¿qué vamos a hacer?

—Pues miraz. Vais a hacer dos tortillas, una envenenada y la otra sin veneno. Como las tortillas las vais a poner a un tiempo en la mesa, pues ponéis la envenenada para el lao de los muchachos, y la otra para vosotros y el cuñao.

Así lo hicieron. Fue el capitán a la casa de los chicos para llevarles con él a cenar. Los muchachos se cogieron el pájaro y se marcharon con su padre, onque no sabían que era su padre de ellos. Las tías le recibieron muy contentas y les acompañaron a sentarse a la mesa. La criada sirvió las tortillas, poniendo la envenenada para los chicos. Pero al tiempo de ir a comerla, después que la habían partido, el pájaro empezó a cantar, y decía:

—¡No comáis, que tiene veneno! ¡No comáis, que tiene veneno! ¡Y vuestra madre está emparedada! ¡Y vuestra madre está emparedada!

Y con el pico se volvía y picaba en la parez, donde estaba emparedada la madre de los chicos.

Los chicos no comían, pero el capitán no había comprendido al pájaro, y les decía:

—Pero, ¿cómo no comen ustedes?
—No, señor; no. Nosotros no comemos.
—Pues, ¿por qué no comen ustedes?
—Porque este pájaro que tenemos aquí nos cuenta el bien y el mal, y no comemos porque dice que la tortilla está envenenada y que nuestra madre está emparedada aquí en esta parez.

El capitán se quedó pasmao al oír eso a los chicos; y entonces se recordó de su mujer y cogió un cacho de tortilla y se lo tiró a un perro que tenían. El perro nada más comer la tortilla, quedó muerto de repente. Y entonces el capitán se levantó furioso y las dice a las cuñadas:

—¿Qué es esto? ¿Qué es esto? Hais envenenao a estos chicos. Esto está probao, que les héis querido envenenar. Ahora vamos a ver si lo demás que dice el pájaro es cierto.

Fue él mismo y coge un azadón, y picando en la parez, oyó un lamento que salía de dentro de la parez. Ya sospechando una traición de las tías, derribó un cacho de la parez y se encontró con una mujer viva, como un esqueleto de seca y que no podía hablar, porque las tías por un escondite que tenían la daban sólo agua y rebojos de pan.

Entonces, al sacar a aquella mujer, el capitán no la reconoció, pero sí que le vino la idea de mirar a los niños, a los chicos, porque su madre tenía un lunar en el pecho. Y al mirar a los chicos vio que los chicos tenían el mismo lunar que tenía su madre. Entonces creyó ya de fijo que aquellas mujeres le habían hecho aquella traición. Mandó el capitán amontonar muchos carros de leña y encenderlos. Y después de estar encendida la hoguera, mandó arrojar en ella a la bruja y a las cuñadas, y las quemaron.

Y él se quedó con los hijos y la mujer.

43. EL PRÍNCIPE ESPAÑOL

Éste era un príncipe que le dijo un día a su padre, el rey, que iba a marcharse a buscar fortuna. Y el padre le dice que sí, y le dice que descoja de la cuadra el caballo más bonito y que más le guste.

Y va el príncipe a la cuadra a descoger un caballo y ve uno muy flaco y dice:

—Pero ¿para qué tendrá mi padre este caballo tan flaco y tan viejo?

Y entonces oye una voz que le dice:

—Príncipe Español, cuando mañana te vayas, no descojas a otro caballo, sino a mí.

Y al día siguiente, descogió al caballo flaco, y en éste es en el que se marcha camino alante.

Y andando, andando, ya llega a una pradera y allí le dice el caballo:

—Príncipe Español, apéate y quítame la silla y suéltame.

Y así lo hizo el príncipe y al momento se volvió el caballo un caballo hermoso y gordo que no había otro como él. Y entonces el príncipe le echó la montura y se fue camino alante.

Y a poco de caminar, se encontró una manzana de oro y el caballo le dijo:

—No la cojas, que te va mal.

Pero él no le hizo caso y la cogió. Y poco más alante, se encontró una herradura de oro y otra vez le dijo el caballo:

—No la cojas, que te va mal.

Pero no hizo caso y la cogió. Y metió la manzana de oro y la herradura de oro en las alforjas y siguió su camino. Y más alante se encontró un retrato que era la Belleza del Mundo. Y el caballo le dijo:

—No la cojas, que te va mal.

Pero no hizo caso y la cogió.

Y caminando más alante, se encontró una hormiga que se estaba ahogando en un charco de agua. Y el caballo le dijo que la sacara, y la sacó y le dio una miga de pan. Y más alante, se encontró un águila que estaba enredada en unas zarzas, y el caballo le dijo que la librara y la libró. Y sigue caminando y se encuentra una ballena a la orilla del mar que no podía nadar. Y el caballo le dice que la rempuje y la eche al mar. Y así lo hizo.

Y ya sigue andando, andando, hasta que al fin llega a un castillo, y allí salieron a recibirle varios caballeros y le dicen:

—Ya hace mucho tiempo que te esperamos, Príncipe Español.

Y allí en ese castillo se estuvo tres días. Y le dijeron que estudiara y le dieron pa leer un libro que contenía el árbol de las manzanas de oro, el caballo de la herradura de oro y que tenía sólo tres herraduras y le faltaba una, y decía allí también del retrato que era la Belleza del Mundo. Y sacó él los tres retratos del libro y fue y los puso en la mesa. Y entonces sale el amo del castillo y le dice:

—Me tienes que traer ahora el árbol de las manzanas de oro, el caballo que le falta una herradura y la Belleza del Mundo, o si no, te quito la vida. Primero me traes el árbol de las manzanas de oro.

Güeno, pues va entonces el príncipe a la cuadra ande estaba su caballo y le dijo lo que pasaba. Y el caballo le dice:

—Mañana pides una cuerda de veinte varas de larga y unas cuantas aves y unos ocho días de término.

Güeno, pues vamos a que le dieron todo, y se pone en marcha en busca del árbol de las manzanas de oro. Y a los dos días se encontró un jardín muy hermoso y el caballo le dijo:

—Príncipe Español, allá está el árbol de las manzanas de oro. A las doce campanadas se abren las puertas de par en par. Vas con tu cuerda y entras y saldrán diez leones. Y cuando los veas venir, les tiras las aves, y mientras se comen las aves, enredas el árbol con la cuerda y lo sacas. Y si da la última campanada de las doce antes de que salgas, te quedas y ya no vuelves.

Y hizo asín el príncipe y salió antes de la última campanada. Y el árbol siguió delante del caballo y llegaron al castillo. Y a los ocho días, ya criaba manzanas de oro. Y el amo del castillo le dijo:

—Güeno, pues ahora me traes el caballo de las herraduras de oro.

Conque entonces se fue otra vez a la cuadra a decirle a su caballo lo que le pasaba y el caballo le dijo:

—Mañana pides otra cuerda de veinte varas de larga.

Y le dieron la cuerda y salió en su caballo en busca del caballo de las tres herraduras de oro. Y ya llegaron ande había un corral muy grande, ande andaba un caballo bricando y tirando patadas. Y le dijo el caballo entonces al príncipe:

—Entra con la cuerda y lo coges, y te sales con él antes de que dé la última de las doce campanadas.

Y entró aquél y salió con el caballo antes de que diera la última campanada. Y se lo llevaron al amo del castillo y vieron que tenía solamente tres herraduras de oro, y sacó el príncipe la otra y se la pusieron. Y el amo le dijo entonces:

—Ahora me tienes que traer la Belleza del Mundo.

Fue otra vez el príncipe ande estaba su caballo a decirle lo que le pasaba y lo que tenía que hacer tavía. Y el caballo le dijo:

—Ahora pides una cuerda como antes, y dulces.

Y salió a buscar la Belleza del Mundo. Y en medio del camino se paró el caballo y le dijo:

—Príncipe Español, ¿ves aquella piedra de mármol? Ai, en con tal que yo llegue, me convierto en lo mismo. Y tú sigues y encontrarás más allá un castillo. Y a la primera campanada de una campana, se abren las puertas del castillo y saldrán varias señoritas que te querrán abrazar. Pero tú no te dejes, porque si te dejas abrazar, será tu perdición. Les tiras los dulces y entras por la Belleza del Mundo, y sales con ella antes de que dé la última campanada.

Y el príncipe fue a la puerta del castillo y dio la primera campanada y se abrió la puerta y salieron las señoritas, y les tiró los dulces y entró en busca de la Belleza del Mundo. Pero dieron las doce campanadas antes de que saliera, y entonces la Belleza del Mundo le dijo:

—Ahora, escóndete, y si a las tres veces que yo te llame, adivino onde estás, tu vida es mía, y si no adivino, soy tuya y me voy contigo.

Y dijo el príncipe:

—¡Dios mío! ¿Dónde me esconderé?

Y se acordó de la ballena y dijo:

—Si la ballena me pudiera salvar.

No acabó de decir eso, cuando ya estaba al fondo del mar. Y cogió ella el libro y comenzó a leer:

—En la tierra no está, en el aire no está, en la mar sí. Ballena, tráemele aquí.

Y la ballena se lo trajo a la Belleza del Mundo. Y dijo entonces la Belleza del Mundo:

—Ya tienes una perdida. Ahora escóndete otra vez.

Y dijo el príncipe:

—Si el águila me ayudara.

Y al momento el águila le cogió y se remontó con él en el aire. Y cogió ella el libro y comenzó a leer:

—En la tierra no está, en la mar no está, en el aire sí. Águila, tráemele aquí.

Y el águila se lo trajo a la Belleza del Mundo. Y le dijo entonces la Belleza del Mundo:

—Ya van dos perdidas. Si en ésta no te salvas, te quito la vida.

Conque ya el príncipe ya no sabía qué hacer, pero se acordó de la hormiga y dijo:

—Si la hormiga me ayudara.

Y se le presentó al momento la hormiga y le dijo:

—Ahora te conviertes en una hormiga y te metes en su pecho.

Y asín lo hizo. Y va ella y coge todos sus libros y empieza a leer; pero no puede adivinar onde está. Y empieza a tirar todos los libros y a patalear. Pero el príncipe no salía. Y ya al fin, ella le dijo:

—Sal, que ya he perdido y tuya soy.

Y ya salió él y le dijo que estaba escondido en su pecho. Y se fue ella con él y juntos fueron ande estaba el caballo esperándolos. Y ya se marcharon pal castillo. Y cuando llegaron, le dijo el amo del castillo:

—Güeno; ya has traído todo. Ahora si me vences, eres amo de todo y te puedes casar con la Belleza del Mundo. Tres veces tienes que tirarte en una caldera de aceite hirviendo, y si sales bien, me vences y te casas y es tuyo este castillo.

Y entonces bajó el príncipe a la cuadra a ver a su caballo y le dijo lo que quería el amo que hiciera pa quedar libre y poder casarse con la Belleza del Mundo. Y el caballo le dijo:

—Güeno, pues pide un barreño y un cuchillo y un azadón. Y vienes y haces un hoyo y me matas y me entierras en el hoyo sin perder una gota de sangre. Y con mi sangre te bañas y después te tiras en el aceite hirviendo.

Y el príncipe primero no quería matar al caballo, pero el caballo le rogó que lo hiciera, y asín lo hizo el príncipe. Y fue y se tiró en la cadera de aceite hirviendo, y si guapo era antes, más guapo salió de la caldera de aceite.

Y el amo del castillo fue entonces ande estaba el príncipe y le dijo:

—A ver cómo te has apañao tú pa salir bien de la caldera de aceite hirviendo.

Y el príncipe le dijo cómo lo había arreglao. Y entonces va el amo y manda sacar al caballo más gordo que tiene y lo mata y se baña en su sangre. Y fue entonces y se tiró en la caldera de aceite hirviendo y quedó hecho carbón.

Y se quedó entonces el Príncipe Español de amo del castillo y todo, y se casó con la Belleza del Mundo.

Y resultó que la ballena era una tía del príncipe, el águila una hermana y el caballo un tío.

44. LAS TRES MARAVILLAS DEL MUNDO

Había una vez un rey que tenía tres hijos. Y cuando ya era viejo, se puso muy malo, y los médicos le dijon que para sanar tenían que traerle las tres maravillas del mundo.

Y dijo el mayor:

—Padre, déjeme salir en busca de las tres maravillas del mundo.

Y el padre le contestó:

—No, hijo; no puede ser, que tú eres quien ha de heredar la corona.

Pero tanto estuvo insistiendo, que el padre le dijo que estaba güeno, que se marchara en busca de las tres maravillas del mundo.

Se marchó el mayor por el mundo alante a buscar las tres maravillas del mundo, y caminando, caminando, dio con una cueva de ladrones, que le cogieron y le metieron en su cueva y de allí no pudo salir.

Conque cuando ya pasó mucho tiempo y el hijo mayor no venía, dijo el que le seguía en edá:

—Padre, ya mi hermano no viene. Déme usté licencia pa ir a buscarlo y ver si encuentro las tres maravillas del mundo.

Y el padre le dijo:

—No, hijo; no puede ser. Ya que tu hermano no vuelve, tú has de heredar mi corona.

Y él le estuvo rogando hasta que lo permitió marcharse en busca de su hermano y de las tres maravillas del mundo. Y se marchó, pero le pasó igual que al mayor. Dio con la misma cueva de ladrones, y le cogieron y le metieron en la cueva con su hermano.

Y pasaron años y pasaron años. Y cuando ya vieron que los dos hermanos mayores no volvían, dijo el menor a su padre:

—Padre, mis hermanos mayores no vuelven. Déme usté licencia pa ir en busca de ellos y pa buscar las tres maravillas del mundo.

Y el padre le contestó:

—No, hijo; eso no puede ser, porque si tus hermanos no vuelven, tú eres ahora quien ha de heredar la corona. Eso no lo puedo consentir.

Y el hijo menor empezó a llorar y decía que para qué quería él heredar la corona si sus dos hermanos no volvían y si su padre no sanaba de su enfermedá. Y ya el padre consintió, y se marchó él a buscar a sus hermanos y en busca de las tres maravillas del mundo.

Andando, andando, llegó a una cueva, que era la cueva del Aire. Y salió una vieja, que era la madre de los Aires, y le dijo:

—Qué mal te quieren los que por aquí te encaminan.

Y él le contestó:

—Yo ando en busca de las tres maravillas del mundo. Y le dijo entonces la vieja:

—Pues entra y escóndete aquí, que si viene el Aire, mi hijo, y te ve allí, te devora.

Y no acababa de esconderse onde le dijo la vieja, cuando llegó el Aire y dice:

—¡A carne cristiana me huele! ¿Dónde está, que la devore?

Y la vieja le contesta:

—Hijo, es uno que viene en busca de las tres maravillas del mundo pa curar a su padre.

Y dice el Aire:

—Eso no puedo hacer yo. ¡Que se vaya! Únicamente mi hermano el Sol, que se extiende por todas partes, puede dárselas. Que se vaya y que le diga a mi hermano el Sol que va dirigido por mí, pa que le ayude a buscar las tres maravillas del mundo.

Conque otro día se marchó el muchacho a buscar la cueva del Sol. Y después de andar varios días con sus noches, llegó a la cueva del Sol y pidió posada. Y la misma vieja salió y le dice:

—Mal te quieren los que por aquí te encaminan.

Y él le contesta:

—Vengo en busca de las tres maravillas del mundo pa darle saluz a mi padre.

Y entonces la vieja le metió por un rincón y le dijo:

—Allí te estás, porque cuando llegue mi hijo el Sol, te abrasará.

Y ya llegó el Sol y dice:

—¡A carne cristiana me huele! ¿Dónde está, que le abrase?

—Hijo mío —dice la vieja—, es un pobre muchacho que viene dirigido por tu hermano el Aire a buscar las tres maravillas del mundo pa curar a su padre.

Y dice entonces el Sol:

—Pues que salga y se vaya, porque yo no le puedo ayudar. Mi hermana la Luna es la única que puede dárselas. Que se vaya y que le diga que va dirigido por mí.

Conque al otro día se marchó el muchacho a buscar la cueva de la Luna. Y anduvo por muchos reinos sin poder llegar, hasta que ya después de caminar muchos días con sus noches, llegó a una cueva y preguntó si era la cueva de la Luna. Y salió la misma vieja de antes y le dijo:

—Mal te quieren los que por aquí te encaminan.

Y él le dice:

—Vengo a buscar las tres maravillas del Mundo pa curar a mi padre.

Y ya le dijo la vieja:

—Güeno, pues escóndete en ese rincón, que si llega mi hija la Luna y te ve allí, te devora.

Y llegó la Luna brillando por los cielos, y dice:

—¡A carne cristiana me huele! ¿Dónde está, que la devore?

Y la vieja le dice:

—No, hija mía. No es más que un pobre muchacho que viene dirigido aquí por tu hermano el Sol.

Y dice entonces la Luna:

—Si viene en busca de las tres maravillas del mundo pa curar a su padre, y es así, que salga, que únicamente mi hermano el Rey de las Aves se las puede dar. Él se extiende por todos los mundos. Que se vaya y le diga que va dirigido a mí.

Al otro día se marchó otra vez y después de caminar y caminar, llegó a una cueva, onde vivía el Rey de las Aves. Y salió la vieja de siempre y le dijo:

—Mal te quieren los que por aquí te encaminan.

Conque él le dice:

—Vengo en busca de las tres maravillas del mundo pa curar a mi padre.

—Yo tre meteré por este rincón, porque si llega mi hijo el Rey de las Aves y te ve allí, te devora pa la cena.

Y fue llegando el Rey de las Aves y dice:

—¡A carne cristiana me huele! ¿Dónde está, que la devore pa la cena?

—No, no, hijo mío —le dice la vieja—; mira que es un pobre muchacho que viene de parte de tu hermana la Luna en busca de las tres maravillas del mundo pa curar a su padre.

—Pues que se marche, porque ya no se las podré dar

—dijo el Rey de las Aves—. Únicamente mis aves, que se extienden por todo el mundo, lo sabrán.

Y ya se acostaron todos a dormir y le dieron al muchacho una cama por la noche.

Y otro día muy temprano fueron a despertar al muchacho y lo llamó el Rey de las Aves y le dijo:

—Mire, usté; voy a llamar a una pareja de cada clase de aves, y usté se pone en medio de ellas y les pregunta si saben dónde están las tres maravillas del mundo. Tiene que decirles tres veces: «Avecillas que andáis por el mundo, ¿me daréis noticias de las tres maravillas del mundo?» Y si a las tres veces no responden, es que no saben decirlo.

Y llegaron todas las aves del mundo, llamadas por el Rey de las Aves. Y cada pareja que llegaba, se ponía el joven entre ellas y les preguntaba:

—Avecillas que andáis por el mundo, ¿me daréis noticias de las tres maravillas del mundo?

Pero ningunas podían responder porque no sabían. Y faltaba por venir todavía una águila coja. Y cuando llegó, le dijo el Rey de las Aves:

—Aguilita, ¿cómo has tardao tanto?

Y dice ella:

—Porque estaba comiendo de las tres maravillas del mundo.

Y dice entonces el Rey de las Aves al muchacho:

—Aquí tiene usté quien le pueda enseñar ónde se encuentran las tres maravillas del mundo.

Y le dice al águila coja:

—¿Te atreves a llevar este joven adonde están las tres maravillas del mundo?

—Sí, señor —dice la aguilita—; pero me tiene que dar carne pal camino.

El muchacho entonces compró mucha carne y mató su caballo, y con toda la carne encima, se montó en las alas del águila, y salió el águila volando pa las tierras onde se encontraban las tres maravillas del mundo. Y de cuando en cuando el águila decía:

—¡Carne! ¡Carne! ¡Quiero carne!

Y cada vez que decía eso, le daba un cacho de carne.

Y cuando ya iban llegando al mar, le dio el último cacho de carne. Y al llegar al medio del mar, dijo el águila:

—¡Carne! ¡Carne! ¡Quiero carne!

Y el muchacho le dijo:

—Ya se ha acabao la carne. Aguárdate un poco que me corte un cacho de mi nalga.

Y el águila le dijo:

—No quiero carne cristiana. Arráncame una pluma del ala derecha y tírala al mar.

Y el muchacho se la sacó y la tiró al mar. Y ya pasaron el mar y el águila lo puso en una senda y le dijo:

—En aquel castillo que se ve allí están las tres maravillas del mundo.

Entonces se marchó él solo en dirección del castillo y llegó a una casita y llamó en la puerta, y salió una mujer y le preguntó qué buscaba. Y cuando el muchacho le dijo que buscaba posada por la noche porque andaba buscando las tres maravillas del mundo, la mujer le dice:

—¡Ay, Dios mío! ¡Buena posada tengo yo!

—¿Qué le pasa? —le preguntó él.

Y entonces la mujer le dice:

—Pues mire usté, señor, que ya hace tres días que tengo a mi marido de cuerpo presente debajo de la escalera porque no tengo cinco duros pa darle entierro.

Y el muchacho entonces le dio doscientos reales y le dijo:

—Tenga usté doscientos reales pa que le dé entierro a su marido.

Y le dieron entierro al muerto y se marchó él otro día por la senda pal castillo.

Cuando ya llegó a la puerta del castillo, le salió una raposa al encuentro y le dice:

—Mira, entra a la sala y allí hay un pájaro y una jabla [12] y una dama y una cama, y un caballo en una cuadra que está más allá. De todo eso escoge sólo una cosa.

---

[12] *Jabla,* forma que aparece aquí utilizada en vez de «jaula», dentro de una versión procedente de Fuente Pelayo (Segovia).

Conque entró él muy contento en la sala y vio lo que la raposa le había dicho que había. Y fue a escoger el pájaro y le dijo la jabla:

—¿Que vas a llevar al pájaro sin la jabla?

Y ya iba a salir con las dos cosas, cuando le sale al encuentro el gigante que guardaba el castillo y grita:

—¡Traición al castillo, que roban las tres maravillas del mundo!

Y salieron los soldaos del gigante y le cogieron y le metieron en un calabozo y le dieron una güena paliza, y metieron con él unos leones pa que le devoraran.

Y cuando estaba en el calabozo, se le presentó la raposa y le dijo:

—¿No te dije que escogieras solamente una cosa? Mira, que tres veces te puedo favorecer, nada más.

Y le sacó del calabozo y le dijo que entrara otra vez y hiciera como ella decía. Y entró el muchacho y cogió a la dama. Y la dama entonces le dice:

—¿Me llevas a mí sin llevar los vestidos?

Y cogió también los vestidos, pero al salir por la puerta, el gigante le salió otra vez al encuentro y gritó como antes:

—¡Traición al castillo, que roban las tres maravillas del mundo!

Y otra vez le cogieron y le dieron una güena paliza y le metieron en el calabozo con los leones. Y se le presentó otra vez la raposa y lo sacó otra vez del calabozo y le dijo:

—Ya sólo una vez más te puedo favorecer. Ahora entras en la cuadra y coges el caballo, pero no la montura.

Pues entró el muchacho en la cuadra y cogió el caballo, y le dice la silla:

—¿Qué llevas el caballo sin llevarme a mí?

Y dice él:

—No; yo no cojo más que una cosa.

Y salió sólo con el caballo y al salir de la cuadra, ya estaba el caballo aparejao, el pájaro en la jabla y la dama vestida. Y montó en su caballo y cogió a la dama y al pájaro, y se marchó con caballo, dama y pájaro, que eran las tres maravillas del mundo.

Y en el camino por donde iba se encontró con sus dos hermanos. Y cuando le vieron con las tres maravillas del mundo, se las quitaron y le dejaron solo en el mundo. Y fueron ellos y se las entregaron a su padre y se curó de su enfermedá. Y el padre les preguntó si sabían de su hermano menor, y ellos le dijon que por las noticias que tenían, andaba por el mundo robando y matando. Y el padre entonces mandó partes que se lo trajeran vivo o muerto.

Y ya le hallaron y le metieron en un calabozo. Y como los hermanos decían que era ladrón y matador, ya lo iban a poner en la horca. Pero se presentó entonces la raposa en forma de hombre y le tomaron declaración, y dijo que el menor era el que había buscao las tres maravillas del mundo.

Y entonces el hijo menor le contó a su padre todo lo que le había pasao y cómo los dos hermanos mayores le habían encontrao en el camino y le habían quitao las tres maravillas del mundo. Y el muerto dijo que el hijo menor le había dao a su mujer dinero pa que lo enterrara y que por eso le había favorecido y venía ahora otra vez a favorecerle, y que ya no podía estar más en la tierra, y se desapareció.

Y entonces el padre le dijo a su hijo menor que iba a desheredar a sus hermanos por malos y mentirosos y que él heredaría la corona. Y el hijo menor entonces se casó con la dama y fueron ellos rey y reina.

45. LA GAITA QUE HACÍA A TODOS BAILAR

Un hombre tenía tres hijos. Los dos mayores eran más listos que el menor, y por eso siempre le hacían burla. Por fin dijo el padre:

—Ya que este hijo mío no sirve pa nada, he pensao ponerlo de pastor.

Y lo pusieron de pastor.

Y ya hacía un año que estaba guardando ovejas, cuando encuéntrase con una vieja que le dice:

—Hombre, ¿qué hace usté aquí de pastor de ovejas?

Y ya le dijo el muchacho:

—Pues verá usté, que mis hermanos no me quieren y mi padre me puso de pastor.

—Y, ¿qué tal te encuentras? ¿Tienes buen amo y bastante que comer? —le preguntó la vieja.

— Sí, sí —respondió el muchacho—. Tengo un amo muy bueno y me dan bien de comer.

Y entonces la señora le dijo:

—Pues entonces, ¿qué te hace falta?

—Una gaita.

Y la vieja entonces le dió una gaita. Y ya la vieja se fue y le dejó solo.

Y a poco que se fue la vieja, escomenzó el pastor a tocar la gaita y escomienzan las ovejitas a bailar. Y tocaba más y más, y más y más y con más gusto bailaban las ovejas y las cabras. Y así pasaba de día en día. Les tocaba el pastor y bailaban las ovejas y las cabras hasta caer rendidas, y luego se tumbaban a descansar un rato. Y sus ovejas y cabras siempre estaban muy gordas.

Y los pastores de ovejas veían que las ovejas del muchacho estaban siempre gordas, y decían:

—Pero y ¿qué hará ese muchacho pa tener sus ovejas y cabras tan gordas?

Y ya otros pastores que sabían que bailaban, le dijeron al amo que su pastor tenía una gaita que cuando la tocaba, las ovejas y cabras bailaban junto con él. Y el amo no lo quiso creer, y vino ande estaba el pastor y le dijo:

—Buenas tardes. ¿Por qué están las ovejas echadas?

—Descansan —le dijo el pastor.

—Y ¿es verdá que bailan las ovejas?

—Sí, señor; bailan en cuanto yo les toco la gaita.

—A ver, a ver —le dijo el amo.

Y el muchacho se puso a tocar la gaita, y se fueron levantando todas las ovejitas y cabras y escomenzaron a bailar de gusto. Y el pastor escomenzó a bailar también. Y tocaba más el pastor, y las ovejas y cabras baila que baila. Y el amo de gusto escomenzó a bailar también, hasta que ya estaban todos bailando, amo, pastor, ovejas y cabras. Y el pastor venga a tocar, y el amo venga a bailar. Y ya cuando el muchacho se aburrió de tocar la gaita, se tumbó a descansar, y así hicieron las ovejas y las cabras y el amo.

Y ya fue el amo y se lo dijo a su mujer. Y la mujer le dijo:

—Anda, no vengas con embustes. ¿Ánde se han visto ovejas y cabras que bailan?

—Si no lo crees, anda a ver y verás que es verdá. Yo mismo he tenido que bailar. Cuando ese muchacho toca la gaita, todos tienen que bailar.

Y ya dijo la mujer:

—No lo creo, pero voy a ver si es verdá.

Y ya llegó ande estaba el pastor con las ovejas y cabras y le dijo que tocara la gaita. Y escomenzó a tocar la gaita, y se alevantan las ovejas y cabras en seguida y escomienzan a bailar. Y ya escomenzó la ama a bailar también. Y el pastor venga a tocar la gaita, y la ama venga a bailar. Y estuvieron todos bailando hasta que el pastor se aburrió y todos se tumbaron a descansar, la ama, el pastor, las ovejas y las cabras. Y cuando ya la mujer descansó, se fue pa su casa.

Y cuando llegó a su casa, le dijo su marido:

—Bueno, y ¿qué tal? ¿Han bailao las ovejas?

—Han bailao las ovejas y cabras y yo con ellas —le dijo la ama—. Cuando ese pastor toca la gaita, todos tienen que bailar.

—Ya yo te lo decía —le dijo el amo.

Y ya decidieron los amos despedir al pastor porque siempre tenía a las ovejas y cabras y a todo el mundo bailando. Y las ovejitas y cabras se murieron todas de sentimiento, de ver que ya nadien les tocaba.

Y el muchacho se fue entonces pa su casa con su padre. Y cuando le contó lo que le había pasao, los dos hermanos mayores empezaron a hacerle burla. Y el padre dijo:

—Este muchacho pa nada sirve. Mejor es que se quede en casa y vosotros tendréis que trabajar pa vivir.

Y al día siguiente envió el padre al hijo mayor a vender manzanas al pueblo. Y en el camino se encontró con una vieja que le preguntó:

—¿Qué vendes?

Y él le respondió:

—Vendo ratas.

Y la vieja le dijo:

—Pues ratas se te volverán.

Y llegó el muchacho al pueblo y cuando iba a sacar manzanas pa venderlas, no salían más que ratas. Y ya le dieron una paliza al muchacho, y se fue pa su casa.

Y al día siguiente, envió el padre al hijo segundo al pueblo a vender naranjas. Y en el camino se encontró con la misma vieja, que le dijo:

—¿Qué vendes?

Y él le dijo:

—Pájaros.

Y la vieja le dijo:

—Pues pájaros se te volverán.

Y cuando el muchacho llegó al pueblo y fue a abrir la cesta de naranjas, salieron volando unos pájaros y no quedó nada. Y ya el pobre se volvió pa su casa muy desconsolao.

Y entonces el hijo menor le dijo a su padre:

—Padre, yo quiero ir ahora al pueblo. Envíeme a mí y verá cómo me va bien.

Y los dos mayores se reían de él y decían:

—¡Qué vas a hacer tú, tonto! Si a nosotros nos ha pasao mal, a ti te irá peor.

Pero el padre le dejó ir y le dio una cesta de uvas pa vender en el pueblo. Y en el camino el muchacho se encontró con la misma vieja y le preguntó:

—¿Qué vendes?

Y él le respondió:

—Vendo uvas. ¿Quiere usté unas?

Y ella le contestó:

—No, gracias. Muchas uvas venderás.

Y llegó el muchacho al pueblo a vender sus uvas, y cuantas más vendía, más había en la cesta. Y estuvo vendiendo uvas hasta que ya llenó muchos talegones de dinero, y se fue con ellos pa casa de su padre. Y por el camino iba tocando la gaita, que todavía tenía, y se encontró con la vieja, que le dijo:

—No toques la gaita, hijo, hasta que no llegues a casa.

Y llegó el muchacho a su casa y salieron los dos hermanos y el padre a recibirlo. Y el padre decía:

—Otra, por cierto. Ya se habrá metido este tonto en otra.

Y llegó el muchacho y les dijo:

—Traigo muchos reales, padre, tantos, que se pegan a la cesta y no se pueden salir. Y otros traigo en taleguillos, que tampoco se pueden sacar.

Y dijo el padre:

—Pues, ¿cómo nos vamos a arreglar pa sacar el dinero de la cesta y de los taleguillos?

—No se apure usté, padre —le dijo el chico—. Ya verá usté.

Y escomenzó a tocar la gaita, y escomenzaron a salir bailando las perras y los reales de la cesta y de los taleguillos. Y así estuvo tocando la gaita hasta que salió todo el dinero y quedaron ricos.

Conque con eso, ya sus hermanos le querían mucho. Y el padre les dijo:

—Ahora vamos a hacer una casa con este dinero.

Y hicieron una casa muy bonita, con el dinero. Y la hicieron tan bonita, que no les quedó nada de dinero, y les dijo el padre:

—Pues ahora tenemos que salir por el mundo alante a hacer la vida.

Y los hermanos mayores, como que siempre estaban con la envidia, se fueron solos y el menor se fue con el padre por otro lao.

Y el menor y el padre se fueron por los pueblos vendiendo aceite. Y vendieron todo el aceite y siempre por el aceite cobraban güevos. Y de contento que estaba, el chico le dijo a su padre:

—Padre, ya que hemos vendido todo el aceite y traemos tantos güevos, voy a tocar la gaita.

Y escomenzó a tocar la gaita, y escomenzaron los güevos a bailar en las cestas. Y el padre le dijo:

—¡Por Dios, hijo, que no toques la gaita! ¿No ves que los güevos bailan y se van a romper todos?

—No se apure usté, padre —le dijo el hijo.

Y seguía tocando la gaita, y los güevos a bailar en las cestas.

—No, hijo, no toques, que se rompen.

—No se apure usté, padre, que no se rompen.

Y venga a tocar la gaita, y vengan a bailar los güevos, hasta que también el padre y el hijo escomenzaron a bailar. Y así estuvieron bailando el padre y el hijo y los güevos en las cestas, hasta que el muchacho se aburrió.

Y ya llegaron a casa. Y tanto eran los güevos que había en las cestas, que no los podían sacar. Y dijo el padre:

—Pero ahora, ¿cómo nos arreglaremos pa sacar tantos güevos de las cestas?

Y el muchacho escomenzó a tocar la gaita, y los güevos escomenzaron a salir de las cestas hasta que salieron todos. Y el muchacho decía:

—Con esto ya nos podemos ganar la vida.

Y ya se fueron a vender los güevos. Y cuantos más vendían, más salían de las cestas, y se hicieron ricos.

Y después los dos hermanos mayores volvieron y no trajeron nada. Volvieron más pobres que nunca. Y de envidia que le tenían al menor, le quitaron la gaita. Y ya al menor no le hacía falta porque ya estaban ricos él y su padre. Y salieron ellos con la gaita tocando pa ver si se hacían ricos ellos también. Pero no pasaba nada, la gaita sólo al chico le servía.

46. EL TONTO LAGAÑOSO

Éste era un padre que tenía tres hijos. Y un día el mayor le dijo a su padre:

—Yo me voy ocho días por el mundo.

Y se fue. A los ocho días, volvió y le dijo a su padre:

—He vuelto de mi viaje, y cada vez que me meto la mano en el bolso, saco diez duros.

Y entonces dijo el otro hermano:

—Pues ahora yo también me voy, papá.

Y se fue y volvió de la misma manera, diciendo que cada vez que se metía la mano en el bolsillo, se sacaba diez duros.

Y el menor era tonto, feo y lagañoso. Pero él también dijo que se quería marchar por ocho días. Y cuando volvió el menor de su viaje, el padre le preguntó:

—Y tú, ¿qué sacas?

Y él respondió:

—Yo, nada.

Entonces los otros dos hermanos dijeron que ellos querían ir a pedir la hija del rey en casamiento. Y el padre lo consintió. Y dijo entonces el tonto lagañoso [13], magañoso[14], que él también iba. Y se marcharon los dos hermanos solos.

Se encontraban ya cansados un día en su camino. Y sacaban diez duros cada vez que se metían la mano en el bolso, pero no encontraban qué comer en ninguna parte. En eso llegó el tonto lagañoso, magañoso y les dijo:

—¿Qué hacéis aquí?

Y ellos le dijeron:

—Pues mira, que tenemos dinero, pero no tenemos comida que comprar.

Y entonces el tonto dijo:

—¿Queréis comer?

Y sacó un mantel y dijo:

—Mantel, ponme aquí de los mejores manjares del mundo.

Y se apareció una mesa con los mejores manjares del mundo. Y entonces dijeron los dos hermanos:

—Pues antes íbamos bien, pero ahora vamos mejor.

Con eso los dos hermanos se fueron otra vez solos, dejando al tonto solo allí.

---

[13] *Lagañoso* es palabra derivada de *lagaña,* la forma más antigua de «legaña», voz común al castellano y al catalán que quizá tenga origen prerromano y cuyo uso puede documentarse en nuestra lengua a partir del siglo XIV.

[14] *Magañoso,* término derivado de *magaña* o, en castellano antiguo del siglo XIV, madagaña. Este vocablo significaba «espantajo» o «fantoche» y tal es el sentido que debemos darle en esta versión recogida por Espinosa en Río Tuerto (Santander).

Llegaron los dos hermanos al palacio y le dijeron al rey que venían a pedir la mano de la hija, y el rey les dijo que pasaran. Luego llegó el tonto lagañoso, magañoso y le dijo el rey:

—Y usté, ¿a qué viene?

Y el tonto respondió:

—A lo que vienen los demás.

Y el rey le dijo que entrara y entró. Y en cuanto entró en el cuarto, empezó a decir que si querían comer. Eso lo repitió tres veces y sacó el mantel y dijo:

—Mantel, ponme aquí de los mejores manjares del mundo.

Y de pronto se apareció una mesa con los mejores manjares del mundo.

En este entremedio se asomó la criada por el agujero de la llave de la puerta y vio que el rey entraba y veía toda la mesa que había puesto el tonto. Y el rey preguntó:

—¿Quién ha hecho todo esto?

Y el tonto respondió:

—Yo, yo.

Y entonces el rey se llevó el mantel.

Entonces el tonto les dijo a los hermanos y a todos los que estaban en el cuarto si querían salir del cuarto. Lo repitió tres veces. Y sacó un sombrero y dijo:

—¡Sombrero, cañonazos!

Y todas las puertas del palacio y del cuarto se abrieron y todos se salieron, y él se quedó solo. Volvió el rey y le dijo que si quien había hecho eso. Y él respondió:

—Yo, yo.

Y entonces cogió el rey el sombrero. Y entonces el tonto se marchó solo.

En el camino, cuando le dio hambre, se subió a una higuera a comer higos, y bajó de la higuera lleno de cuernos, y dijo:

—¡Vaya! ¡Antes tonto, lagañoso y magañoso, y ahora lleno de cuernos! ¡Vaya!

Y fue abajo y se subió a otra higuera. Y cada higo que se comía, se le quitaba un cuerno. Y comió hasta que se le quitaron todos los cuernos. Y viéndose ya sin cuernos, fue y pidió un cesto y lo llenó de higos de los que salían cuernos, y se fue para el palacio, gritando:

—¡A los higucos del tiempo! ¡A los higucos del tiempo!

Entonces le dijo la criada al amo, el rey:

—¡Amo, a los higucos del tiempo!

Y el rey le dijo que los comprara. Y compraron. Y la criada, al subir las escaleras se comió uno, y le salió un cuerno. Y luego los comieron todos: el rey, la reina, la hija y todos. Y todos se llenaron de cuernos.

Entonces fue el tonto lagañoso, magañoso y se vistió de médico y salió diciendo que era un médico afamado. Y salió entonces el rey y le preguntó si era verdad que era médico, y él respondió que sí, que era médico afamado. Y entonces le dijo el rey:

—Mire usté qué broza [15] nos ha salido. Mire usté qué cuernos nos han salido a todos.

Y el tonto dijo:

Si me deja casarme con su hija, yo me comprometo a quitarles a todos los cuernos. Pero primero se los quito a la hija y me caso con ella, y después se los quito a los demás.

El rey dijo que estaba bien. Y el tonto le dio a la hija del rey que comer un higo de los que quitaban cuernos por cada cuerno que le había salido, y se le quitaron los cuernos en seguida. Y se casó con ella y después les quitó los cuernos a los demás.

Entonces le dijo el tonto al rey:

—Yo soy el que vino al palacio y a quien usté le preguntó que a qué venía, y yo soy el que le dije que a lo que venían los demás. Y yo soy el que le dijo al mantel que me trajera los mejores manjares del mundo, y me los trajo. Y yo soy el que le dijo al sombrero que abriera todas las puertas del palacio, y se abrieron todas, y ese sombrero lo tiene usté. Y yo soy el que les puse cuernos a todos ustedes y le dije

---

[15] *Broza*, palabra que el castellano comparte con el catalán, el francés y algunos dialectos italianos. *Broza* se refiere a la sustancia que se crea con el despojo de vegetales, hojas secas o cualquier otra materia. También puede significar «espesura de los bosques o los campos.»

después que se los quitaría a su hija si me casaba con ella. Y yo soy el que se los quité a ella y me casé con ella, y después les he quitao los cuernos a todos ustedes. Y ahora con el permiso de la hija, me dará usté el mantel y el sombrero. Y dígame usté si ha estao bien.

Y el rey le contestó que ya no se podía deshacer. Y entonces le dijo el tonto que adiós, que ya se iba a casa con su princesa.

47. LA AHIJADA DE SAN PEDRO

Eran dos ancianos que no habían tenido familia. Y siempre le rogaban a San Pedro que les diera una hija. Y al fin, ya de viejos, les dio Dios una hija. Y vino San Pedro a verlos y lo convidaron de padrino. Y le pusieron Pedro, como el padrino.

Y cuando ya la chica estaba grande, murió el padre y tuvo que salir a servir. Y la madre no sabía cómo vestirla. No la vestían de mujer porque no pegaba con el nombre que tenía. De manera que la madre la vistió de hombre, y se marchó a servir.

Y apenas había salido de su casa, cuando le salió San Pedro al encuentro y la dirigió a un palacio. Y se dirigió la chica al palacio y llegó y llamó en la puerta. Y salió una criada y la chica les dijo que si querían un criao. Y ya subió la criada y dijo que había un chico a la puerta que decía que si hacía falta un criao, y le dijon que subiera. Y subió y le gustó a la reina y se quedó de criao en el palacio.

Y ya se llegó el tiempo que el rey tuvo que irse a la guerra. Y en este medio tiempo la reina se enamoró de Pedro, creyendo que era hombre. Y una noche fue tres veces a la cama de Pedro, pero Pedro le dijo que no, que no podía ser, que ella era la reina y él no era más que su criao. Y entonces la reina le envió a decir al rey que necesitaba varón, que se viniera pronto. Y vino el rey y le dijo ella:

—Hay que matar a Pedro. Tres veces bajó a mi cama y hay que matarlo.

Y fue el rey y mandó llamar a Pedro y le dijo que lo iba a matar, pero no lo mataría si le traía un anillo que se le había caído en la mar. Y se fue Pedro llorando, sin saber qué hacer, cuando se le apareció San Pedro y le preguntó por qué estaba tan triste. Y cuando Pedro le contó lo que le pasaba, San Pedro le dio un pito y le dijo:

—Toma este pito y te vas a la orilla del mar y lo tocas, y saldrá un pececillo con el anillo en la boca.

Y se fue Pedro con el pito, y cuando llegó a la orilla de la mar, empezó a tocarlo y en seguida salió un pececito con el anillo en la boca. Y fue Pedro y le entregó el anillo al rey. Pero el rey le dijo:

—Para que no te mate, tienes que traerme una hija muda que me robaron los ladrones.

Y se fue el chico muy triste a ver si se encontraba con San Pedro. Y le salió San Pedro al encuentro y le preguntó por qué estaba tan triste. Y le contó Pedro lo que le pasaba, y San Pedro le dijo:

—No te apures por nada. Tú vas a la casa de los ladrones y te pones a la puerta. Cuando dan las doce, las puertas se abren y a la repetición se cierra. Entonces entras y coges a la muda y la sacas antes de que dé la repetición.

Y así lo hizo Pedro. Fue y se puso a la puerta, y al momento que dieron las doce se abrieron las puertas. Y entró a escape y cogió a la muda, y salió antes de que diera la repetición. Y al cerrarse las puertas, la muda pegó un grito, y en el camino pegó otro grito, y al entrar en el palacio, otro.

Y llegó Pedro con ella y se la entregó a la reina; pero la reina dijo que no, que tenían que matarle. Pero dijo el rey que no le mataban, si dividía esa noche tres fanegas de trigo, tres de cebada y tres de centeno para las tres de la mañana.

Y salió Pedro y se puso a llorar. Y llegó San Pedro y le preguntó por qué lloraba. Y ya le contó Pedro lo que le pasaba. Y San Pedro le dijo:

—Pide que te den una silla pa la habitación donde te encierren, y te tumbas a dormir.

Y así lo hizo Pedro. Pidió una silla y la llevó a la habitación donde lo iban a encerrar con las tres fanegas de trigo, las tres de cebada y las tres de centeno. Y cuando lo encerraron se tumbó a dormir.

Y a la una de la mañana se asomó la reina y se puso muy contenta porque vio que todavía Pedro no dividía nada y que lo iban a matar. Y al dar las dos y media, se asomó otra vez, y más contenta se puso cuando vio que Pedro estaba tumbao en la silla durmiendo y nada había hecho y de seguro lo iban a matar. Y al dar las tres, se asomó otra vez la reina y vio que todo el grano estaba dividido y Pedro estaba sentao en la silla.

Y ya fueron a ver si Pedro había dividido todo aquel grano, y al ver que todo lo había dividido, se quedaron asombraos.

Pero la reina todavía no estaba satisfecha y dijo que no, que le iban a matar, y que tenía que ponerse él solo en la horca pa que le ahorcaran.

Y subió Pedro a la horca. Y al ponerse él solo la horca, se le apareció San Pedro, y le dice Pedro:

—Yo de ésta no me desenredo.

Y San Pedro le dijo:

—No temas, que nada te pasará.

Y ya se pusieron a un lao el verdugo y a otro el rey y la reina, y pidió Pedro que le dejaran hablar tres palabras. Y le dijon que las dijera, y le dijo a la muda:

—Di, Ana, ¿Por qué pegaste el grito al salir de Granada?

Y Ana, la muda, dijo:

—Porque mi madre bajó tres veces a la tu cama.

Y todos se quedaron asombraos. Y le dijo entonces Pedro:

—Di, Ana, ¿por qué pegaste otro grito en medio del camino?

Y la muda contestó:

—Porque San Pedro es tu padrino.

Y más asombraos quedaron todos. Y ya faltaba todavía la tercera palabra, y dijo Pedro:

—Di, Ana, ¿por qué pegaste otro grito al entrar en el palacio?

Y contestó la muda:

—Porque eres hembra y no macho.

Y tan asombraos quedaron todos, que por largo rato guardaron silencio. Y después de volver de su asombro, el rey mandó matar a la reina y se casó con Pedro, que era una muchacha muy guapa.

Y ellos se quedaron allí, y a mí me enviaron aquí a que te lo contara a ti.

48. LAS TRES BOLITAS DE ORO

Éste era un viudo que tenía tres hijas y se casó por segunda vez. Y la madrastra no quería a las hijas. Y el padre tenía que trabajar durante el día lejos de la casa y tenían que llevarle el almuerzo.

La madrastra envió el primer día a la hija mayor. Y le dijo a la hija:

—No vayas por la Calle de la Amargura, que te encontrarás a la Virgen Pura. Y si la encuentras y te pide de comer, dile que se vaya a ganarlo como tu padre y tu madre.

Y salió la mayor con el almuerzo pal padre. Y no sabía por onde ir y fue por la Calle de la Amargura y se encontró con la Virgen. Y la Virgen le dijo:

—Buenos días, niña. ¿Adónde vas tan tempranito?

Y la niña le contestó:

—Voy a llevarle el almuerzo a mi padre.

Y logo le dijo la Virgen:

—Dame un poco a mí.

Y contestó la hija mayor:

—Vaya usté a ganarlo como mi padre y mi madre.

Y entonces le dijo la Virgen:

—¿Sabes tú dónde está tu padre?

Y la muchacha le contestó que no sabía. Y la Virgen le dijo entonces:

—Vete por una calle oscura, oscura, oscura y le hallarás.

Y se fue la muchacha por el camino oscuro, oscuro, oscuro, y llegó al infierno. Y llamó en la puerta y salieron los demonios y la cogieron, y allí en el infierno se quedó. Y en la noche le pusieron dos camas, una de cuchillos y otra de navajas, y le preguntaron cuál quería. Y ella dijo que la de navajas. Y se acostó y las navajas la cortaban el cuerpo. Y logo la llevaron los demonios y la metieron en las calderas calientes. Y ya la muchacha no volvió a su casa.

El segundo día enviaron con el almuerzo a la hija mediana. Y también le dijo la madrastra:

—No vayas por la Calle de la Amargura, que te encontrarás a la Virgen Pura. Y si la encuentras y te pide de comer, dile que se vaya a ganarlo como tu padre y tu madre.

Y se fue la hija mediana con el almuerzo pal padre, y como no conocía el camino, fue también por la Calle de la Amargura y se encontró con la Virgen. Y la Virgen le dijo:

—Buenos días, niña. ¿Adónde vas tan tempranito?

Y la muchacha le dijo:

—Voy a llevarle el almuerzo a mi padre.

Y la Virgen le dijo:

—Dame un poco a mí.

Y la muchacha le contestó:

—Vaya usté a ganarlo como mi padre y mi madre.

Y la Virgen entonces le preguntó si sabía bien por ónde ir ande su padre, y la muchacha contestó que no sabía. Y logo la dijo la Virgen:

—Vete por esa calle oscura, oscura, oscura y le hallarás.

Y se fue la muchacha por la calle, oscura, oscura, oscura, y llegó al infierno, como la hermana mayor. Y llamó en la puerta y salieron los demonios y la cogieron lo mismo que a la hermana mayor. Y todo le pasó lo mismo y se quedó como ella en el infierno, en las calderas calientes.

Y ya en vista de que no quedaba más que la hija menor, la enviaron al tercer día con el almuerzo pal padre, y con higos pa vender. Y la madrastra le dijo lo mismo que a las otras:

—No vayas por la calle de la Amargura, que te encontrarás a la Virgen Pura. Y si la encuentras y te pide de comer, dile que se vaya a ganarlo como tu padre y tu madre.

Y se fue la hija menor con la comida y los higos, y también fue por la Calle de la Amargura y se encontró con la Virgen. Y la Virgen la dijo:

—Buenos días, niña. ¿Adónde vas tan tempranito?
Y la menor le contestó:
—Voy a llevarle el almuerzo a mi padre.
Y le dijo entonces la Virgen:
—Dame un poco pa darle a este niño.
Y la niña le dijo:
—Coja usté lo que quiera.

Y cogió la Virgen un poco del almuerzo, y le dijo a la niña:
—Y en ese cesto, ¿qué traes?
Y la niña le contestó:
—Son higos que traigo pa vender.
Y le dijo la Virgen:
—Dame uno pa darle a este niño.
Y la niña le dijo:
—Escoja usté los que quiera.

Y escogió la Virgen uno. Y la Virgen entonces le dijo:
—¿Sabes tú, niña, ánde está tu padre?
Y la niña le contestó:
—No lo sé, señora.
Y entonces la Virgen le dijo:
—Vete por aquella puerta clara, clara, clara, y allí saldrán a abrirte.

Y se fue la niña por la puerta clara, clara, clara y llamó en la puerta, y era el cielo. Y salieron los ángeles a abrir la puerta y entró. Y bajó San Pedro y le dio tres bolitas de oro. Y ya le dijo San Pedro:
—¿Por cuáles escaleras quieres subir, por las de oro o por las de plata?
Y ella dijo:
—Por cualesquiera.

Y subió la niña y allí se quedó. Y se puso la niña a jugar con sus tres bolitas de oro y empezó a cantar:
—Estas tres bolitas de oro, que San Pedro me las dio, para mi padre y mi madre, para mis hermanas no.

Estas tres bolitas de oro, que San Pedro me las dio, para mi padre y mi madre, para mis hermanas no.

Y al terminar de cantar, cáesele una de las bolitas pa

abajo. Y cayó en el inferno y la cogió el diablo. Y entonces se puso a cantar la niña:

—Estas dos bolitas de oro, que San Pedro me las dio, para mi padre y mi madre, para mis hermanas no.

Estas dos bolitas de oro, que San Pedro me las dio, para mi padre y mi madre, para mis hermanas no.

Y al terminar de cantar, cáesele otra bolita de oro pa abajo, y el diablo la cogió también. Y entonces se puso a cantar la niña:

—Esta bolita de oro, que San Pedro me la dio, para mi padre y mi madre, para mis hermanas no.

Esta bolita de oro, que San Pedro me la dio, para mi padre y mi madre, para mis hermanas no.

Y al terminar de cantar, cáesele ésta también pa abajo, y el diablo la cogió también, y se quedó la niña sin bolitas.

Y ya empezó la niña a llorar y cantar:

—Aquellas tres bolitas de oro, que San Pedro me las dio, se me cayeron pa abajo. Sin ellas ¿qué haré yo?

Aquellas tres bolitas de oro, que San Pedro me las dio, se me cayeron pa abajo. Sin ellas, ¿qué haré yo?

Y San Pedro la oyó llorar y cantar y vino y le preguntó por qué lloraba y cantaba así. Y cuando ella le contó lo que le había pasao, fue San Pedro y cogió una caña muy grande y le dio al diablo unos cañazos muy fuertes, y el diablo le dio las tres bolitas de oro y San Pedro se las devolvió a la niña.

Y cuando se fue San Pedro, empieza la chica a cantar otra vez:

—Estas tres bolitas de oro, que San Pedro me las dio, para mi padre y mi madre, para mis hermanas no.

Estas tres bolitas de oro, que San Pedro me las dio, para mi padre y mi madre, para mis hermanas no.

Y cuando cantaba, jugaba con las bolitas y las tiraba pa arriba y las cogía en las manos. Y de contento no veía ande tiraba las bolitas y cayó una en un cristal y lo rompió. Entonces se puso a llorar y vino la Virgen y le dijo:

—¿Por qué lloras, niña?

Y le contestó la niña:

—Porque estaba jugando con mis tres bolitas de oro y se cayó una en un cristal y lo rompió.

Y la Virgen le dijo:

—No llores, niña, que San Pedro lo arreglará.

Y ya después de mucho tiempo, le dijo San Pedro a la chica que tenía que regresar al mundo. Y se fue la niña con sus tres bolitas de oro.

Y llegó a su casa y le contó a su madrastra todo lo que le había pasao. Y la madrastra, de rabia que tenía con ella, le dijo que pa qué le había dado los higos a la Virgen, y la llevó y la enterró viva en un trigal con tres bolitas de oro.

Y ya se fue la madrastra, creyendo que ya estaba muerta. Pero la niña seguía viva enterrada en el trigal. Y el pelo de la niña creció por la tierra con el trigo.

Y logo fueron los segadores a segar el trigo. Y cuando llegaron ande estaba enterrada la niña y segaban el trigo junto con su pelo, la niña cantaba:

> —Segadores que vais a segar,
> no seguéis mi lindo pelo,
> que la tuna de mi madre
> *me enterró por higo y medio.*

Y los segadores hicieron oído y ya oyeron bien las voces de la niña. Y dieron parte y vinieron los del pueblo y sacaron a la niña, que estaba viva, y salió riendo con sus tres bolitas de oro.

Y a la madrastra la quemaron viva.

49. LA BRUJA EN FORMA DE GALGA

Estaba un bisabuelo mío arando y vio entrar una mujer en un arroyo, en una quebrantada que llamamos aquí. Y se fijó que había entrao una mujer y salía una galga. Tuvo la curiosidad de ir a la quebrantada y halló el hatillo de la mujer recogido entre una junquera.

Y a la postura del sol, se presenta la mujer en forma de

galga y viene derecha a la quebrantada donde había dejao el hatillo de ropa y se encuentra que no había nada. Y se fue derecha adonde estaba el labrador, que era mi bisabuelo.

Y el hatillo de ropa lo había colgado él de la costilla del yugo del ganao. Y ella se tiraba a ver si podía arrrancar el hatillo de donde estaba colgao. Y el ganao sudaba cada pelo una gota y no querían arar. Y dice entonces mi bisabuelo:

—¡Carajo! ¿No queréis arar? ¡Pues a casa, pero con el hatillo colgao!

Echó la ropa y se vino a casa. Y al llegar a un término que llamamos el Huerto Raso, se presenta una mujer en cueros —de galga se volvió en mujer— y le dice:

—Señor Silvestre, déme usté la ropa, que no le haremos daño ni a usté ni a su familia.

Y la dice mi bisabuelo:

—Tienes que decirme dón habéis estao.

Y le respondió la mujer:

—Pues hemos estao a acabar de chupar las cañadas [16] de la hija de un médico.

—Pues si no vais a darla la saluz, no te doy la ropa.

—Pues ya no podemos. Haga usté lo que quiera. Ya no puede ser el darla la saluz.

Y mi bisabuelo le dio la ropa.

Y se terminó el cuento.

50. LA ASADURA DEL MUERTO

Éste era un matrimonio. Y vivían cerca del cementerio y no tenían qué comer. Y una noche fue la mujer y desenterró un muerto y le sacó la asaúra y la asó. Y cuando llegó el marido, se la puso en la mesa con patatas.

Conque cenaron y no pasó nada. Y luego después de cenar, se acostaron. Y cuando ya estaban en la cama, se oyó una voz que dijo:

---

[16] *Cañada,* parecer tener aquí uno de sus significados menos habituales, el de «tuétano del hueso».

> —¡Dame mi asaúra dura
> que me sacaste de la sepultura!

Y la mujer gritó:
—¡Ay, maridito mío! ¿Quién será?
Y el marido le contestó:
—¡Cállate, remonona [17], que ya se irá!
Pero la voz le dijo entonces;

> —¡No me voy,
> que en la puerta de sala estoy!

Y la mujer, más espantada, le gritó a su marido:
—¡Ay, maridito mío! ¿Quién será?
Y el marido le dijo otra vez:
—¡Cállate, remonona, que ya se irá!
Y la voz contestó:

> —¡No me voy,
> que debajo de la cama estoy!

La mujer entonces se agarró de su marido y empezó a gritar:
—¡Ay, maridito mío! ¿Quién será?
Y el marido le decía:
—¡Cállate, remonona, que ya se irá!
La voz entonces dijo:

> —¡No me voy,
> que encima de la cama estoy!

La mujer estaba ya casi loca de espanto, y gritaba:
—¡Ay, maridito mío! ¿Quién será?
Y el marido le dijo:

---

[17] *Remonona,* probablemente deformación de «remolona» palabra usada aquí en su sentido de persona perezosa. «Remolón» deriva de «remolcar», voz procedente del latín *remulcare,* y significa alguien o algo de que hay que tirar o a quien hay que arrastrar para moverlo.

—¡Cállate, remonona, que ya se irá!
Pero entonces dijo la voz:

—¡No me voy,
que agarrándote de los pelos estoy!

Y agarrando a la mujer de los pelos, el muerto se llevó a la mujer al cementerio, la mató y le sacó la asaúra y se la puso y se enterró otra vez.

IV. CUENTOS DE ANIMALES

51. EL LOBO DESOLLADO VIVO

Iban todos los días dos carruqueros con dos carretas por un camino a vender peras a un pueblo. Y había una zorra que cuando ellos no se cuidaban, salía por ai y se subía a las carretas y, tiraba de arriba las peras y luego se bajaba a comérselas. Y sucedió esto por unos tres días o más, y dijeron los carruqueros:

—Pero, hombre, faltan siempre peras de las carretas. Aquí algo hay. Ya veremos qué es lo que pasa.

Conque en eso se encontró la zorra con el lobo en el camino y la dijo el lobo:

—¡Hola! ¿Qué haces tú por aquí?

Y la zorra le respondió:

—Pues, anda, que bien que me he hartao de peras. Calla; no se lo vayas a decir a nadie. Han pasao por aquí dos carruqueros con dos carretas llenas de peras y, ¿sabes lo qué he hecho? Pues me he tirao al camino y me han tirao de las carretas muchas peras, y he comido hasta hartarme. He llenao bien la panza.

Y el lobo, que buen hambre traía, la dijo a la zorra:

—¡Ay, quién tuviera esa suerte!

Y como la zorra le tenía miedo al lobo, se le acercó y le dijo con mucha confianza:

—Pues mira, amigo lobo. Yo te diré cómo hago yo. Voy por ai cuando pasan los carruqueros, y me tiro en el camino y me hago la muertecita, y se apean ellos y me suben a la carreta y ai me harto de peras y luego me escapo.

Y el lobo se lamía las patas cuando la zorra hablaba de las peras. Y la zorra le dijo al lobo que la siguiera, que ella le diría por ónde pasaban los carruqueros.

Y salieron la zorra y el lobo por el camino alante.

Y cuando ya habían andao un rato, se paró el lobo y le dijo a la zorra:

—Mira, amiga zorra, que yo traigo mucha hambre y mejor es que te coma ahora a ti que esperar esas peras.

—Pero mira —le dijo la zorra—, si a los dos días de seguro vienen. Por aquí pasan siempre. Y una cosa te advierto: que cuando veas que te cogen los carruqueros, no vayas a huir. Hazte el muertecino, que así hago yo. Los carruqueros dirán que te van a matar y sacarán navajas y dirán que te van a desollar también. Pero tú no hagas caso, que así dicen cuando me cogen a mí. No te vayas a mover. Tú siempre quietecito, quietecito, y no hagas caso de lo que digan o hagan, que te subirán a la carreta y ai te vas a hartar de ricas peras.

—Güeno, güeno —dijo el lobo—. ¿Dices, amiga zorra, que a los dos días pasan? Pues aquí me voy a estar en espera de ellos.

—Sí, sí —le dijo la zorra—. Y no seas tonto, que has de hacer como yo te digo y verás cómo te vas a hartar de ricas peras.

Conque se fue la zorra muy contenta de haberse escapao de las garras del lobo, y el lobo se quedó esperando a los carruqueros. Y a los dos días de esperar, ya el lobo se moría de hambre y ya empezaba a maldecir a la zorra, cuando vio venir a los dos carruqueros por el camino con sus dos carretas llenas de peras. Y dijo:

—No me ha engañao la zorrita. Allí vienen las carretas, llenas de ricas peras.

Y diciendo esto, se tiró en el medio del camino y se hizo el muertecino. Y ai estuvo en expetativa hasta que llegaron los carruqueros y dijeron:

—¡Toma! Ai está otro lobo aguardando las peras como a de antaño.

Y se apearon de las carretas y fueron ande el lobo y viendo que no se movía, le dio uno de ellos una patada y dijo:

—¡Me cago en dies! ¡Si está muerto!

Y sacaron las navajas y comenzaron a desollarle. Y el lobo pasaba mil tormentos, pero no se movía. Estaba quietecito, quietecito, sufriendo y acordándose de las ricas peras. Y los carruqueros le desollaron entero. Dejándole sólo las patitas y la cabeza sin desollar. Y dijeron ellos:

—Ahora sí que está éste bien arreglao. Ahora sí que no volverá a comer peras.

Y luego se subieron los carreteros a las carretas con la piel del lobo, y le dejaron ai en el camino sufriendo, medio muerto, y se fueron.

Y de tanto que sufría, el lobo empezó a clamar, y a sus gritos vino la zorra y dijo:

—Pero, ¿qué es esto? ¡Cómo clama el lobo!

Y llegó ande el lobo y le preguntó:

—Pero, amigo lobo, ¿qué te ha pasao?

—Me ha pasao que me han desollao vivo, amiga zorra. Me han quitao todo el pellejo y yo callao. Y tú tienes la culpa, tunanta, que si puedo, ahora sí te voy a comer.

Y la zorra que vio que el lobo estaba muy enfadao, echó a correr por una calada de zarzas que había cerca. Y el lobo echó a correr también tras la zorra, y le gritaba:

—¡Ay, tunanta, traidora, que tú me las has de pagar!

Y la zorra se metió por la calada de zarzas y pasó corriendo y se escapó. Pero el lobo, como estaba tan escarnao, luego que se metió entre las zarzas, se detuvo y ya no se atrevió a colarse ni pa atrás ni palante. Y como no podía salir, allí se quedó.

Y la picarona de la zorra, cuando le vio ya bien cogido entre las zarzas, le gritó:

—Eh, el de las calzas y el sombrero,
¿qué tal te fue con el carruquero?

52. LA ZORRA Y EL LOBO

Una zorra iba too lo día a un corrá a comé gallina. Y no había otra entrá que un boquete por onde apena cabía la zorra, y la zorra siempre tenía la alvertencia de comé sólo do gallina ca ve que iba ar corrá, pa no ponerse mu gorda y no podé salí. Depué que se comía una gallina, iba y se probaba en er boquete pa ve si podía comé otra. Y aluego se comía otra. Y se probaba y vía que ya no podía comé má y se iba a su cueva.

Y el amo e la gallina que vía la farta too lo día de do gallina, dijo:

—La zorra me está comiendo la gallina y la vi a pillá.

Y encuéntrase la zorra con er lobo, y le dice er lobo:

—¡Hola, comae zorra! ¿De ánde viene usté tan de mañana?

Y le contesta la zorra:

—¿De ande he de vení, copae lobo? Vengo de comé gallina en un corrá que hay aquí cerca. Si quiere uté comé gallina hasta hartarse, venga uté conmigo esta noche y yo le llevaré ar corrá.

Güeno, pue er lobo le dijo que iría con ella y quedaron en i junto po la noche.

Y apena había oscurecío, cuando llega er lobo a la cueva e la zorra y le grita:

—¡Comae zorra, sarga uté, que ya e tarde! ¡Comae zorra, sarga uté, que ya e tarde!

Y salió la zorra y se fueron ar corrá. Y en er camino le dijo la zorra ar lobo:

—Mucho cudiau, compae lobo, que no lo vaya a cogé el amo e la gallina. Uté se atraca e gallina y lo estaré cudiando en er boquete por onde tenemos que entrá y salí.

Llegan ar corrá, y la zorra entra primero por er boquete y aluego er lobo. Y va la zorra y coge una gallina y er lobo otra y en un momento la devoran. Y va entonce la zorra ar boquete y sale y entra pa vé si cabe bien y pa vé si pué comé tavía otra gallina. Y er lobo le dice:

—¿Qué anda haciendo uté allá, comae zorra?

Y le dice ella:

—Na, compae lobo. He salio a vé si no anda el amo por ai. No hay cudiau. Vaya uté a cogé otra gallina.

Y van otra ve y cogen ca uno una gallina, y depué de comé, la zorra va otra vé ar boquete y se preba a ve si cabe. Y ve que pué salí, pero que ya no pué comé má. Y er lobo le dice otra ve:

—Comae zorra, ¿qué anda haciendo uté por allá?

—Viendo a vé si anda arguno por ai —le contesta la zorra.

Y er lobo, que no tenía la alvertencia e la zorra de í a vé si podía salí por er boquete, entró otra ve a cogé otra gallina. Y ya sin hacele caso a la zorra, entró ande estaban la gallina y se atracó hasta que ya parecía una bola. Y ar caraqueo e la gallina, salió el amo, con un güen garrote. Y la zorra cuando le vio vení, echó a corré y se salío por er boquete. Y er lobo echó a corré tamié, pero ar llegá ar boquete, no pudo salí, y el amo der corrá lo cogió y lo mató a palo.

53. EL LOBO CREE QUE LA LUNA ES QUESO

Andaba el lobo muy hambriento y ya no sabía qué hacer pa coger algún animal pa comérselo. Y por ai encuéntrase con la zorra y le dice:

—Oiga usté, señora zorra, que me la voy a comer. Ya me muero de hambre y algo tengo que comer.

Y la zorra le dijo:

—Pero mire usté, que estoy muy flaca. No soy más que huesos y pellejos.

—No, que usté estaba muy gordita el año pasao.

—El año pasao sí que estaba gordita, pero ahora tengo que darles de mamar a mis cuatro zorritos y apenas hallo bastante pa crear leche pa ellos.

—¡Que no me importa! —la dijo el lobo.

Y ya iba a darla la primer mordida, cuando la zorra le dijo:

—Deténgase usté, por Dios, señor lobo. Mire que yo sé ande vive un señor que tiene un pozo lleno de quesos. Vamos al pozo y verá usté como le digo la verdá.

Y se fueron la zorra y el lobo a buscar los quesos.

Y llegaron a una casa y pasaron unas tapias y llegaron ande el pozo, y la Luna se reflejaba en el agua y parecía un queso. Y se asomó la zorra y volvió y le dijo al lobo:

—¡Ay, amigo lobo, que el queso es grandón! Mire; asómese usté.

Y se asomó el lobo y vio la Luna y creyó que era un queso grandón. Pero el lobo, sospechoso, la dijo a la zorra:

—Pues bueno, amiga zorra, entre usté por el queso. Y la zorra se metió en uno de los cubos y entró por el queso. Y desde abajo le gritaba al lobo:

—¡Ay, amigo lobo! ¡Qué grandón está el queso! ¡No puedo con él! Venga usté a ayudarme a subirle.

—Pero no puedo yo entrar —la decía el lobo—. ¿Cómo voy yo a entrar? Súbalo usté sola.

—Y la zorra le dijo:

—Pero no sea usté torpe. Métase usté en el otro cubo y verá como así entra fácilmente.

Y se metió la zorra entonces en el cubo onde había bajao. Y el lobo se metió en el otro cubo y, como pesaba más, se deslizó pa abajo y la zorra subió pa arriba. Y ai se quedó el lobo buscando el queso, y la zorra se fue muy contenta a ver a sus zorritos.

54. LA ZORRA Y LA CIGÜEÑA

La cigüeña hizo su nido en un árbol y allí vivía con sus crías. Un día vino la zorra y le dijo que tenía hambre y que quería que le diera un hijo. La cigüeña le dio uno y la zorra se lo comió.

Otro día vino la zorra otra vez y le dijo a la cigüeña:

—Dame otro hijo tuyo, que traigo mucha hambre.

Y entonces la cigüeña le dijo:

—No te lo doy. No tengo hijos para dar. Si quieres comer hijos, tenlos tú.

Y la zorra le dijo:

—Mira, que si no me los das, cuando vayas a buscar comida para ellos, tiro el árbol y me los como todos.

Y mojaba la zorra el rabo en un lamiza y daba coletazos en el árbol y decía:

—Mira qué hachazos doy.

Y la cigüeña no sabía qué hacer para desunirse de la zorra, y le dijo por fin:

—Oye, zorrita, que hoy hay una boda en el cielo. Te convido a la boda y puedes ir y atracarte de pollos y chorizos.

—Sí —le dijo la zorra—, tú, que tienes alas, puedes subir, pero yo, que no las tengo, ¿cómo podré subir?

Y la cigüeña le dijo:

—Mira, que es una cosa muy fácil. Yo te subiré. Yo te subo en mis alas.

Y llevó a la zorra a un pico, donde se había de subir para llevarla de allí. Y allí la dejó. Y cuando la cigüeña se iba, le gritó la zorra:

—Dime, cigüeña, ¿cuándo será?

—Un día de muchos truenos —le respondió la cigüeña.

Y llegó un día de muchos truenos y la zorra subió al pico, donde le había dicho la cigüeña, y se pudo a aguardar. Llegó la cigüeña y la colocó sobre sus alas y emprendió su vuelo.

Y voló la cigüeña a una altura grande y se dio media vuelta y tiró a la zorra abajo. La zorra se dio un buen golpazo, y cuando se levantó del suelo, media muerta, dijo:

—Si de ésta salgo y no muero,
no quiero más bodas en el cielo.

Y por eso dice el refrán: «No quiero más bodas en el cielo.»

55. LA PEGA Y SUS PEGUITOS

Había una vez una pega [18] que vivía en un ponjo, donde tenía un nido con varios peguitos. Todos los días venía un zorro y le decía a la pega:

---

[18] *Pega* aparece en esta versión leonesa designando una clase de ave zancuda según se desprende del propio texto en donde se la hace «prima del alcaraván». El alcaraván es una zancuda de patas largas y amarillas con el vientre blanco y alas blancas y negras. Como dice Espinosa, este relato trata el mismo tema que el famoso cuento árabe del Calila y Dimna sobre la paloma, la golpeja y el alcaraván, «con un desarrollo nuevo y muy notable al final».

—Peguita, dame un pequito, que si no,
te corto el ponjo.

La pega, con grande dolor de su corazón, le tiraba del ponjo, un peguito y el pícaro del zorro se lo comía. Volvía el zorro y pasaba siempre lo mismo. El zorro le decía a la pega que le diera un peguito y que si no le cortaba el ponjo, y la pega, con grande dolor de su corazón, le tiraba uno.

Ya el zorro acababa con los peguitos, cuando llegó un día a visitar a la pega su primo, el alcavarán. Cuando éste se enteró de lo que pasaba, le dijo a la pega, su prima:

—Si el zorro viene otra vez, no le des un peguito. Y si te dice que te corta el ponjo, le dices tú:

«El hocil [19] sí corta el ponjo,
pero no el rabo (d)el raposo.»

Se fue el alcavarán, y a poco llegó el zoro y le dijo a la pega:
—Peguita, dame un peguito,
que si no, te corto el ponjo.

Y la pega le respondió como le había dicho su primo, el acavarán:
«El hocil sí corta el ponjo,
pero no el rabo (d)el raposo.»

El zorro le dijo entonces a la pega:
—¿Quién te ha dicho que me dijeras eso? Seguramente fue tu primo, el alcavarán. Pues yo le pillaré c'arriba en un cascajal.

Y con efecto, el zorro se dio mañana para coger al alcavarán. Le cogió y se lo tragó vivo. Y el pobre del alcavarán le decía desde la tripa:

---

[19] *Hocil,* dentro de esta versión en la que abundan los leonesisimos, parece voz derivada de «hoz» o de «hocino», que proceden de la palabra latina *falx.*

—Suéltame, hermano zorro. Déjame salir.

El zorro se negaba a ello, y por fin le dijo el alcavarán:

Ya que no quieres dejarme salir, por lo menos vete delante del ponjo de mi prima, la pega, y grita, desde allí bien alto, para que todos se enteren: «¡Alcavarán comí!»

Así lo hizo el zorro. Fue y se puso delante del ponjo de la pega y gritó muy alto:

—¡Alcavarán comí!

Pero al gritar, abrió la boca tan grande, que el alcavarán se escapó y exclamó:

—¡A otro, que no a mí!

56. GORDA, FLACA Y SOSTRA

Éstas eran tres cabritas que iban todos los días a comer a un ribazo, y un día se encontraron al lobo. Y el lobo les dijo:

—Cabritas, os voy a comer.

Y las cabritas le dijeron:

—No, amigo lobo, no nos comas, que vamos a comer a un ribazo, y cuando volvamos, estaremos muy gorditas y entonces nos comes.

El lobo dijo que estaba güeno. Y las cabritas ya no volvieron al monte por tres meses. Y cuando iban ya pa el ribazo, encontraron otra vez al lobo. Y les dijo el lobo:

—Ahora sí os voy a comer.

Y las cabritas le dijeron:

—No, amigo lobo, no nos comas, que nosotras no somos las del otro día.

Y el lobo les preguntó:

—Pues, ¿cómo os llamáis?

Y ellas respondieron:

—Nos llamamos Gorda, Flaca y Sostra.

Y el lobo dijo entonces:

—Es verdá; no sois las del otro día.

Y se escaparon las cabritas, y el lobo se quedó esperando a las otras.

Ya fueron a los dos meses las cabritas al mismo monte a comer, y otra vez encuéntranse al lobo. Y el lobo les dijo:

—Ya no me engañáis, embusteras, que ahora sí os voy a comer.

Y las cabritas, muy sorprendidas, dijeron:

—Pero hombre, si nosotras no le hemos engañao a usté, señor lobo. Si nosotras no somos las del otro día.

—Pues, ¿cómo os llamáis? —les preguntó el lobo.

—No nos acordamos —dijeron las cabritas.

—Yo sí me acuerdo —dijo el lobo—. Os llamáis Gorda, Flaca y Sostra.

Y como a ese tiempo llegaba el amo con dos galgos, las cabritas echaron a correr, y le gritaron al lobo:

—Sí, nos llamamos Gorda, Flaca y Sostra.

Y tú, alza el rabo y sopla.

57. VICENTE, VICENTE, DEJA LA SOGA Y VENTE

Una vez iban por un camino una zorra y un lobo. La zorra se llamaba Mariquita y el lobo se llamaba Vicente. Y andando, andando, se encontraron en el camino una soga. Y empezó a decir la zorra:

—¿Qué haremos con esta soga? ¿Qué haremos con esta soga?

Y el lobo la dijo:

—Pues mira, zorrita, vamos a un prao a coger una vaca pa comérnosla.

Y fueron andando hasta que llegaron a un prao onde estaba una vaca. Y la zorra se subió arriba de la vaca y la ató los cuernos con la soga. Y luego que ya la ató de los cuernos, se apeó Mariquita y ató con la otra punta de la soga a Viente del pescuezo.

Conque a eso, empezó la zorra hacerle la fiesta la vaca pa

que se llevara a Vicente a rastro. Y a eso, echó la vaca un bufío y echó a correr a la casa del amo, con Vicente a rastro. Y ya que iba muy lejos, la zorra le gritaba al lobo:

—¡Vicente, Vicente,
deja la soga y vente!
¡Vicente, Vicente,
deja la soga y vente!

Y Vicente la contestaba:

—Si la soga no se rompe
y el nudo no se desata,
iremos a parar pronto
en casa el amo e la vaca.

Conque ya llegó la vaca a casa el amo con el lobo a rastro. Y salió el amo y cogieron a Vicente y lo desollaron a zurrón cerrao, y lo dejaron irse a morir al campo.

58. EL GRILLO Y EL MONO

Éste era un grillo que salió una mañana a buscar la vida. Y pasó un mono y písalo.

Y se alevanta el grillo con mucho coraje y le dice:

—¡Pues vaya una gracia de usté, amigo! Anda usté como si fuera el dueño de todas estas tierras.

Y el mono, como vido que hablaba así un bicho tan pequeño, le dice:

—¡Toma!, ¡Usté sí que tiene gracia de hablarme a mí de esa manera! Cállese usté si no quiere que le aplaste de una pisada.

Y ya el grillo le dijo:

—Oiga usté una palabra. Si tan valiente se cree, le desafío a usté pa cuando quiera, a una batalla.

Y el mono se rió de él y le dijo:

—Pero, gusano de la tierra, ¿qué batallas quieres tú? ¿Qué no sabes tú que con sólo una pisada te aplasto?

—No importa —le dijo el grillo—. Ven mañana aquí con tus guerreros y yo vendré con los míos.

Y ya quedaron en venir allí a la batalla.

Y fue el mono y buscó unos cuantos lobos y zorras y leones, y los preparó pa la batalla. Y el grillo fue y alcontró unos moscardones y unas avispas y abejas, y llegó al lugar onde se había alcontrao con el mono. Y ya vido el mono que no se vía nada onde estaba el grillo, y gritó:

—¿Ande estás, gusano, que no te veo?

Y ya salió el grillo y le dijo:

—Aquí estamos esperando. Envía alante tus soldaos.

Y les dijo el mono a sus soldaos:

—¡Alante, soldaos, aplastar al grillo con sus gusanos!

Y el grillo gritó a los suyos:

—¡Alante, avispas y abejas y moscardones! ¡Alante, alante, y primero al culo!

Salieron todas las avispas y las abejas y los moscardones y volaron derecho al culo de los lobos y zorras y leones y escomenzaron a picarles. Y todos salieron huyendo. Y el mono, que más atrás se quedaba, les gritaba a los demás:

—¡Volveos, compañeros, que también en mi culo pican! ¡Volveos, compañeros, que también en mi culo pican!

Y el grillo le gritó:

—¿Te das por vencido, cobarde?

Y el mono le contestó:

—Por Dios, amigo grillo, que me dejen tus compañeros!

Y corriendo, corriendo, llegaron todos al río y ai se metieron todos pa que se fueran las avispas y abejas y moscardones. Y después anduvieron todos por mucho tiempo con el culo hinchao.

59. EL TRAGALDABAS

Ésta era una agüela que vivía sola con sus tres nietas que tenía. Y las tenía haciendo media. Y pa que trabajaran aprisa, les dijo un día:

—Hoy cada una, cuando acabe la labor, puede irse a la bodega a comer pan y miel.

La menor de las tres acabó primero, y la agüela le dijo:
—Güeno, pues si has acabao, vete a la bodega a comer pan y miel.

Y se fue la menor muy contenta pa la bodega a comer su pan y su miel. Y al entrar en la bodega, estaba allí el tragaldabas y la cantó:

>—Pequeña, por pequeña,
>no vengas acá,
>que soy el tragaldabas
>y te voy a tragar.

Pero la niña no hizo caso y entró en la bodega. Y allí estaba el tragaldabas esperándola y se la tragó viva.

Y la agüela dijo:
—¡Cómo tarda la pequeña! ¡Estará comiendo mucho pan y mucha miel!

Y ya dijo la hermanita mediana:
—Agüela, ya yo he acabao también.

Y la agüela la dijo:
—Güeno, pues si has acabao, vete a la bodega con tu hermana a comer pan y miel.

Y al entrar en la bodega, cantó el tragaldabas:

>—Mediana, por mediana,
>no vengas acá,
>que soy el tragaldabas
>y te voy a tragar.

Pero tampoco la mediana hizo caso y entró en la bodega, y el tragaldabas se la tragó viva también.

Acabó también su labor la hermana mayor y dijo:
—Agüela, ya he acabao yo mi labor también.

Y la agüela la dijo:
—Güeno, pues si has acabao, puedes ir tú también a comer pan y miel.

Y se fue la hermana mayor pa la bodega. Y al entrar en la bodega, cantó el tragaldabas:

> —Mayor, por mayor,
> no vengas acá,
> que soy el tragaldabas
> y te voy a tragar.

Pero la hermana mayor no hizo caso tampoco y entró en la bodega, y el tragaldabas se la tragó viva como a las otras dos.

Cuando ya tardaba mucho, dijo la agüela:

—Pero, ¿por qué tardarán tanto mis nietecitas? Voy a ver qué les ha pasao.

Y se marchó pa la bodega pa ver qué hacían. Y al entrar en la bodega, cantó el tragaldabas:

> —Agüela, por agüela,
> no vengas acá,
> que soy el tragaldabas
> y te voy a tragar.

Y la agüela, que ya sabía quién era el tragaldabas, tuvo miedo y no entró. Se fue a su casa y se puso a llorar a la puerta. Y pasó por allí un carretero y la dijo:

—Agüela, ¿por qué llora?

Y ella le contestó:

—¡Ay, señor! Que en la bodega está el tragaldabas y se ha tragao a mis tres nietecitas.

Y el carretero la dijo:

—Pues no se apure usté, agüela, que ya verá usté como se las traígo a las tres a su casa.

Entonces se fue a la bodega a buscar a las tres hermanas. Y el tragaldabas cantó:

> —Carretero, por carretero,
> no vengas acá,
> que soy el tragaldabas
> y te voy a tragar.

Y el carretero no le hizo caso y entró en la bodega. Y al entrar, le cogió el tragaldabas y se lo tragó vivo.

Y entonces más lloraba la agüela. Y pasó por ai una avispa y la preguntó:

—Agüela, ¿qué tiene usté, que llora tanto?

Y ya la agüela contó a la avispa lo que le había pasao. Y la avispa la dijo:

—No se apure usté, que verá qué presto vienen a casa todos.

Y se fue la avispa a la bodega a buscar a las tres hermanas y al carretero. Y al entrar en la bodega, cantó el tragaldabas:

> —Avispa, por avispa,
> no vengas acá,
> que soy el tragaldagas
> y te voy a tragar.

Pero la avispa no le hizo caso. Entró volando, y antes de que el tragaldabas lo supiera, ya le estaba dando piquetes en el culo. Y tanto le estuvo picando en el culo, que por fin lo abrió tanto, que por ai salieron las tres hermanas y el carretero. Y todos se fueron a casa muy contentos.

Y la avispa no salía de la bodega, y la agüela decía:

—Pero, ¿por qué no sale la avispa de la bodega?

Y ya vieron que salía de la bodega el tragaldabas y la avispa todavía iba picándole en el culo. Y cuando ya el tragaldabas iba muy lejos, se volvió la avispa a la casa de la agüela. Y el tragaldabas ya no volvió la casa.

60. EL MEDIO POLLICO

Éstas eran dos señoras que echaron una llueca [20] y en la llueca les salió un pollico. Pero ellas querían cada una un pollico, y como les salió solamente uno, lo partieron en dos

---

[20] *Llueca,* en esta versión de Cuenca, parece deformación de «gallina clueca» a juzgar por el significado de esa palabra en otras versiones del mismo cuento.

partes. Y una se comió su medio pollico, y la otra lo tiró al balaguero [21].

Y allí en el balaguero se puso el medio pollico a escarbar y se encontró una bolsa de dinero. Y pasó por allí un parrillano y le dijo:

—Dame esa bolsa de dinero, que a los ocho días yo pasaré por aquí a devolvértela.

Y se la dio el pollico y se fue el parrillano. Y ya pasaron los ocho días y el parrillano no volvía, y se fue el medio pollico a buscarlo.

Y andando, andando por su camino, se encontró con una zorra. Y le dijo la zorra:

—Medio pollico, ¿dónde vas, que te voy a comer?

Y el medio pollico le contestó:

—No, no; no me comas. Métete en mi culico, que yo te taparé con mi trapico.

Y ya va más andando, más andando, y se encuentra con un lobo. Y le dice el lobo:

—Medio pollico, ¿dónde vas, que te voy a comer?

Y el medio pollico le dice:

—No, no; no me comas. Métete en mi culico, que yo te taparé con mi trapico.

Y ya va más andando, más andando, y se encuentra con un gato. Y le dice el gato:

—Medio pollico, ¿dónde vas, que te voy a comer?

Y el medio pollico le contesta:

—No, no; no me comas. Métete en mi culico, que yo te taparé con mi trapico.

Y ya va más andando, más andando, y se encuentra con un guijarral. Y le dice el guijarral:

—Medio pollico, ¿dónde vas, que te voy a comer?

Y le dice el medio pollico:

—No, no; no me comas. Métete en mi culico, que yo te taparé con mi trapico.

Y ya va más andando, más andando, y se encuentra con el Río Júcar. Y le dice el río:

---

[21] *Balaguero,* voz que aquí parece haber sido utilizada con el significado de «basurero» o «estercolero».

—Medio pollico, ¿dónde vas, que te voy a hogar?

Y le dice el medio pollico:

—No, no; no me hogues. Métete en mi culico, que yo te taparé con mi trapico.

Conque ya se va el medio pollico a la casa del parrillano y llama a la puerta y dice:

—¡Pío, pío, pío, quiero lo que es mío! ¡Pío, pío, pío quiero lo que es mío!

Y el parrillano le dice a la parrillana:

—Mételo en la cuadra de las gallinas, que lo picoteen y se lo coman.

Y entonces el medio pollico soltó a la zorra, y la zorra se comió a todas las gallinas.

Entonces se va el medio pollico otra vez a la puerta de la casa del parrillano y dice:

—¡Pío, pío, pío, quiero lo que es mío! ¡Pío, pío, pío, quiero lo que es mío!

Y entonces le dice el parrillano a la parrillana:

—Échalo a las mulas, que lo pisoteen.

Y entonces el medio pollico soltó al lobo, y el lobo se comió a todas las mulas.

Y se va el medio pollico entonces a la puerta de la casa del parrillano y dice:

—¡Pío, pío, pío, quiero lo que es mío! ¡Pío, pío, pío, quiero lo que es mío!

Y le dijo el parrillano a la parrillana:

—Échalo a los conejos que se lo coman.

Y entonces el medio pollico soltó al gato, y el gato se comió a todos los conejos.

Otra vez se va el medio pollico a la puerta de la casa del parrillano y dice:

—¡Pío, pío, pío, quiero lo que es mío! ¡Pío, pío, pío, quiero lo que es mío!

Y dice entonces el parrillano a la parrillana:

—Mételo en la tenaja de aceite, que se hogue.

Y entonces el medio pollico soltó el guijarral, y el guijarral rompió la tenaja.

Se va otra vez el medio pollico a la puerta de la casa del parrillano y dice:

—¡Pío, pío, pío, quiero lo que es mío! ¡Pío, pío, pío, quiero lo que es mío!

Y el parrillano le dice entonces a la parrillana:

—Súbelo a la hoguera que hay en la plaza, pa que lo asen.

Y entonces el medio pollico sotó el Río Júcar, y el Río Júcar apagó la hoguera y se llevó a la gente de la plaza.

Y otra vez se va el medio pollico a la puerta de la casa de parrillano y dice:

—¡Pío, pío, pío, quiero lo que es mío! ¡Pío, pío, pío, quiero lo que es mío!

Y entonces ya la dice el parrillano a la parrillana:

—Toma, mujer; dale sus cuartos y que se vaya.

Pero a medio camino, se puso a contar sus cuartos y vio que le faltaba un céntimo. Y se volvió a la casa del parrillano y llegó diciendo:

—¡Pío, pío, pío, quiero lo que es mío! ¡Pío, pío, pío, quiero lo que es mío!

Y entonces el parrillano, de la ira que le dio, cogió al medio pollico y le cortó la media cabeza. Y lo asaron y se lo comieron.

Y colorín colorao, por tu boca se ha escapao. Y colorín colorao, cuento acabao.

61. EL GALLO VIEJO Y SUS AMIGOS [22]

Pues señor, que eran éstos unos señores que tenían un gallo ya un poco viejo, y dijeron:

—Ya este gallo no sirve pa nada.

Y llamó el amo a la criada y le dijo:

—Oye tú, María, mira que mañana vas y te coges al gallo y lo matas. Ya está viejo, pero la carne no está pa despreciar.

---

[22] En la edición hecha por el CSIC, en 1946, de los *Cuentos*, este relato se titula *Los animales inútiles, el lagarto (fardacho) y el lobo*. La versión editada en Austral se halla recortada en su parte final respecto a aquélla.

Y el gallo, que andaba por el tejao, que se oye lo que andan diciendo, y dice:

—¿Conque ésas tenemos? Pues me escapo y no me pillan, aunque sea viejo.

Y cuando llegó la noche, escápase el gallo pal monte. Y otro día, cuando la María fue a buscarlo, ya no había gallo en el corral.

Güeno, pues de ai se fue el gallo andando, hasta que encuéntrase con un burro viejo, que ya no era más que las costillas. Y el gallo, muy estirao, le dice:

—¡Buenos días, compañero! ¿Ánde güeno por este monte?

—Pues nada —responde el burro—, nada más que como ya estoy viejo y no puedo con la carga, mi amo dice que ya no sirvo pa na y me ha echao al monte a que haga la vida.

Y el gallo le dice:

—Pues mira, que a mí me ha pasao algo así. Sólo que a mí me iban a matar, y antes de que me echaran en el caldo, me he escapao yo pal monte sin que nadien me echara.

—Bueno, bueno —le dice el burro—; pues ahora seguimos juntos y nos haremos compañía.

Conque se marcharon de ai el gallo y el burro, el burro paso a paso porque ya estaba muy viejo, y el gallo muy estirao y siempre muy tieso y valiente. Y por el camino ande iban se encontraron con un toro, y le dijo el gallo:

—Buenos días tenga usté, señor toro. Y usté, ¿qué le trae por este monte?

Y el toro les contó que como ya estaba viejo, el amo lo había echao del corral pa que se fuera solo por el mundo a hacer la vida.

—Bien estamos con tan malos amos —dijo el gallo. Y ya le contaron al toro lo que les había pasao a ellos.

Y el burro le dijo:

—Mire usté, señor toro, que a mí lo que mejor me parece es que usté se venga con nosotros, que así nos haremos todos compañía.

Y se fue el toro con ellos.

Y a poco que caminaron, vieron venir un galgo sarnoso

por el camino. Y el gallo, muy estirao como siempre, se adelantó a saludarlo y le dijo:

—¿Ande güeno tan tempranito por este monte?

Y ya les contó el galgo que porque está ya viejo y sarnoso, el amo le había echao pa que se fuera solo a hacer la vida. Y el gallo, muy endinao, le dijo:

—¡Güenos amitos que tenemos todos! Pero no se apure usté, señor galgo; que venga con nosotros y todos juntos nos haremos compañía.

Y ya le contaron al galgo lo que a ellos les había pasao. Y el pobre galgo dijo que sí, que se iría junto con ellos, y se fueron.

Y cuando ya iban en la cumbre del monte, vieron subir por una cuesta a un pobre gato negro que andaba por el monte muerto de hambre y mayando como desesperao. Y luego que ya se acercaron le gritaron al gato:

—¡Señor gato! ¡Señor gato!

Y ya se detuvo el gato y se allegó ande estaban ellos. Y le dice entonces el gallo:

—¿Qué le pasa a usté, señor gato? ¿Por qué tan asolao, mayando por este monte?

Y el gato les dijo:

—Pues me pasa que ya hace más de una semana le comí un cacho de carne al amo y me arrimaron una paliza y me echaron de la casa. Y como tengo miedo que me arrimen otra y no me dejen güeso güeno, me he escapao pal monte. Y nada encuentro que comer.

Y el gallo le dijo:

—No se apure usté, señor gato, que comida hallaremos. Véngase usté con nosotros, que todos nos haremos compañía.

Y le contaron al gato lo que a cada uno de ellos le había pasao. Y se fue el gato con ellos.

Y ya iban todos muy contentos por el camino y el gallo les iba diciendo cómo debían hacer pa conseguir comida. Y al pasar por unos cantos grandes que había al lao del camino, vieron un fardacho que estaba metido entre dos piedras calentándose al sol. Y cuando pasaban, levantó el fardacho la cabeza y dijo:

—¿Quién pasa?

Y los animales no le respondieron. El gallo, que era el más valiente de todos, tampoco dijo palabra. Y era que no había visto un bicho como el fardacho. Y ya se salió el fardacho de su cueva y se allegó a los otros y les dijo:

—Buenos días tengan ustedes.

Y el gallo se estiró y dijo:

—Buenos días tenga usté. ¿Quién es usté?

Y el fardacho dijo:

—Yo soy el fardacho, buen amigo y buen compañero.

Y dijo entonces el gato:

—Es verdá lo que dice el fardacho. Ya me acuerdo de que a mí me ayudó una vez a matar un ratón.

Y ya le contaron al fardacho lo que les había pasao a cada uno de ellos. Y el gallo le dijo:

—Si quiere usté acompañarnos, puede usté venirse con nosotros, que todos semos muy buenos amigos y todos juntos vamos por ai a hacer la vida.

Y el fardacho les dijo que con mucho gusto, y todos juntos se marcharon por el camino.

Y ya se hacía tarde y todavía no encontraban que comer. Y el burro ya apenas podía caminar del hambre que tenía, y el galgo sarnoso ya se moría de sé. Y llegaron a un río y bebieron todos agua. Y al pasar el río, el fardacho dijo que quería estarse en el agua un rato. Los otros animales se enfadaron, pero como le tenían un poco de recelo, no dijeron nada.

Y cuando ya pasó el rato el fardacho en el agua, dijo que ya podían marcharse. Y ya les iba cogiendo la noche, cuando devisaron una luz. Y el fardacho, como era pequeño y no podía ver la luz, dio un salto y se subió encima del toro. Y vio la luz y dijo:

—Sí, sí; ésa es una luz. Es una casa. Vamos allá pa ver si llenamos la tripa.

Y siguieron caminando. El galgo ya no pudo caminar y se subió encima del toro pa descansar un poco.

Y ya se allegaron a la casa y se adelantó el gallo pa ver qué había. Y eran unos ladrones que estaban comiendo de todos los manjares que hay. Y volvió el gallo y les contó a los demás animales lo que era. Y les dijo:

—Miren ustedes lo que vamos a hacer. Nos allegamos toos sin que nos sientan, y cada uno se pone en un lugar y canta muy alto, muy alto, pa que se espanten y se vayan.

Y así lo hicieron. Fue el gallo y se trepó al tejao. El fardacho fue y se metió abajo de una tabla de la puerta. El toro y el burro se pusieron junto de la ventana. Y el galgo y el gato se metieron atrás de la puerta, a la salida. Y todos a un tiempo empezaron a cantar.

El gallo desde el tejado cantaba:
¡Quiquiriquí! ¡Quiquiriquí!
El toro cantaba:
—¡Mjoo! ¡Mjoo! ¡Mjoo!
El burro cantaba:
—¡Gajonc! ¡Gajonc! ¡Gajonc!
Y el galgo cantaba:
—¡Guau, guau! ¡Guau, guau!
El gato cantaba:
—¡Miau, miau! ¡Miau, miau!
Y el fardacho, debajo de la tabla, cantaba:
—¡Juíu, juíu! ¡Juíu, juíu!

Los ladrones se cagaron de miedo al oír todo ese ruido. Salieron todos de la casa huyendo, y el capitán gritaba:

—¡Los demonios! ¡Los demonios! ¡Son los demonios que vienen por nosotros! ¡Los demonios! ¡Los demonios!

Y huyeron y huyeron hasta que ya ni vían la luz de la casa.

Entonces bajó el gallo del tejao y les gritó a los otros compañeros:

—¡Hala, compañeros! ¡Hala, hala! ¡A lo gordo! ¡A lo gordo¡ ¡Vamos a la comida! ¡Hala, hala! ¡A hartarnos! ¡A llenar la tripa de manjares, que aquí hay de todo!

Y entraron todos en la casa y comieron hasta que se hartaron. Y decía el fardacho:

—¡Si estoy de queso que no me puedo mover!

Y el galgo decía:

—Me he atracao de carne, que estoy como una bola.

Y el gallo, más tieso y más estirao que nunca, les decía:

—Yo bien les decía que juntos veníamos mejor.

Y ya después de hartarse todos, les dijo el gallo:

—Bueno, pues ahora lo que a mí me parece es que esos ladrones pueden volver. Vamos a ponernos otra vez en algún sitio pa darles una güena zurra, si vuelven. Pero ahora, no con cantar, sino a la patada y a la mordida y al picotazo, pa matarlos y que nos dejen en paz.

Y se subió el gallo otra vez al tejao. El gato se arrinconó a un ladito de la lumbre. El galgo se puso a la puerta, al salir. El toro se escondió cerca de la puerta, onde estaba muy oscuro por un lao; y el burro por otro, de culo pa la puerta. Y el fardacho se metió en un boquete que había en la paré de la entrada. Y ya puestos todos en sus sitios, les dijo el gallo desde el techao que se callaran, que ya se acercaba uno.

Y era que los ladrones ya se habían decidido a volver a la casa y habían escogido a dos pa que se allegaran a investigar. Y cuando ya iban llegando, uno de ellos se atemorizó y no quisó llegar, y por eso sólo iba llegando uno.

Y ya llegó y, como vio que no había ruido, le gritó al otro que se quedaba atrás:

—¡Hala, que no hay nadie! ¡Venga usté, que ya está sola la casa!

Pero aquél no se atrevía, y le decía:

—¡Cuidao, que yo no me arrimo!

Y ya llegó aquél solo y entró en la casa, y los animales le dejaron entrar. Pero como todo estaba oscuro, se allegó el hombre a la lumbre pa encender una luz. Y a ese momento, salta el gato de su rincón y aráñale la cara. Y dio el pobre hombre un salto pa atrás y gritó:

—¡Por Dios y Santa María, que me han arrancao las narices!

Y echó a huir pa afuera. Pero en la oscurana no vía muy bien, y dio un tropezón en la puerta y se cayó. Y ai onde estaba caído, le dio el galgo una mordida en el culo, y el fardacho le metió los colmillos en un tobillo.

Y ya se levantó y echó a huir puerta afuera, cuando arrímale el burro un par de coces en la panza, y por el otro dale el toro una mochada en el culo. Y del techao el gallo cantaba:

—¡Quiquiriquí! ¡Quiquiriquí!

Y llegó el pobre ande sus compañeros clamando a Dios y todo estropeao. Y cuado ya pudo explicarse, les dijo:

—No había ruido en la casa y me metí. Pero al allegarme a la lumbre pa encender una luz, uno que había allí al lao me arrancó las narices con una rastra. Y de ai me he escapao en seguida, pero al pasar por la puerta, me dieron un golpe y me echaron a tierra, y ai onde estaba me dieron un pinchazo en el culo con una tenazas y otro en el tobillo. Y al salir afuera, había uno que me apaleó la panza y otro que me dio con una maza en los riñones. Y cuando ya me había escapao, oí a uno que gritaba desde el tejao:

—¡Tráiganmelo aquí! ¡Tráiganmelo aquí!

62. LAS BODAS DEL TÍO PERICO

Un gallo estaba invitao a ir a las bodas de su Tío Perico. Y se lavó y se peinó y se vistió muy bien y salió pa las bodas.

En el camino se encontró con una moñigada que contenía mucha cebada y dijo:

—¿Me la comeré o no me la comeré? Si me la como, me mancho el pico y no voy a las bodas del Tío Perico. No; no me la quiero comer.

Y se fue seguido, seguido.

Y caminando, caminando, se encontró con otra moñigada que también tenía mucha cebada, y se paró a verla y dijo:

—¿Me la comeré o no me la comeré? Si me la como, me mancho el pico y no voy a las bodas del Tío Perico. No; que no me la voy a comer.

Y se fue seguido, seguido, caminando, pa llegar temprano a las bodas de su Tío Perico.

Y caminando, caminando, se encontró otra vez con una moñigada, y se paró un rato a verla y dijo:

—¿Me la comeré o no me la comeré? No sé si me la como o no.

Y tenía ya tanta hambre, que al fin dijo:

—Sí, me la voy a comer.

Y se la comió y se manchó el pico. Y entonces se puso muy triste. Y después de llorar un largo rato, dijo:

—Ahora si que me he manchao el pico y no puedo ir a las bodas del Tío Perico.

Y en el camino se encontró con una malva y le dijo:

—Malva, malva, límpiame el pico, que me lo he manchao y no puedo ir a las bodas del Tío Perico.

Y la malva respondió:

—¡No quiero! ¡No quiero!

Y entonces se encontró a una oveja y le dijo:

—Oveja, oveja, come a la malva, que la malva no quiere limpiarme el pico y no puedo ir a las bodas del Tío Perico.

Y la oveja respondió:

—¡No quiero! ¡No quiero!

Y luego se encontró el gallo con un lobo y le dijo:

—Lobo, lobo, come a la oveja, que no quiere comer a la malva, y la malva no quiere limpiarme el pico y no puedo ir a las bodas del Tío Perico.

Y el lobo respondió:

—¡No quiero! ¡No quiero!

Y el gallo se encontró entonces con el perro y le dijo:

—Perro, perro, come al lobo, que el lobo no quiere comer a la oveja, y la oveja no quiere comer a la malva, y la malva no quiere limpiarme el pico y no puedo ir a las bodas del Tío Perico.

Y el perro dijo:

—¡No quiero! ¡No quiero!

Y se encontró entonces con el palo y le dijo:

—Palo, palo, pega al perro, que no quiere comer al lobo, y el lobo no quiere comer a la oveja y la oveja no quiere comer a la malva, y la malva no quiere limpiarme el pico y no puedo ir a las bodas de mi Tío Perico.

Y el palo respondió:

—¡No quiero! ¡No quiero!

Y el gallo se encontró con la lumbre y la dijo:

—Lumbre, lumbre, quema al palo, que el palo no quiere pegar al perro, y el perro no quiere comer al lobo, y el lobo no quiere comer a la oveja, y la oveja no quiere comer a la malva, y la malva no quiere limpiarme el pico y no puedo ir a las bodas del Tío Perico.

Y la lumbre respondió:

—¡No quiero! ¡No quiero!

Y se fue el gallo entonces y se encontró con el agua y la dijo:

—Agua, agua, apaga la lumbre, que la lumbre no quiere quemar al palo, y el palo no quiere pegar al perro, y el perro no quiere comer al lobo, y el lobo no quiere comer a la oveja, y la oveja no quiere comer la malva, y la malva no quiere limpiarme el pico y no puedo ir a las bodas del Tío Perico.

Y el agua dijo:

—¡No quiero! ¡No quiero!

Y se encontró entonces con la vaca y la dijo:

—Vaca, vaca, bebe el agua, que el agua no quiere apagar la lumbre, y la lumbre no quiere quemar al palo, y el palo no quiere pegar al perro, y el perro no quiere comer al lobo, y el lobo no quiere comer a la oveja, y la oveja no quiere comer a la malva, y la malva no quiere limpiarme el pico y no puedo ir a las bodas del Tío Perico.

Y la vaca respondió:

—¡No quiero! ¡No quiero!

Y entonces se encontró el gallo con el cuchillo y le dijo:

—Cuchillo, cuhillo, mata a la vaca, que la vaca no quiere beber el agua, y el agua no quiere apagar la lumbre, y la lumbre no quiere quemar al palo, y el palo no quiere pegar al perro, y el perro no quiere comer al lobo, y el lobo no quiere comer a la oveja, y la oveja no quiere comer a la malva, y la malva no quiere limpiarme el pico y no puedo ir a las bodas del Tío Perico.

Y el cuchillo respondió:

—¡No quiero! ¡No quiero!

Y fue el gallo ande el herrero y le dijo:

—Herrero, herrero, rompe el cuchillo, que el cuchillo no quiere matar a la vaca, y la vaca no quiere beber agua, y el agua no quiere apagar la lumbre, y la lumbre no quiere quemar al palo, y el palo no quiere pegar al perro, y el perro no quiere comer al lobo, y el lobo no quiere comer a la oveja, y la oveja no quiere comer a la malva, y la malva no quiere limpiarme el pico y no puedo ir a las bodas del Tío Perico.

Y el herrero respondió:

—¡No quiero! ¡No quiero!

Y fue entonces el gallo ande la muerte y la dijo:

—Muerte, muerte, llévate al herrero, que el herrero no quiere romper el cuchillo, y el cuchillo no quiere matar a la vaca, y la vaca no quiere beber el agua, y el agua no quiere apagar la lumbre, y la lumbre no quiere quemar al palo, y el palo no quiere pegar al perro, y el perro no quiere comer al lobo, y el lobo no quiere comer a la oveja, y la oveja no quiere comer a la malva, y la malva no quiere limpiarme el pico y no quedo ir a las bodas del Tío Perico.

Y la muerte le respondió:

—¡No quiero! ¡No quiero!

Y el gallo se fue entonces ande Dios y le dijo:

—Dios, Dios, envía a la muerte a que se lleve al herrero, que el herrero no quiere romper el cuchillo, y el cuchillo no quiere matar a la vaca, y la vaca no quiere beber el agua, y el agua no quiere apagar la lumbre, y la lumbre no quiere quemar al palo, y el palo no quiere pegar al perro, y el perro no quiere comer al lobo, y el lobo no quiere comer a la oveja, y la oveja no quiere comer a la malva, y la malva no quiere limpiarme el pico y no puedo ir a las bodas del Tío Perico.

Y entonces Dios envió a la muerte a que se llevara al herrero. Y entonces la muerte quería llevarse al herrero, y el herrero quería romper el cuchillo, y el cuchillo quería matar a la vaca, y la vaca quería beber el agua, y el agua quería apagar la lumbre, y la lumbre quería quemar al palo, y el palo quería pegar al perro, y el perro quería comer al lobo, y el lobo quería comer a la oveja, y la oveja quería comer a la malva. Y entonces la malva le limpió el pico al gallo, y el gallo entonces se puso muy contento y fue a las bodas del Tío Perico.

63. LA MARIPOSITA

Ésta era una mariposita que estaba sentadita en su balcón, y pasó por ai un ratoncito y le dijo:

—Mariposita, mariposita, ¿te quieres casar conmigo?

Y la mariposita, como le vio tan guapito, le dijo:

—Sí, sí, me casaré contigo.

Y se casaron y se fueron a vivir en la casa de la mariposita.

El domingo por la mañana, se levantó la mariposita muy tempranito y puso la olla, y le dijo al ratoncito:

—Ratoncito mío, cuida la olla, que yo voy a misa y a por flores pa la mesa.

Y se fue la mariposita. Y a poco que se había marchao, fue el ratoncito a ver si la olla hervía, y en vez de coger la cuchara grande cogió la cuchara pequeña y se cayó en la olla y se hogó.

Conque en ese medio tiempo, llegó la mariposita y llamó:

—¡Ratoncito mío, abre! ¡Ratoncito mío, abre!

Pero nadie contestaba. Y dice ella:

—Estará a jugar a la plazuela con sus amigos. Voy a entrar.

Y como la puerta no estaba cerrada con llave, la abrió y entró. Y todo estaba como cuando ella se había ido a misa y a por flores. Y puso las flores sobre la mesa y se fue a ver la olla. Y ya todo estaba muy bien cocido y dice:

—Mientras viene el ratoncito, voy yo a comer un poco.

Y empezó a comer y en cuanto más comía, más le gustaba, y decía:

—¡Ay, pero que carne más rica! ¿De dónde habrá traido el ratoncito esta carne tan rica pa echar en la olla?

Y siguió comiendo hasta que se encontró la piel y la cabecita del ratoncito. Y dice:

—¡Ay, Dios mío! ¡Si es mi ratoncito! ¡Pobre ratoncito mío, que me lo he comido!

Y se pudo al balcón a gemir y llorar.

Y ya pasó por allí un pajarito y le dice:

—Mariposita, ¿por qué lloras?

—Porque el ratoncito se ha caído a la olla, y yo como buena mariposita, le gimo y le lloro.

Y dice entonces el pajarito:

—Pues yo como buen pajarito, me corto el pico.

Y se fue volando el pajarito y se encontró con la paloma, y ésta le dice:

—Pajarito, ¿por qué te has cortao el pico?

—Porque el ratoncito se ha caído a la olla y la mariposita le gime y le llora, y yo como buen pajarito, me he cortao el pico.

Y dice entonces la paloma:

—Pues yo como buena paloma, me corto la cola.

Y se fue volando la paloma de allí y ya llegó a su palomar. Y le pregunta el palomar:

—Paloma, ¿por qué te has cortao la cola?

—Porque el ratoncito se ha caído a la olla y la mariposita le gime y llora y el pajarito como buen pajarito, se ha cortao el pico, y yo como buena paloma, me he cortao la cola.

Y dice entonces el palomar:

—Pues yo como buen palomar, me arruino.

Y entonces la fuente que estaba debajo del palomar le dice:

—Palomar, ¿por qué te arruinas?

Y contesta el palomar:

—Porque el ratoncito se ha caído a la olla y la mariposita le gime y llora, y el pajarito como buen pajarito, se ha cortao el pico, y la paloma como buena paloma, se ha cortao la cola, y yo como buen palomar, me arruino.

Y dice entonces la fuente:

—Pues yo como buena fuente, dejo mi corriente.

Entonces los niños que venían a por agua le dicen a la fuente:

—Fuente, ¿por qué dejas tu corriente?

Y la fuente contesta:

—Porque el ratoncito se ha caído a la olla y la mariposita le gime y llora, y el pajarito como buen pajarito, se ha cortao el pico, y la paloma como buena paloma, se ha cortao la cola, y el palomar como buen palomar, se ha arruinao, y yo como buena fuente, dejo mi corriente.

Y dicen entonces los niños:

—Pues nosotros como buenos niños, rompemos los cantarillos y nos vamos a casa.

Y se encuentran los niños con la reina y les dice:

—Niños, ¿por qué habéis roto vuestros cantarillos?

Y los niños la dicen:

—Porque el ratoncito se ha caído a la olla y la mariposita le gime y llora, el pajarito como buen pajarito, se ha cortao el pico, y la paloma como buena paloma, se ha cortao la cola, y el palomar como buen palomar, se ha arruinao, y la fuente como buena fuente, ha dejao su corriente, y nosotros como buenos niños, hemos roto nuestros cantarillos y nos vamos a casa.

Y dice entonces la reina:

—Pues yo como buena reina, me quito la mantilla blanca y me pongo la negra.

Y llega el rey y le dice a la reina:

—Reina, ¿por qué te has quitao la mantilla blanca y te has puesto la negra?

Y contesta la reina:

—Porque el ratoncillo se ha caído a la olla y la mariposita le gime y llora, y el pajarito como buen pajarito, se ha cortao el pico, y la paloma como buena paloma, se ha cortao la cola, y el palomar como buen palomar se ha arruinao, y la fuente como buena fuente, ha dejao su corriente, y los niños como buenos niños, han roto sus cantarillos y se han ido a casa, y yo como buena reina, me he quitao la mantilla blanca y me he puesto la negra.

Y dice entonces el rey:

—Pues yo como buen rey, me quito los pantalones y me quedo en calzoncillos y echo a correr.

64. EL ERIZO Y LA LIEBRE

Vivían un erizo y una eriza en el campo. Y un día se levantó el erizo muy temprano y le dijo a la eriza:

—Hazme el almuerzo, que me voy a dar una vuelta por el campo.

Y salió el erizo al campo y se encontró con la liebre. Y la liebre le dice:

—¡Buenos días, amigo erizo! ¿Ánde vas tan de mañana?

Y el erizo le contesta:

—Pues correteando por aquí, dando una vuelta por el campo.

Y la liebre le dice:

—¿Quieres que hagamos una apuesta?

—Sí. ¿A qué?

—Pues a correr.

Y dice el erizo:

—¿Y qué vamos a apostar?

—Cinco duros y una botella de aguardiente.

Y ya dice el erizo:

—Güeno; apostamos, pero no ahora. Mañana sí.

Y quedaron a salir otro día a correr al campo.

Conque se fue el erizo a su casa y le dice a la eriza:

—¿Sabes que me encontrao con la liebre y hemos hecho una apuesta a ver quién corre más?

—Pero, ¿qué has hecho? –le dice la eriza–. ¿Cómo vas a correr más que la liebre?

Y la contesta el erizo:

—Pues muy bien lo vamos a arreglar. Te vienes tú conmigo muy tempranito y nos vamos a una tierra arada, y tú te pones a la punta de un surco y yo me voy con la liebre a la otra punta de onde hemos de partir. Y allá me quedo yo. Y cuando la liebre ya vaya llegando ande tú estás, gritas, «¡Ya estoy aquí yo!», y verás como ganamos la apuesta.

Conque muy tempranito se levantaron el erizo y la eriza y se fueron al campo, ande había una tierra arada. Y la eriza fue y se puso a una punta de un surco, y el erizo se fue a encontrar a la liebre.

Y llegó la liebre y le dijo al erizo:

—¡Buenos días, amigo erizo! ¿Onde quieres hacer la carrera?

—Por aquí, por esre surco que está derecho –contestó el erizo.

Conque se fueron el erizo y la liebre a partir a la punta ande dijo el erizo. Y dijo el erizo:

—¡Hala! ¡Vamos!

Y dio la liebre un salto y echó a correr como el viento. Y cuando ya iba llegando a la otra punta del surco, saltó la eriza y gritó:

—¡Ya estoy aquí yo!

Y la liebre, muy sorprendida, dijo:

—Nada nada; que vamos a otra carrera pa atrás.

Y la eriza dijo:

—Güeno. ¡Hala! ¡Vamos!

Y partió la liebre otra vez como el viento. Y cuando ya iba llegando a la otra punta del surco, ya la esperaba el erizo, y dio un salto delante de la liebre y gritó:

—¡Hola, comadre liebre! ¡Ya estoy aquí yo!

Y la liebre, ya cansada, dijo:

—Sí que me has ganao. Pero no; todavía no, que vamos a otra carrera.

—Pues vamos —dijo el erizo—. ¡Hala! ¡Vamos!

Y otra vez echó a correr la liebre, que parecía que el viento la llevaba. Pero al llegar a la otra punta del surco, saltó otra vez la eriza delante de ella y gritó:

—¡Ya estoy aquí yo!

Conque ya la liebre con eso ya casi se dio por vencida. Pero dijo:

—Todavía vamos a otra carrera. Ésta es la última.

Y la eriza le dijo:

—Güeno, pues no perder tiempo. ¡Hala! ¡Vamos!

Y echó a correr la liebre, pero ya muy cansada. Y cuando llegó a la otra punta del surco, saltó el erizo delante de ella y gritó:

—¡Hola, comadre liebre! ¡Ya estoy aquí yo!

Y la liebre cayó reventá de tanto correr. Y ai en el campo se quedó la liebre reventá. Y el erizo y la eriza se fueron pa su casa con sus cinco duros y su botella de aguardiente.

65. EL GALGO Y LA ZORRA

Se juntaron el galgo y la zorra a gallinas. Y el galgo lo que quería era sacarle el pellejo a la zorra y la dijo:

—Oye, zorrita, tú, que eres señorita, dime cuáles te gustan más, las blancas o las negras.

Y la zorra respondió:

—A mí las negras, que tienen la carne más tierna.

—Pues vámonos —dijo el galgo.

Y salieron a buscar gallinas. Pero el galgo la tenía rabia a la zorra y tenía muchas ganas de comer pellejo de zorra, y no sabía qué maña darse para zurrarla. Y la dijo a la zorra:

—Bueno; pues ahora vas tú y te escondes ai, onde yo te diga, en un pilón de paja.

Y fue la zorra a esconderse en la paja, y al dar la vuelta, le dio el galgo una mordida en una nalga, y salió la zorra como el viento y se escapó del galgo. Y ai en el camino por onde iba huyendo, se encontró con un ciego que estaba tocando el violín y le dijo:

—¡Sí, sí! ¡Así como vamos, bueno está pa fandango!

66. EL SAPO Y LA SAPA

Una vez iban el sapo y la sapa por un sendero y llovía mucho. Y llegaron a un arroyo onde bajaba mucha agua, y escomenzaron a pasar.

La sapa, como es más lista y pesa menos, pasó primero y

se sentó en un canto al otro lao del arroyo. Pero el sapo, que caminaba muy despacio. Lo cogió una corriente muy fuerte y ya se lo llevaba.

Y cuando ya se lo llevaba la corriente decía:

—¡Ay, que me ahogo! ¡Ay, que me ahogo! ¡Adiós, sapa! ¡Que me lleva! ¡Adiós, sapa! ¡Que me lleva!

Y la sapa, desde el canto, le gritaba:

—¡Adiós, sapo! ¡Adiós, buen mozo, pantorrolludo y jugador de pelota!

Y entonces el sapo, con los cariños que le decía la sapa, cobró fuerzas y dio un salto y cayó al otro lao del arroyo, al ladito de la sapa, y le dijo:

—¡Y buen tirador de barras en Toledo!

67. EL SAPO

Éste era un sapo que quería subir un escalera, y se tardó siete años. Y cuando ya iba al último tranco, se cayó de golpazo y dijo:

—¡Caramba! ¡Lo que son las prisas!

Y por eso, cuando una persona se tarda mucho tiempo pa hacer una cosa y luego sale mal, dice la gente:

«Te ha pasao lo del sapo. Después de los siete años, las prisas.»

ÚLTIMOS TÍTULOS PUBLICADOS EN COLECCIÓN AUSTRAL

Chrétien de Troyes
227. **Perceval o El Cuento del Grial**
Traducción del texto francés del siglo XII: Martín de Riquer

Pedro Antonio de Alarcón
228. **Capitán Veneno. El sombrero de tres picos**
Edición de Jesús Rubio

Camilo José Cela
229. **Páginas escogidas (Antología)**
Edición de Darío Villanueva

Manuel Alvar
230. **Pasos de un peregrino**
Introducción de Víctor García de la Concha

Luis G. de Valdeavellano
231. **Orígenes de la Burguesía en la España medieval**
Edición de José Manuel Pérez-Prendes y Muñoz de Arracó

Santiago Ramón y Cajal
232. **Reglas y consejos sobre investigación científica**
Prólogo de Severo Ochoa

Alejandro Casona
233. **Flor de leyendas. Vida de Francisco Pizarro**
Introducción de M.ª Teresa Cristina García Álvarez
y Modesto González Cobas

Miguel de Unamuno
234. **En torno al casticismo**
Introducción de Luciano González Egido

Francisco Sánchez
235. **Que nada se sabe**
Edición de Fernando A. Palacios

Manuel y Antonio Machado
236. **Desdichas de la fortuna o Julianillo Valcárcel. Juan de Mañara**
Edición de Dámaso Chicharro

Juan Huarte de San Juan
237. **Examen de ingenios para las ciencias**
Edición de Felisa Fresco

Miguel de Unamuno
238. **Epistolario inédito, I (1894-1914)**
Introducción, edición y notas de Laureano Robles

Miguel de Unamuno
239. **Epistolario inédito, II (1915-1936)**
Introducción, edición y notas de Laureano Robles

John Locke
240. **Dos ensayos sobre el gobierno civil**
Traducción de Francisco Giménez Gracia
Edición de Joaquín Abellán

Alonso Zamora Vicente
241. **Examen de Ingreso. Madrid años veinte**
Prólogo de Víctor García de la Concha

David Hume
242. **Investigación sobre los principios de la moral**
Edición y traducción de Gerardo López Sastre

Juan Ramón Jiménez
243. **Segunda antolojía poética**
Edición de Jorge Urrutia Gómez

Luis Chamizo
244. **El miajón de los castúos**
Edición de Antonio Viudas

Olegario González de Cardedal, Marcelo González Martín,
Manuel Alonso Olea, José Ángel Sánchez Asiaín, Juan Velarde Fuertes
245. **Acerca de *Centesimus annus***

Teresa de Jesús
246. **Camino de perfección**
Edición de María Jesús Mancho Duque

Dámaso Alonso
247. **Oscura noticia. Hombre y Dios**
Edición de Antonio Chicharro Chamorro

Antonio Buero Vallejo
248. **El sueño de la razón**
Edición de Mariano de Paco

Lisón Tolosana
249. **La imagen del Rey**

Pedro Laín Entralgo
250. **Tan sólo hombres**
Introducción de Ricardo Doménech

Juan Ramón Jiménez
251. **Cartas. Antología**
Edición de Francisco Garfias López

Juan de la Cueva
252. **El infamador. Los siete infantes de Lara**
Edición de José Cebrián García

Ramón del Valle-Inclán
253. **Baza de espadas**
Edición de José Manuel García de la Torre

Azorín
254. **Castilla**
Edición de E. Inman Fox

Aurelio M. Espinosa
255. **Cuentos populares de España**
Introducción de Luis Díaz Viana

Ramón del Valle-Inclán
256. **Martes de Carnaval**
Edición de Jesús Rubio Jiménez

José Francisco de Isla
257-258. **Fray Gerundio de Campazas**
Edición de Russell P. Sebold

José María Jover Zamora
259. **La civilización española a mediados del siglo XIX**

Luis Alonso de Santos
260. **El álbum familiar. Bajarse al moro**
Edición de Andrés Amorós

Juan Eugenio Hartzembusch
261. **Los amantes de Teruel**
Edición de Ricardo Navas Ruiz

Gonzalo de Berceo
262. **Vida de Santo Domingo de Silos. Poema de Santa Oria**
Edición de Aldo Ruffinatto

Miguel de Unamuno
263. **Amor y Pedagogía**
Edición de Anna Caballé

Carlos Fuentes
264-265. **Terra Nostra**
Edición de Javier Ordiz

Bernal Díaz del Castillo
266. **Historia verdadera de la conquista de la Nueva España**

Karl Marx
267. **Luchas de clases. 18 Brumario**
Introducción de Ramón Cotarelo

William Shakespeare
268. **El rey Lear**
Traducción y Edición de Ángel Luis Pujante

Rubén Darío
269. **Antología**
Prólogo de Octavio Paz
Edición de Carmen Ruiz Barrionuevo

Aristóteles
270. **Moral, a Nicómaco**
Introducción de Luis Castro Nogueira
Traducción de Patricio de Azcárate

M. y A. Machado
271. **Las adelfas. La Lola se va a las puertos**
Edición de Dámaso Chicharro

Julián Marías
272. **El tema del hombre**

Domingo Miras
273. **Las brujas de Barahona**
Edición de Virtudes Serrano

Aristóteles
274. **Política**
Introducción de Carlos García Gual

Fray Luis de León
275. **La perfecta casada**
Edición de Javier San José Lera

Rubén Darío
276. **Azul... Cantos de vida y esperanza**
Edición de Álvaro Salvador Jofre

Miguel Mihura
277. **Melocotón en almíbar. Ninette y un señor de Murcia**
Prólogo de Antonio Mingote

Rafael Alberti
278. **Antología poética**
Edición de Luis García Montero

Manuel Tuñón de Lara
279. **Poder y sociedad en España, 1900-1931**
Prólogo de Teresa Carnero

Antonio Buero Vallejo
280. **La doble historia del doctor Valmy. Mito**
Introducción de Carlos Álvarez

Lope de Vega
281. **Poesía. Antología**
Edición de Miguel García-Posada

Fernando de Rojas
282. **Celestina**
Edición de Pedro M. Piñero Ramírez

Miguel de Unamuno
283. **Antología poética**
Edición de Roberto Paoli

Ramón del Valle-Inclán
284. **Jardín Umbrío**
Edición de Miguel Díez Rodríguez

Antonio Gala
285. **La Truhana**
Prólogo de Moisés Pérez Coterillo

Eduardo Mendoza
286. **La verdad sobre el caso Savolta**
Prólogo de Manuel Vázquez Montalbán

Iris Murdoch
287. **Bajo la red**
Prólogo de Javier Alfaya
Traducción de Bárbara McShane y Javier Alfaya

Fernando Savater
288. **Ensayo sobre Cioran**

Luis Mateo Díez
289. **La fuente de la edad**
Prólogo de José María Merino

Camilo José Cela
290. **Esas nubes que pasan**
Prólogo de Víctor García de la Concha

Miguel de Unamuno
291. **El otro. El hermano Juan**
Edición de José Paulino Ayuso

Alberto Moravia
292. **La Romana**
Prólogo de Francisco Umbral
Traducción de Francisco Ayala

Antonio Espina
293. **Luis Candelas, el bandido de Madrid** (próx. aparición)
Edición de Jaime Mas Ferrer

Gabriel García Márquez
294. **El otoño del patriarca**

Pedro Laín Entralgo
295. **Cuerpo y alma**
Prólogo de Diego Gracia

Platón
296. **La República**
Traducción de Patricio Azcárate
Edición y revisión de la traducción de Miguel Candel

Elena Quiroga
297. **Escribo tu nombre**
Introducción de Phyllis Zatlin

Nadine Gordimer
298. **Ningún lugar semejante**
Traducción de Barbara McShane y Javier Alfaya

Juan García Hortelano
299. **Tormenta de verano**
Prólogo de Carmen Martín Gaite

Francisco de Quevedo
300. **Historia de la vida del Buscón**
Edición de Ignacio Arellano

Soledad Puértolas
301. **Burdeos**
Prólogo de Enrique Vila-Matas

Antonio Buero Vallejo
302. **El tragaluz**
Edición de Luis Iglesias Feijoo